马克思主义文艺伦理研究

RESEARCH ON MARXIST LITERARY & ARTISTIC ETHICS

第三辑

李进书 主编

上海大学出版社

图书在版编目(CIP)数据

马克思主义文艺伦理研究. 第三辑 / 李进书主编.
上海：上海大学出版社, 2024.12. -- ISBN 978-7
-5671-5181-9
Ⅰ. A811.691
中国国家版本馆 CIP 数据核字第 2024EC3231 号

责任编辑　贾素慧
封面设计　缪炎栩
技术编辑　金　鑫　钱宇坤

马克思主义文艺伦理研究(第三辑)
李进书　主编

出版发行	上海大学出版社
地　　址	上海市宝山区上大路 99 号
邮政编码	200444
网　　址	www.shupress.cn
发行热线	021-66135112
出版人	余　洋
排　　版	南京展望文化发展有限公司
印　　刷	广东虎彩云印刷有限公司
联系电话	0769-85252189
经　　销	各地新华书店
开　　本	787mm×1092mm　1/16
印　　张	13.75
字　　数	260 千
版　　次	2024 年 12 月第 1 版
印　　次	2024 年 12 月第 1 次印刷
书　　号	ISBN 978-7-5671-5181-9/A·32
定　　价	88.00 元

版权所有　侵权必究
如发现本书有印装质量问题请与印刷厂质量科联系

《马克思主义文艺伦理研究》编委会

顾　问：张永清　赵　勇
主　编：李进书
副主编：郄智毅　张　芳
委　员：（按姓氏音序排列）
　　　　冯燕芳　韩振江　李进书　李世涛
　　　　刘　洁　郄智毅　王树江　张　芳

目 录

艺术自主与审美正义 / 1

西方马克思主义艺术自主理论探微 / 3

差异中的和谐:柏拉图《理想国》正义论辩证 / 22

用语言认知和把握世界:卡西尔语言哲学探赜 / 34

工具·意义·行动——萨特语言观的三重面向 / 50

曼德维尔悖论和俗文艺的应允 / 62

本雅明的"经验"概念与历史唯物主义(下) / 78

中国文论自主建构 / 85

优秀传统文化对百年来中国化马克思主义文论发展的贡献 / 87

"第二个结合"视野下汉语母语素养提升与当代诗词创作 / 97

"美刺"传统与马克思主义文艺伦理学践行路径 / 106

新媒介书写与伦理批评 / 119

偃师与康德——人工智能文学写作的伦理挑战 / 121

本体·伦理·问道:数媒时代文艺批评的困境及传统镜鉴 / 135

20世纪80年代形式批评的生成契缘、关注要点与社会意味 / 147

艺术自律与断片诗学 / 157

论席勒美学中作为自律象征的悲剧 / 159

诺瓦利斯浪漫主义诗学断片 / 170

博士论坛 / 189

文学性、超语言学与交往伦理问题:巴赫金的学术对话与思考 / 191

敖鲁古雅鄂温克族文学的现代转型——基于口头与书面双重维度下的文学考察 / 201

艺术自主与审美正义

YISHU ZIZHU YU SHENMEI ZHENGYI

西方马克思主义艺术自主理论探微

李进书①

摘　要：对于艺术自主，虽然阿多诺等人有着不同的理解，但是总体上他们认为，它是艺术对自由理念的创造性使用，由此，艺术自身不断得以发展，同时它以审美方式参与着良善生活之建构。从卢卡奇到阿多诺，再到门克，艺术自主观念经历了从艺术自为到艺术自主，再到审美否定的历变，其中，既涉及了艺术形式的变革和审美观念的发展，也关涉了艺术伦理作用的变化。整个西方马克思主义中，贯穿着一个阿多诺的线团，阿多诺的艺术自主观念与其他理论家有着不同程度的交叉关系。阿多诺等人涉及了良善生活和共同体两种共同生活，它们都需要多学科共同参与建构，都把艺术视作一个重要组成部分，艺术在个体美德培养和环境营造方面扮演着不可或缺的角色。

关键词：艺术自主；自我意识；良善生活；阿里阿德涅线团；人的本质力量

作为一个不断发展的学术共同体，西方马克思主义凸显着多种样式的"家族相似性"，而艺术自主（autonomy of art）是一个越来越受人重视的"家族相似性"，因为当代的朗西埃和门克等人在不同程度上倾注笔墨阐述艺术自主的同时，也强调了自主艺术在自主个体提升和伦理生活建构方面的重要作用。关于艺术自主，概括地讲，就是艺术对现代性自由理念的分享以及创造性地运用，也就是艺术通过分享自由理念，其自身得以不断发展，同时它也有能力以审美方式培养自主个体和参与良善生活建构。历时地看，艺术自主理论呈现了一种清晰的流变过程，例如从卢卡奇的艺术自为概念到阿多诺的艺术自主观念，再到詹姆逊的艺术自反概念和门克的审美否定观念，其中还交织着韦尔默的自主艺术理论和朗西埃的审美经验自主理论等。在这种流变过程中，艺术自身不

---

*　**基金项目**：教育部哲学社会科学研究重大专项项目"西方理论话语的冲击与新时期以来中国当代文论的建构"（批准号：2024JZDZ047）。

①　**作者简介**：李进书，博士，河北大学文学院教授，硕士生导师，主要从事西方马克思主义文艺伦理思想研究。

断变革,既出现了新的艺术形式,也确立了自我法则和审美王国,还出现了很多富有内蕴的单子(monad)作品;更关键的是,艺术一直参与到不同形式的伦理生活建构中,培养着个体的自我意识和营造着良好的社会氛围。当然,这个过程是曲折的、艰苦的,艺术既要保持自身自主发展,也要注重反思自身,还要依据时代需求调整自己的伦理责任。需要注意的是,西方马克思主义艺术自主理论中贯穿着一个阿多诺线团,可以说,从卢卡奇的艺术自为概念到门克的审美否定观念,我们都能看到阿多诺艺术自主的身影,阿多诺的理论与卢卡奇等人的理论有着不同性质的交叉关系。更奇妙的是,我们还能从西方马克思主义的艺术自主理论中,发现康德的审美判断力线团和马克思的人的本质力量线团,这些线团在凝结出卢卡奇等人的家族相似性的同时,也凸显了他们共同的艺术观念和相似的解放使命。

一 艺术自主:艺术对自由理念的分享及创造性运用

虽然阿多诺等人对艺术自主认识不一,但是总的来说,他们认为艺术自主是艺术对自由理念的分享以及创造性地使用。这种"分享"体现为宽泛意义上的现代艺术是现代性的产物,这种艺术分享了现代性的自由理念,这也是我们坚持把"autonomy of art"理解为艺术自主而非艺术自律的缘由所在;这种"创造性使用"展现为艺术确立起自治的审美王国,并以审美方式培养着自主个体和参与着伦理生活建构。拥有自主权的艺术在保证艺术不断发展的基础上,赋予了困境中的个体自由契机,也促进着伦理生活发生内在变革、走向完善。

从本质上讲,艺术自主是现代性的一个产物和一份成就,艺术在分享现代性的自由理念的基础上也回馈于这种自由理念以发展和完善,还促进了现代性自我反思和不断变革。历时地看,无论是卢卡奇分析艺术的自为特性,还是阿多诺谈论艺术的自主性,乃至詹姆逊阐述艺术的自反特征,他们不同程度上都基于现代性来谈论不同形式的艺术自主的具体特征,以及它的时代使命。卢卡奇的艺术自为概念主要凸显的是现实主义的审美特性,阿多诺的艺术自主观念重点言说的是现代主义的审美特性,詹姆逊的艺术自反理念侧重于评判晚期现代主义的艺术特征,而现实主义、现代主义以及晚期现代主义无疑都是现代性语境的产物,都体现了自由理念,也都丰富了这种自由理念。众所周知,自由是现代性的核心理念之一,它为现代性的所有个体共有,也为所有领域分享,艺术秉持自由理念探索着自己的发展方向,对抗着外来力量的控制,也为个体谋求着解放的契机。就卢卡奇所谈的现实主义作品乃至较早的现代艺术而言,它们一方面依据自由理念进行探索性的创作,以便确立起自我法则,另一方面,它们与科学一起消除着神学的痕迹,并共同绘制着新的世界图像。"这个世界一方面充满人的生活的各种可以把握的规定,成为在日常生活中可以由日常人们所感知的世界,另一方面也变得更清晰、更有秩序、更概括"①。经过努力,艺术自身确立了一种同质媒介,拥有一个带有自主性的王国,艺术获得以一种独立力量塑造个体,提升着他们对自由的认识,也给予了他们自由方面的理论资源;同时由艺术参与绘制的世界图像和所设计的现代性方案凸显了人的主体地位,促成了现代性的自我确证。正因为如此,卢卡奇给予了艺术自为很高的评价,也富有远见地赋予艺术以伦理责任,其中,一项重要的伦理责任便是通过保护个体的感知力来促进他们健全成长,这种伦理责任后来被阿多诺和韦尔默等人不同程度地深化和拓展。而从阿多诺所倚重的现代主义作品中,我们则更清晰地看到自由理念被广泛运用以及它被赋予的使命。现代主义所处的时代,自由观念已深入人心,但是诸多外在力量又限制着人们对自由的享有,如极权主义和文化工业等。关于艺术自主,阿多诺在其《美学理论》中充分论证了它是艺术家对自由理念的创造性地运用,也就是说,艺术自主的内涵是自由,同时,艺术也向个体许诺着自由②。那么在表面倡导但暗地里抑制自由的环境下,艺术如何践行其自主性来达成对个体自由和幸福的许诺呢?很多艺术家通过坚持本真写作,创造出很多富有内在完整性、带有密度、蕴含着真理性内容和精神性因素的单子作品,这样的单子作品涉及不同的艺术类型,关涉着个体的视觉和听觉等感知力。

在阿多诺看来,这些带有自主性的作品推动了艺术的发展,使艺术成为一个有别于科学和伦理的话语形式,使艺术确立了自我法则和审美王国;同时,产生了很多艺术观念和美学理念,增强了艺术的内在力量;而且艺术具有了自我辩护的意识和能力,很多独异性(singularity)的作品因艺术家族成员的辩护而升华为经典作品③。阿多诺就自觉地扮演着这种辩护者的角色,如他对瓦莱里和本雅明进行了不同程度上的辩护和肯定。更重要的是,现代主义在抗拒文化工业对其侵蚀的同时,也竭力从后者的垄断中拯救着个体的感知力,因为他们的感知力遭到这种商业文化的全面异化,乃至影响到他们的道德和现实行为。卢卡奇曾指出现代性语境下感知力已富有伦理性质,而阿多诺则更深入地揭示了这种伦理性质及其深远影响。正因为看到自主性的作品为个体创造着自由

---

① [匈]卢卡奇:《审美特性》上册,徐恒醇译,社会科学文献出版社 2015 年版,第 468 页。
② See Theodor W. Adorno, *Aesthetic Theory*, trans. by Robert Hullot-Kentor, Minneapolis: University of Minnesota Press, 1997, p.225.
③ 客观地讲,文学辩护与艺术辩护很早就已出现,如锡德尼针对柏拉图艺术理念观而对艺术的价值所做的辩护,而在艺术迅速发展的 18 世纪,很多学者对带有争议的作品进行积极的评价,这在赋予这些作品应有的肯定的同时,也推动了艺术的发展,当然,还促进了艺术批评的确立和发展。而在现代主义时期,很多学者对富有独异性的作品(包括艺术作品和美学论著等)做了自主的批评,这在加深读者对这些作品认识的同时,也提升了这些学者的自主批评意识,还激励他们创造了很多审美理念,如阿多诺的"内在批评"。

的契机、激发着他们的自由潜能,为此,阿多诺相信艺术是良善生活建构中不可或缺的一部分,这一观点对韦尔默和门克等人产生了不同程度的影响。到了詹姆逊这里,他看到了晚期现代主义对自由理念的创造性地运用,由此,它形成了自己的自反特性,也达成了对偶然性的自主言说,并为受困于偶然性中的个体探寻着出路和希望。对于晚期现代主义艺术家而言,他们并不担忧写作的自由权和叙事的自主性,关键是如何彰显他们的自由和自主。对此,他们借助现代性的自反性对艺术本身实施着反思、对经典作品进行着模仿,由此确立了艺术的自反特性,形成了艺术自反这种审美理念。艺术自反是艺术自主的一种推进,但并非绝对意义上的进步,因为艺术自反消解了艺术对宏大事件的关注和对本真意义上原创的追求,它更大程度上使艺术退回本身,满足于自我雕琢,而减少了对自身的突破和对重大事件的剖析。不过,詹姆逊也指出:自反的晚期现代主义能降低姿态与中庸式作品合作,共同担负建构人类未来共同体的重任,这对自反艺术而言,是一种"幸运的失败"①。因为现代主义断然不会与中庸式作品同流合污,这造成了艺术领域泾渭分明的局面,也在一定程度上限制了这两种艺术类型的集体智慧的产生。结合卢卡奇、阿多诺和詹姆逊的艺术自主思想来看,不同阶段的艺术在分享现代性不同形式的自由理念的基础上,既着力进行着艺术创作和艺术批评,保持着艺术的自主发展和内在变革;也探究着现代性的症候和辨析着个体不同时期的具体境况,这是艺术富有现实价值的缘由所在,也是艺术作品具有生命力的保证;艺术还为个体创造着解放的契机,并激发着他们的自由潜能和创造能力。而艺术的不断发展和其伦理价值的体现,都与不断涌现的单子作品休戚相关,这些自主性的作品是艺术的基石,是人们辨析艺术真理有效性的依凭。

对于艺术自身发展而言,艺术自主最显著的成就之一便是涌现了很多单子作品,它们分布于不同的艺术领域中,它们以不同方式激发和提升着个体的感知力和本质力量,为人们描绘着自由场景,也给予着他们自由契机。所谓单子作品,大体上讲就是具有完满性和阐释价值的作品。西方马克思主义很多理论家通过不同程度上借鉴莱布尼茨的单子观念,形成了各自的艺术单子观,不过,总体上他们都认为那些自主创作的、富有内蕴的作品可称为单子作品,反之那些庸俗的、肤浅的作品承担不起单子的称号。卢卡奇使用单子来称谓高水平的作品——它们都是一个独特的、无可比拟的"世界",这样的作品介于艺术自在向艺术自为的转化过程中;阿多诺关于单子作品的阐述富有典范性,他指出:这种基于艺术自主所诞生的单子作品具有本真性,它们蕴含着真理性内容,传递着精神性的因素等,它们每一个都是独立体,但它们也期望交往和对话。韦尔默深化了

---

① See Fredric Jameson, *A Singular Modernity*, London and New York: Verso, 2012, p.166.

阿多诺的艺术单子观,他对艺术真理的具体性与多元性做了辩证分析:"艺术作品的真理是具体的,同时艺术真理是一种与个体作品的具体显现相联结的多声部现象。或者更确切地说,它是一个独异(single)的真理,然而,它只能显现为一个特定的真理;每个艺术作品都是一面独特的现实镜子,就像一个莱布尼茨式的单子一样。艺术作品的真理性内容,作为一种特定的真理,存在于对现实的不可伪造中,实际上它所示的现实在艺术作品中得到了显现。"[①]单子作品的重要性,既在于每部作品都可以作为人们探究社会真相、激发个体潜能的独立体;也在于人们主要依据单子作品来阐述艺术的本质,来界定艺术的基本伦理责任,乃至某种意义上,单子作品是艺术发展的主要动力来源;还在于各个艺术领域都产生了很多单子作品,它们在促使音乐、绘画和文学等领域确立各自的自主空间的同时,也致使整个艺术领域拥有了同质媒介,具有了一种有别于科学和伦理学等的话语形式。就单子作品的广泛性而言,卢卡奇和阿多诺都做过相应的说明,其中,在阿多诺眼中,勋伯格的音乐、毕加索的《格尔尼卡》和乔伊斯的作品等都是单子作品,更重要的是,阿多诺也把本雅明的论著视作单子作品,这使得我们在谈论单子作品时,就需要将艺术作品和美学论著等也视作重要分析的对象。而后韦尔默在谈论单子作品时,把艺术作品与阿多诺的美学论著同等看待,这自然加深了我们对单子理念的认识。更富有启发性的是,由于单子作品代表着每个艺术领域的高度、体现着某种艺术类型的高峰,因此它成为创作者和评论家仰慕和效仿的对象,为此,艺术领域中逐渐形成了一种单子逻辑,艺术家以单子作品作为自己追求的目标,评论家将这类作品作为自己自主批评的试验田,乃至把它们看作产生独创的艺术理念的沃土。

更重要的是,艺术自主使得艺术确立起自我法则,拥有了自治的王国,这保证了艺术能以一种相对独立的方式参与良善生活的建构,也使艺术能为自身进行辩护。在《审美特性》和《美学理论》中,卢卡奇和阿多诺不同程度上都分析了艺术争取自主性和创建自主空间的过程,这个过程是艰苦的、漫长的,也是富有探索性的。因为自文艺复兴之后,艺术虽然被允许分享现代性的自由理念,也得到鼓励去创建一个自主空间和一个自治的王国,但是神学的余威依旧存在,而且商业诱惑和政治控制已显示不可小觑的影响。这使得艺术需要在重重迷雾中、种种假象中找到自己的发展之路,为此,经过诸多艺术家、评论家以及理论家的共同努力,他们在创作出不同类型的单子作品和不同程度的本真作品的基础上,逐渐为艺术确立起自我法则。这里面,康德、黑格尔以及阿多诺等人都肯定了天才的贡献,这类富有禀赋的个体在艺术不同层面上的突破极大地推动了艺术的发展和变革。"因为真正的艺术家能以一种更普遍的方式执着于手中事物的本质,

---

① Albrecht Wellmer, *The Persistence of Modernity: Essays on Aesthetics, Ethics, and Postmodernism*, trans. David Midgley, Cambridge, Massachusetts: The MIT Press, 1991, p. 8.

并能以其本质所暗示的方式创造出自己的这种更普遍的处理方式"①。这使得创作者可以谨守这种法则来书写各自的审美体验,也使得他们能够依据这种法则来反思他们的创作;还可以使评论家和理论家依照艺术法则评判不同类型的作品的艺术地位和其社会价值,更有助于他们辨析新作品的庐山真面,如洛文塔尔揭示了一些后现代主义作品的虚无性,认为它仅是大众文化的一种变体而已。更重要的是,艺术自主促使审美王国的形成,这个王国富有自治性,它能通过内在辩护,赋予那些独异性的作品以合法性,为艺术带来新的力量。相较而言,席勒在《审美教育书简》中所谈及的审美王国带有更多的构想色彩,因为那个时代艺术尚未得到充分发展;而当艺术充分实施自主性之后,审美王国的确立便是水到渠成的事情了,此时,艺术作品、艺术评论以及美学理论等各自拥有自主空间,都拥有典范作品,而且艺术能够以一种整体形式显示它在良善生活建构中的地位。审美王国的确立使得艺术有能力实施自我辩护。我们知道艺术的发展受益于很多天才式作品,但是这些作品诞生之初,因违背常理与突破人们的认知而饱受质疑和批评,不过,艺术内部的辩护能够及时证明这些天才式作品的价值,这既鼓励了人们创新和突破,也为艺术带来了发展和变革的力量。阿多诺就是一个卓越的辩护人,他在《文学笔记》中基于其自主判断,对瓦莱里和托马斯·曼等人进行申辩,也从中升华出一些美的理念和艺术观念,如对瓦莱里:"吮吸着色彩和形式,诗人的凝视发现了那首歌曲"②。另外,阿多诺对本雅明论著的高度评价,提升了人们对本雅明价值的认识。而当阿多诺的美学理论遭到哈贝马斯和霍耐特的质疑时,韦尔默和门克分别从不同角度论证着阿多诺美学的真理有效性。

另外,就西方马克思主义这些理论家而言,艺术自主激励了他们对审美理念的发掘,这些理念拓展了批评家的思路,促成了他们对某些作品和某些理论家的价值重估。客观地讲,艺术自主对艺术的影响是全方位的,无数艺术作品不断产生,很多有分量的艺术评论不断出现,富有卓见的美学著作不断面世,这三个维度的共同发展促进了艺术繁荣,其中,新的审美理念出现是艺术繁荣的一个有力证明。阿多诺是一个自主批评和自主分析的集大成者,他提出了很多独到见解,也创造了很多审美理念。在与本雅明商榷电影的伦理作用时,阿多诺将艺术区分为自主艺术(autonomous art)和依赖艺术(dependent art),自主艺术主要以现代主义作品为代表,它们富有真理性内容和精神性因素,有密度、有谜团;依赖艺术主要指电影和电视等作品,它们依靠技术满足着受众对感官享受的需求,它们内容浅易,在弱化个体感知力的基础上,它们逐渐将他们异化为

---

① G. W. F. Hegel, *Aesthetics: Lectures on Fine Art*, Volume I, trans. T. M. Knox, Oxford: Oxford University Press, 1975, p. 293.
② [德]阿多诺:《文学笔记》第一辑,上海外语教育出版社2009年版,第147页。

依赖个体。可以说,"依赖艺术"这个理念既准确地揭示了电影作品的本质,揭露了它对外在因素的依赖,这有助于我们重新评价电影的审美特性,也智性地揭示了电影与依赖个体的内在关系,表明了感知的退化与个性的依赖具有一种因果关系。电影这种技术复制的产品,"这种复制本身并不是对历史的一种伟大超越,而是对被视为文化的东西的依赖。倘若工业时代的人类要在石器时代植物生活的条件下度过他们一生的话,那么他们将必死无疑"①。今天,我们可以将依赖艺术这种称谓与其他的大众文化批评方式放在一起,从不同角度对大众文化和文化工业进行评价和分析,这样一定会提升我们对这种商业文化的本质和其潜在伦理作用的认识。甚至我们也可以借助依赖艺术这个概念重新评价一些既有的艺术作品以及辨析新出现的作品。詹姆逊也是一个坚持自主批评的学者,他在评价阿多诺的美学理论时生发出"辩证思维"(dialectical thinking)、"辩证思者"(dialectical thinker)等概念。在詹姆逊看来,辩证思维是一种高级的思维,是一种有关于思维的思维,是思维的平方,"但辩证思维是一种第二种力量的思维,即一种关于思维本身的思维,在这种思维中,我们的头脑必须像处理其工作的素材一样对待自己的思考过程,其中所涉及的具体内容和适合它的思维方式必须在头脑中同时保持一致"②。詹姆逊认为,黑格尔、阿多诺和本雅明等人都是富有辩证思维的理论家,这些"辩证思者"将他们的辩证思维运用到他们的句子写作和审美救赎中,这有助于展现和提升创作者的辩证思维,也有益于培养读者的辩证思维。可以说,詹姆逊的辩证思维概念为我们评价艺术创作和艺术批评提供了新的路径,而辩证思者这种称谓为艺术家和评论家树立起一个高峰和一个奋斗目标。

二 艺术自主的流变:从艺术自为到审美否定

历时地看,西方马克思主义艺术自主观念呈现着一种清晰的流变特性,如从卢卡奇的艺术自为概念到阿多诺的艺术自主观念,再到门克的审美否定观念等,这里边既有对艺术自主概念的突破,也有对它的细化,而核心是如何自主创作和自主审美以及艺术负有哪些伦理责任。从艺术自主的流变中,我们既能发现艺术本身的变化和美学观念的更新,也能洞察到伦理环境的变迁和艺术救赎使命的演化,这种流变中暗含着艺术自我意识的提升,也凸显着个体自我意识的起伏。这种流变的结果体现为艺术确立起自我

---

① Theodor W. Adorno, The Culture Industry: Selected Essays on Mass Culture, London and New York: Routledge, 1991, p. 114.
② Fredric Jameson, Marxism and Form: Twentieth-Century Dialectical Theories of Literature, Princeton and New Jersey: Princeton University Press, 1971, p. 45.

法则、拥有了自我王国,也能担负起更大的解放使命,而个体具有了较高的反思意识、较强的诉求能力以及深切的团结意愿。

客观地讲,卢卡奇所阐述的艺术自为概念是我们今天使用的艺术自主概念的雏形,前者对审美特性的强调与对艺术绘制世界图像的肯定都契合于艺术自主概念。在《审美特性》这部鸿篇巨著中,卢卡奇既探讨了艺术的诞生、艺术整体特性的形成等基本问题,也分析了艺术的二律背反特征,凸显了艺术固有的伦理责任。就卢卡奇的视野所及,他对艺术从自在到自为转变的探究无疑是重要的,因为从中我们既看到艺术摆脱外力控制后,在不同领域进行着突破和发展,这使得音乐、文学和建筑等艺术空间都获得了相应的自主性;我们也看到艺术在摸索中前行,因为艺术家并不知道怎样的创作能将他引向成功之路。为此,当时出现了艺术自在和艺术自为这两种创作态度。相较而言,艺术自在更大程度上指艺术仅为自身服务,这带有狭隘意义上的"艺术为艺术"的味道,这是卢卡奇所反对的,而艺术自为则肯定艺术坚持自身发展的同时,要坚定地关注现实问题,以其审美方式给予个体解放的契机。可以说,卢卡奇的艺术自为概念中蕴含着艺术自主因素,只不过他受黑格尔的"自在和自为"概念影响太深,所以他采用了艺术自为概念表述当时已具有自主性的艺术现象。单从概念的表象来看,艺术自为肯定不及艺术自主更能推动艺术发展,为此,阿多诺曾辨析道:"如果艺术放弃了其自主性,那么它就会使自身屈服于现状的阴谋;倘若艺术严格遵守自为的话,那么它仍旧将服从于整合为与其他领域一样的无害领域。社会的总体性出现在这个难题中,它吞噬了所有发生的事情。作品放弃交往是其非意识形态本质的一种必要条件但绝非充分条件。"①实质上,就卢卡奇而言,他肯定不赞同艺术作茧自缚、自娱自乐,我们看到他始终将艺术放在社会发展的层面上分析,这使得他的艺术自为观中包含着艺术的自主性与其社会功能两方面。恰如徐恒醇指出:"艺术的发展体现了他律与自律的互动。卢卡奇认为,一方面艺术具有社会的规定性,要承担其社会职能;另一方面创作又必须尊重艺术规律,排除外界干扰。……艺术的解放斗争——从世界史的高度看——是围绕这一点的博弈,使社会赋予艺术的社会职能,在内涵的一般规定性与形式赋予的自由灵活性之间,取得一种成功的中点,通过它艺术才能完成其作为人类自我意识的使命。"②就此来讲,卢卡奇所谈的艺术自为并非那种画地为牢的艺术行为,而是已具有艺术自主特性的审美活动。某种程度上,卢卡奇的艺术自为概念与阿多诺的艺术自主观念的这种内在相近性,与《审美特性》和《美学理论》这两部著作先后诞生之间拥有一定的巧合,也与这两位学者有一

---

① Theodor W. Adorno, Aesthetic Theory, trans. Robert Hullot-Kentor, Minneapolis: University of Minnesota Press, 1997, p.237.
② [匈]卢卡奇:《审美特性》上册,徐恒醇译,社会科学文献出版社2015年版,译者前言第10页。

些学术对话相关。

　　某种程度上,阿多诺的艺术自主论富有典范性,他厘清了艺术自主的基本问题,为其后的理论家探究艺术自主话题奠定了坚实的基础。在众多理论家所言说的艺术自主中,阿多诺的理论具有广泛的认可度,而在当代学者涉及艺术自主问题时,阿多诺的观点是人们必须正视的一种见解,究其原因,主要在于阿多诺基于现代性本身和社会现状对艺术自主进行了整体且本质性的阐述,这使得我们对艺术自主有了基本和深刻的认识。对于艺术自主,阿多诺指出:它是创作者对现代性的自由理念的实践和创造性运用,由此,艺术确立了自我法则和其基本的现实责任,形成了自治的审美王国和自己的艺术体制;艺术的不同领域出现了形式不同的单子作品,它们富有真理性内容和精神性因素,它们具有密度和谜语特质。"归根结底,艺术作品的谜不在于它们的构成,而在于其真理性内容"[①]。从某个角度讲,阿多诺的《美学理论》就是一部艺术自主发展史,它基本上按照艺术自主的形成、特征以及艺术自主所产生的效果来构思和写作的,我们在细读这部著作的过程中,时常会对艺术自主以及相关问题有新的发现和更高的认识。阿多诺的艺术自主理论之所以富有典范性,既因为他凸显了自由理念这个核心,这个理念由现代性赋予所有领域和所有个体,而艺术通过分享并创造性地运用自由理念后,确立起一个凸显着自主性的领域,形成了一个有别于科学和伦理学的话语形式,这三种话语共同设计着现代性方案,也一起建构着伦理生活。可以说,韦尔默和詹姆逊等人在阐述各自对艺术自主的认识时,也都注意到自由在其中的重要性。阿多诺确立了艺术法则,并由此区别了自主艺术与依赖艺术、本真艺术与非本真艺术等,在阿多诺看来,艺术法则就是创作者依照其本真体验进行自主创作,而非遵照商业逻辑和政治意图实施书写,这种法则的确立使得我们清晰地辨识某些作品的本质,例如电影是依赖艺术,瓦格纳的音乐具有较多的非本真艺术色彩。另外,阿多诺带给我们很多审美理念,如审美否定、内在批评,这些理念成为今天的人们评判作品的重要概念;阿多诺也启发了很多学者的艺术研究,如门克通过比较阿多诺和德里达的审美否定观念,形成了自己的审美否定理论[②]。当然,我们夸赞阿多诺艺术自主理论富有典范性,并非说它就是完美备至的,恰如朗西埃所言:阿多诺的艺术自主理论更多地强调了创作者的自主,而忽略了鉴赏者的审美自主。朗西埃的观点有一定的合理性,不过,阿多诺并没有忽略审美自主,他只是较少地涉及,因为阿多诺的历史使命主要在于阐明何谓艺术自主,如何给予现代主义以应有

[①] Theodor W. Adorno, Aesthetic Theory, trans. Robert Hullot-Kentor, Minneapolis: University of Minnesota Press, 1997, p. 127.

[②] See Christoph Menke, The Sovereignty of Art: Aesthetic Negativity in Adorno and Derrida, trans. by Neil Solomon, Cambridge, Massachusetts and London: The MIT Press, 1998, p. x.

的艺术地位,怎样揭示艺术基本的现实责任和伦理作用。

詹姆逊的艺术自反理论推进了艺术自主理论,它凸显了自主后的艺术对自身实施着反思和模仿,也将艺术的部分职责引向了人类的未来。之所以说詹姆逊自反理论具有推进艺术自主理论的贡献,既在于它选择了晚期现代主义这个新事物作为研究对象,这是二战后出现的一种新艺术形式,它延续了现代主义的血脉但展现了新的艺术特征;也在于它探究出晚期现代主义的审美特性——自反性,这是自主的现代主义之后,艺术所展现的一种新的创作理念。可以说,詹姆逊自反理论将我们的眼光引到新的艺术现象上和新的艺术自主观念上,使我们看到艺术新的创作趋向和陌生的审美理念。由此,艺术既形成了新的创作形式和产生了新的审美理念,也达成了对现代性偶然性的分析和应对,并尝试着对人类未来进行着探究。奥斯维辛之后,现代性确立了反思机制,它具有了自我反思的意识,而艺术分享了这种自反意识,它增加了对自身的反思,同时也注重了对既有经典的模仿以及自我重复。对于艺术的这种自反特性,詹姆逊既揭示了它创新的一面,如对艺术自身的反思,以往的艺术更多的是对未知领域的突破,而缺乏对自身的反省,再如对经典的模仿,这是艺术拥有自治王国后自信的一种体现;也批评了它失败的地方,晚期现代主义因偏爱模仿经典以及自我重复,致使它的原创性远不及高级现代主义,而且它采用"小语言"刻画偶然性下个体的精神境况,这导致它无力言说宏大事件。从这两方面来看,晚期现代主义的艺术成就和伦理价值无法比肩于高级现代主义,当然,前者也出现了经典作品,如纳博科夫的《洛丽塔》①。我们知道高级现代主义拒绝与中庸式作品对话,这使得艺术领域中两级分化非常鲜明,而晚期现代主义努力弥合这种两极分化,为此詹姆逊对这种行为给予了一定的肯定。而从晚期现代主义和中庸式作品中,詹姆逊看到了它们对人类未来生活的担忧和建构,它们认为人类将来仍会遭遇偶然性和未知因素的冲击,生命安全得不到有效保障,为此,它们在竭力描绘人类未来的处境的同时,也从我们的过去和当下环境中为人类未来寻找有利的资源和可借鉴的经验,从而使未来的人类能拥有一种团结的共同体,使他们共同应对风险,一起进步。从詹姆逊对艺术自反特征的分析中,我们既看到艺术自身的发展和其内在变革,这是艺术一直富有生命力的缘由所在;也看到艺术伦理责任的变化,例如晚期现代主义注重对人类的未来命运的探究,这拓展了艺术的伦理责任,也有助于我们挖掘艺术中的自由潜能。

韦尔默虽然没有推进艺术自主理论,但是他拓展了人们对自主艺术的认识,加深了我们对艺术伦理作用的了解。自主艺术大体上讲,就是自主创作的作品和富有自主性

---

① See Fredric Jameson, A Singular Modernity, London and New York: Verso, 2012, p. 160.

的文本,它们是艺术自主最显著成就之一,很大程度上,我们主要依据自主艺术来界定艺术的本质和探究艺术的伦理责任。由于阿多诺的自主艺术观承接着他的艺术自主理论,或者说,他将自主艺术放在了艺术自主的范围内谈论,因此他的自主艺术观更像是其艺术自主理论有力的例证。而且他的突然辞世使得他的美学研究就此终止,我们无法看到他对相关重要话题的进一步思考①。韦尔默继承了阿多诺的艺术自主思想,也接受了阿多诺的自主艺术观念,在此基础上,韦尔默依据自己的认识对自主艺术进行了更具体和更深入的研究,凸显了其启蒙功能,也把自主艺术的范围扩展至后现代主义身上。整体地看,韦尔默自主艺术理论突出之处有二:一,他把一些后现代主义作品纳入自主艺术范畴之内,找到了后现代主义与现代主义的共通性。我们知道阿多诺以及哈贝马斯对后现代主义持质疑态度,认为它轻浮、浅显,无法与现代主义相匹敌,而韦尔默则认为,后现代主义继承了现代主义的批判姿态,并且它们都富有交往和对话的功能,都体现着创作者的自主意识。二,韦尔默重点论述了自主艺术的启蒙功能,使我们看到艺术在提高个体的感知力和提升他们自主意识等方面的作用。这种启蒙功能主要通过激发个体的视觉和听觉,促使他们自主思考和积极创造,从而使他们有信心和有能力参与到良善生活的建构中。韦尔默所凸显的艺术启蒙特性,与阿多诺和马尔库塞所阐述的艺术伦理责任是一脉相承的,他们都肯定艺术富有伦理功能,但这种功能并非要求艺术直接介入现实,而是倡导艺术通过提升个体感知力而使他们成为伦理生活建构的真正主体。这也契合于马克思的人的本质力量观点,即通过促进个体内在革命,来推动社会内在变革。更重要的是,韦尔默还凸显了自主艺术的交往潜能,这种交往潜能丰富了人类的交往理性,激发出现代性新的活力,促使现代性完善着其反思机制。

朗西埃的审美经验自主理论拓展了艺术自主的内涵,增进了我们对审美自主的认识,加深了我们对艺术"元政治"作用的了解。所谓审美经验自主,在朗西埃看来,就是强调每个人都享有自主鉴赏艺术作品的权利,承认每个人都拥有言说各自审美经验的自由。朗西埃认为,他的审美经验自主理论突破了阿多诺的艺术自主观念,因为后者重视的是艺术家的创作自主权,却忽视了读者的审美自主权,而他关注的是众多鉴赏者的审美自由,这有助于我们从艺术家和鉴赏者两方面共同审视艺术自主问题。某种程度上,朗西埃对阿多诺的批评不太公允,就时代责任而言,阿多诺担负的是艺术自主的确立问题,他涉及了审美自主,但这个话题不是他关注的重点。"审美自主包含了集体最先进的东西,以及逃脱魔咒的东西。凭借其摹仿的前个体元素,每一种特质都在无意识的集体

---

① 阿多诺的自主艺术观念与其本真艺术概念有一定的交叉性,不过,它们的意图有所差别,自主艺术主要凸显某些艺术作品是否体现了自主创作原则,自主艺术的对立面是依赖艺术,如电影;本真艺术主要强调艺术家是否依照艺术自我法则进行创作,本真艺术有别于商业文化和口号艺术。

力量中生存下来"①。对于审美,朗西埃认为,它是现代性赋予所有个体的平等权,也是每个个体拥有的能力,对于一般鉴赏者而言,当他们能自主地阐述和书写他们本真的审美经验时,便意味着他们能成为"新诗人"——既展现出他们的创造能力和挖掘出作品的新意,也能与既有的艺术家享有平等的尊重,还能为艺术提供内在动力。在朗西埃看来,审美自主有助于唤醒作品中沉默的词语,赋予作品以新的意义;有益于破解艺术领域中的化石,解码出其中的秘密。这自然能给予作品生命力,激发出艺术的活力,这是对众多鉴赏者审美权利和阐释能力认可的结果。鉴赏者审美能力的展现可以促使他们成为新诗人,这能改变艺术体制中不平等的关系,营造出自由和民主的氛围。在朗西埃看来,这种不平等关系主要是由艺术家一言堂所造成的,也就是作品的意义取决于创作者的声明和解释,而鉴赏者只有接受和听从的义务。而审美经验自主理论能给予鉴赏者以尊重和认可,使得他们在展现他们的鉴赏能力和创造能力的同时,重构了艺术体制的内在关系,使其多了些自由和民主因素。更关键的是,艺术领域所生发的这些变化富有"元政治"特性,能潜在地影响伦理生活的内在构成,为个体创造更多的自由、平等和民主等契机。客观地讲,朗西埃的审美经验自主理论提升了我们对鉴赏者审美能力和阐释能力的认识,不过,他的理论主要源于他对古希腊雕塑的鉴赏和构想,这使得他的立论缺少了一些现实观照,这是我们在借鉴他的审美理论时需要注意的事情。

　　门克的审美否定理论也具有细化艺术自主理论的功效,它加深了我们对审美严谨性的认识,提升了我们对审美自主的伦理作用的理解。关于审美否定,门克认为,它是一种遵照否定逻辑的严谨的审美行为,是一种高级的审美自主活动,它有助于挖掘文本的新意,有益于个体养成一种严谨的生活态度。作为韦尔默的学生,门克也将艺术自主以及良善生活建构作为其研究的重点,并且门克和韦尔默一样都继承了阿多诺的艺术自主观点②。门克之所以辨析审美否定这个概念,既在于学界对它存在着分歧性的认识,其中某些误解误导着人们对审美活动的必要性和重要性的认识;也在于他把审美否定和审美自主看作良善生活建构的一种重要路径。这种"分歧性的认识"主要存在于德里达与阿多诺之间,德里达认为,审美否定是艺术走向至高无上和确立主权的必由之路,由此,艺术拥有了支配理性话语的权力;阿多诺指出:审美否定只是艺术自主的一种体现,是鉴赏者不间断反思的一种显现,它丰富了艺术的内在活动,提升了鉴赏者的审美

---

① Theodor W. Adorno, Aesthetic Theory, trans. Robert Hullot-Kentor, Minneapolis: University of Minnesota Press, 1997, p. 42.
② 阿多诺—韦尔默—门克之间存在着一种内在的师承关系,他们的美学理论在法兰克福学派内部凝结成一个审美现代性的线团,这既赓续了这个学术共同体的美学研究传统,也为他们建构良善生活保持着艺术这个维度,因为事实证明,艺术是伦理生活建构中不可或缺的一部分。

能力和创造能力。通过反复论证，门克驳斥了德里达的艺术主权论，肯定了阿多诺的艺术自主观和审美否定观，并在此基础上，确立了他对审美否定的独特认识。门克认为，遵循否定逻辑的审美否定，是一种高级的审美自主行为，它倡导自主阅读和立体审视，这两种阅读方式都要求鉴赏者发挥自己的审美主动性，依照自己的审美体验阐述文本的意义，并且要在不断反思自己的审美收获中，将其对文本的阐释推向深处。为此，门克将审美否定确立为一种严谨的、高级的审美活动，他认为，审美否定为艺术发展提供了内在动力；他也将这种审美活动当作个体健全发展的一种重要路径，因为它有助于个体养成严谨和自我反思的意识，这也是门克将审美否定视作良善生活建构的一个路径的缘由所在。门克所处的时代，建构多元正义良善生活已是理论家们的一个共同使命，他们也认为由自主个体建构的良善生活才是本真的生活，关键是，自主个体应具有哪些基本道德和基本素养，以及这些道德和素养如何养成？门克在肯定了政治伦理对于自主个体的重要性之外，也强调了艺术的关键作用。因为艺术既能通过审美活动影响个体的现实行为，如从审美严谨性到生活的严肃姿态；也能为个体创造自由契机，使他们发挥各自的创造力，将伦理生活推向一个更高阶段。可以说，从门克的审美否定理论中，我们进一步看到艺术在个体培养和良善生活建构等方面的重要性，而从门克这里回溯艺术自主理论，我们能清晰地看到艺术的自主发展，也能辨识出艺术伦理功能的变化以及个体自主性的提升。

三 良善生活和共同体：艺术参与建构的共同生活

整体地看，阿多诺等人谈论艺术自主绝非只为艺术命运着想，而是为了深入了解艺术在人类共同生活建构中扮演怎样的角色，也为了促进这种生活环境的确立。对于人类的共同生活，卢卡奇和阿多诺等人采用了不同的表述和称谓，如良善生活和共同体，而且他们因各自独特的认识赋予了它们特定的使命。对于这两种共同生活，阿多诺等人都强调：不同学科共同参与建构，各自发挥其自主性但又相互合作，而艺术重在通过培养自主个体来促进社会进步。艺术的责任从来都很沉重，它既需要保持自主发展，也需要进行自我反思，还需要依据时代症候和历史使命确认自己的职责，以便为个体创造自由契机。

可以说，阿多诺等人在辨析艺术的本质和其审美特征的时候，他们最后的落脚点基本上都是艺术在人类的伦理生活和生存空间中担负着哪些具体职责，以及如何达成人类的共同生活的形成。这也是我们肯定西方马克思主义的艺术自主理论中暗含一种艺术伦理因质的主要缘由所在，而就这个学术共同体所建构的人类共同生活而言，它们大体上包括良善生活和共同体,当然,不同理论家对这两种生活环境又有各自独特的称呼。关于良善生活,它主要指一种完善的伦理生活和公正的社会环境,它立足于某个社会又超越这个社会,伦理生活的性质会对个体的自由和集体的道德产生直接影响,如奥斯维辛事件就与当时的错误生活①密不可分,为此,一些理论家带着一种批判和反思的意识来建构良善生活。西方马克思主义对良善生活的认识有一种历时性的变化和渐进式的提升,这里面既涉及他们对伦理生活内在构成变化的揭示,也涉及他们对艺术伦理责任增加的阐述,还涉及他们对个体自我意识升华和艺术自我变革的阐述。卢卡奇所谈的是以人为主体的世界图像,这是一种宽泛意义上新的伦理生活,它取代了以神为主宰的世界图像,目的在于通过激发个体的自由潜能,确立一种能展现个体自由、促进人类共同发展的生活环境。卢卡奇所构建的世界图像对应的是文艺复兴和启蒙运动后的伦理生活,就他生活的经历而言,他目睹了极权主义的形成和危害,不过,也许是他受其美学理论框架的制约,他并没有把其对极权主义的反思纳入世界图像建构中;或者因为他的《审美特性》只是一个未竟的美学方案的缘故②,倘若他按原计划来写作的话,他也许就会把反思极权主义的结果体现到他的美学思想中。阿多诺涉及了良善生活的建构,并且他的良善生活观念对后来的理论家产生了深远的影响③。在阿多诺看来,良善生活是一种由自主个体建构的伦理生活,它能保证个体展现其低限度的道德,能保证社会实施其低限度的正义,这种伦理生活由多个学科共同参与建构,而艺术担负着培养自主个体和营造社会公正氛围的职责。阿多诺的良善生活观念既富有典范性,因为他注重从个体道德与社会正义两方面建构良善生活,而后哈贝马斯和韦尔默等人基本上也按照这种立场探究良善生活的确立;也具有启发性,因为阿多诺是在反思奥斯维辛和错误生活的基础上倡导良善生活建构的,这证明了这种健全生活的确立是必要的,它能够减少艾希曼式人物的出现,能够避免奥斯维辛悲剧的再次发生。门克在阐述文化环境的重要性时,就借鉴了阿多诺对错误生活的批判,从而门克强调了文化氛围和生活环境对个体道德趋向和社会正义程度的影响力。

韦尔默将良善生活研究推进到多元正义良善生活阶段,他阐明了这种伦理生活确立的可能性,也为它挖掘了自由、民主和交往等伦理资源。生活于极权时代的阿多诺虽然倡导良善生活建构,但是他并不太相信这种生活会确立,或者说,即使它确立了,阿多

---

① 对于错误生活的反思,理论家时常有新发现和新收获,如阿多诺认为应从健全教育入手,培养个体的责任心和成熟人格,这样能从根本上抵制错误生活的出现;门克发现错误生活会误导个体的价值观和道德标准,使他们误把毁灭他人视作非凡成就,为此,门克倡导一种平等的伦理生活,使人们拥有一种相互尊重、彼此团结的生活环境。
② [匈]卢卡奇:《审美特性》上册,徐恒醇译,社会科学文献出版社2015年版,译者前言第5页。
③ 李进书:《激进左翼良善生活思想及其文艺伦理观探微》,《马克思主义美学研究》2023年春季刊。

诺也对它能否兑现对个体幸福的许诺持怀疑态度,因为他总担心同一性的阴魂会干扰人们正常的生活。而到了韦尔默这里,他相信良善生活具备确立的可能性,并且将对这种生活的理解发展到多元正义良善生活阶段。韦尔默之所以对良善生活的确立持乐观态度,既在于现代性的反思机制能促使社会自省、自我变革,能为民众的真正幸福着想,并依据他们的意愿和诉求进行调整和完善,这就避免了同一性的社会复现,也降低了极权主义出现的概率;也在于很多理论家参与到这种伦理生活的建构和讨论中,如哈贝马斯与罗尔斯的正义之争、霍耐特与弗雷泽的承认和再分配之辩①。这些商讨在表明良善生活具有建构的必要性的基础上,也为它提供了很多涵义丰富的伦理概念,更把良善生活拓展为人类的一种共同生活,共同建构、共同享有和一起维护。另外,奥斯维辛大屠杀从警示的方面提醒人们建构良善生活的必要性,毕竟在那个价值混乱的时代,所有人都是错误生活的受害者和牺牲品。在相信良善生活具有建构可能性的基础上,韦尔默基于不同文化群体的权利诉求,积极倡导多元正义良善生活建构,从伦理生活的发展历程看,这种多元正义良善生活是一种突破,因为它将正义确立为其立根之本,并且依据个体不同的诉求对正义进行了细化,使正义呈现出复调形式。在如何达成多元正义良善生活确立的问题上,韦尔默从艺术和后现代文化中探寻了交往、自由和民主等伦理资源,他也认为审美活动能赋予个体自由和民主等意识,能提升他们的交往和协商等能力。门克也积极地参与着多元正义良善生活建构,他依据平等权的复调性来理解多元正义,与韦尔默相比,门克推进了多元正义良善生活理论研究。在门克看来,平等是现代性的首要原则之一,一个富有平等性、体现着尊重的生活环境是一种"成功"的伦理生活;后现代语境下,个体的平等诉求富有差异性,因此一个成功的伦理生活必须考虑到平等的复调化。哈贝马斯对门克的平等思想给予了肯定,也将门克这方面的一些思想吸收到他的良善生活建构中。在多元正义良善生活建构方面,门克既指出了向艺术家学习,因为艺术家能带给人们自由意识,能促进人们进行创新,这意味着艺术能为整个伦理生活提供自由动力和创新精神;他也认为,审美自主和审美否定能提升个体的反思判断力,能提高他们的自主意识,从而促使他们更有信心地参与良善生活建构。

而在倡导共同体方面,詹姆逊和朗西埃是主要代表,前者积极建构着人类未来共同体,后者则探究着一种真正的共同体。詹姆逊在分析晚期现代主义自反特性时,揭示了偶然性所带给人们的迷惘和困惑,他们常被不可名状的外力冲击,生活受到干扰、生命受到威胁,但是他们又不知反抗谁,对抗谁,于是时常处于无助和困顿之中。如贝克特笔下的好些人物就陷入这样的困境中。詹姆逊认为,晚期现代主义在揭示偶然性、消除偶

---

① 参见李进书、冯密文:《批判理论与美国》,赵勇、[美]塞缪尔·韦伯主编:《批判理论的旅行:在审美与社会之间》,北京大学出版社2022年版。

然性所导致的焦虑等方面成就斐然,不过,他担忧未来的人类仍旧会遭受偶然性的威胁,尤其可能会经受地球之外力量的冲击,这使得人类未来的命运显得扑朔迷离。为此,詹姆逊对科幻作品进行了深入研究,形成了一些独特认识,当然,他也提高了科幻作品的文学地位,他认为这种中庸作品与晚期现代主义共同担负着建构人类未来共同体的重任。而对科幻作品的关注更是将詹姆逊的视野引到人类的未来世界,在那个时代,人类因受多种偶然性的威胁,生命遭受极大威胁,而个体的力量又显得单薄、无力,为了生存,人类需要打破语言和肤色等界限,共同建构一个团结的共同体。可以说,詹姆逊将艺术自主话题延展到人类未来生活建构上,使我们看到艺术更大的力量和更多的潜能,其中,艺术除了提升人们团结意识之外,它也通过考古过去和分析现在,为人类未来共同体提供经验和希望。如果说詹姆逊所建构的未来共同体富有乌托邦特性之外,那么说朗西埃所提倡的真正共同体也具有乌托邦特征,所不同的是,詹姆逊将我们的眼光引向未来,强调的是人们的团结意识,而朗西埃把我们的视线拓展至现实秩序的完善上,侧重的是这种共同生活的平等和民主原则。朗西埃之所以倡导一种平等民主的共同体,与他批判作者中心主义休戚相关。在他看来,以往的审美王国由艺术家主宰着话语权,鉴赏者仅有接受艺术家审美观点的权利,而无阐释作品的自主权,很大程度上他们也被认为不具备审美能力。对此,朗西埃积极地为鉴赏者的审美自主进行辩护,他认为,鉴赏者既享有与艺术家等同的审美权利,也拥有阐释作品的能力和具备审美创造的潜能,因此审美王国应是一个艺术家与鉴赏者地位平等的场所,而且一定程度上,作品意义的增值、艺术内在动力的增强都与鉴赏者自主性的凸显密不可分。由此,朗西埃相信:由审美活动中所生成的平等观念,以及由艺术场所产生的民主理念,都可以移植到现实生活中,从而逐步促成一种真正共同体形成。

  虽然西方马克思主义各理论家所倡导的共同生活并不一致,但是他们的目的都是期望个体不断进步、社会持续发展,人类在彼此尊重和相互团结的基础上,共同营造一个和睦共处的生活环境。相较而言,阿多诺之所以注重良善生活建构,主要在于他立足于具体的社会环境思考个体的自由和人类的解放,他看到德国极权主义所造成的巨大危害,也由此想到重建伦理生活是个体幸福和人类福祉的最可靠保证;詹姆逊重视人类未来共同体的建构,与他看到偶然性的威胁以及他研究科幻作品密不可分,他认为人类未来仍旧困境重重,而相互尊重和团结合作的共同体是人类应对威胁的最有效途径之一。当然,这并不是说,阿多诺以及韦尔默没有涉及共同体问题,也并非说,詹姆逊从不触及良善生活话题,我们只是说,他们因各自的侧重点不同而彼此更注重提倡哪种共同生活建构而已。作为人类共同生活的两种称谓,良善生活与共同体在建构上有很多共通之处。阿多诺等人都强调科学、伦理学和艺术等共同参与人类共同生活的建构,它们各司其职、在着力发展各自领域的同时,也共同合作,一起促进个体进步和人类发展。由此,既促使各学科不断前进,也推动着人类整体理性逐步提升;既促进了个体自主意识的提高,也带动人类精神境界的升华。由各学科共同参与建构的良善生活富有健全性,由不同话语参与建构的共同体具有合理性,因为这些学科和这些话语代表着人类整体理性,也凸显着个体的不同思维能力,因此这样所形成的良善生活和共同体契合于启蒙规划和现代性方案,也能保证个体以一种健全方式发展和进步。这里需要说明的是,虽然科学技术一直经受着理论家的批判,但是他们总体上认为科学技术本身并非现代性症候的罪魁祸首,而是人类误用科学技术导致了很多人为灾祸。"统治的非理性看来只有通过政治意志的形成才能被克服,而政治意志的形成受普遍的和自由的讨论的原则的制约。我们只能从保护受对话制约的思想的政治力量的状况中期待统治的合理化。技术上有用的知识的传播不能代替反思的巨大的力量"①。在肯定多学科共同建构人类共同生活的基础上,阿多诺等人不同程度上强调了艺术在其中的重要性。他们认为,艺术的主要职责既在于通过吸引人们鉴赏作品,使之确立起独立判断力和反思能力,从而成长为自主个体,成为良善生活的真正建构者和维护者;也在于鼓励人们共同阅读一些有谜团的作品,使他们拥有一种商谈和交往的意识和能力,进而他们可将交往和商谈等观念有效地运用到伦理生活的完善上;艺术还可以审美教育方式促进人们内心变化,使他们逐步走向成熟,能够对自身形成更高要求,也对社会提出更高的期待②。由此可以说,在阿多诺等人看来,艺术并非以一种直接介入的方式改造社会,也非用伦理布道形式规训个体,而是通过一种细润、持续的审美途径促使个体自我变化、自我提升,这也是这些理论家倡导一些独特鉴赏方式的缘由所在,如自主阅读和立体鉴赏等。

艺术的自主发展使艺术拥有了自治的审美王国,使艺术以一种独特力量参与到人类共同生活建构中,并且艺术始终是不可缺席的;经由艺术等学科建构的良善生活和共同体已显示了它们的价值,而且随着人们对它们提出更高的期待和更多的要求,这些共同生活在自我反思中走向更高阶段。通过研究西方马克思主义艺术自主理论,我们看到艺术实施其自主权之后,艺术创作发生了巨大变化,形成了不同的艺术门类,也形成了不同的艺术流派,并诞生了不同形态的单子作品。这些单子作品蕴含着真理性内容,也将艺术推及至一个高峰又一个高峰,这使得艺术成为影响人们精神和道德的重要方

---

① [德]哈贝马斯:《作为"意识形态"的技术与科学》,李黎、郭官义译,学林出版社1999年版,第96页。
② 关于审美教育对个体健全成长和社会合理发展的重要性,本雅明和阿多诺都做过深刻分析,尤其他们基于极权主义的兴起和危害而对教育所做的思考,加深了我们对审美教育重要性的认识。其中,阿多诺特别指出了大学的审美教育能够促进自主个体的形成以及自我提升,当然,这种审美教育主要指学生们对自主艺术作品的品读,而非对大众文化的鉴赏。See Theodor W. Adorno and Hellmut Becker, Education for maturity and responsibility, History of The Human Sciences, Sage, Vol. 12. No. 3, 1999, p. 30 - 31.

式。艺术自主还带来了美学理念的创新,如艺术自为、艺术自主以及艺术自反等,这些理念源于理论家对诸多艺术作品整体审美特性的提炼,其中凝结着个体自我意识的进步和艺术自我意识的更新①。在阿多诺等人眼中,这些美学理念暗含着自由和民主等因质,潜在地影响着个体的社会观念和现实行为,也对伦理环境的内在构成产生着不可忽视的影响。另外,艺术自主鼓励艺术家进行本真鉴赏、自主批评,这样的审美行为丰富了作品的含义,延异了它们的意义,也促进了艺术批评的发展,增加了艺术的内在力量。阿多诺就是一个自主批评的典范,他对瓦莱里和本雅明等人作品的评价重估了他们作品的价值,凸显了他们创作的独异性。艺术自主的另一个影响是促进了伦理生活的发展,使它能立足于自主个体的幸福来完善和前进。例如,卢卡奇所言的艺术参与绘制的世界图像,凸显了人的主体地位;阿多诺所强调的艺术参与建构的良善生活,能培养自主个体;门克倡导的多元正义良善生活中,艺术既给予着个体自由观念,也为这种伦理生活提供着变革的动力。更重要的是,由于艺术对奥斯维辛等事件不间断的反思,提升了人们对良善生活和共同体的重要性的认识,也促使现代性确立了自我反思机制,从而减少了奥斯维辛类似事件出现的可能性。为此,阿多诺说道:"关于教育理想的任何论争相比于这个唯一理想:不再发生奥斯维辛,都是微不足道的、不值得言说的。这正是所有教育竭力抗拒的野蛮主义。"②需要指出的是,西方马克思主义艺术自主理论中暗含着一个阿多诺线团,从卢卡奇的艺术自为理论到詹姆逊的艺术自反思想,再到门克的审美否定观念,它们与阿多诺艺术自主观念有着不同程度的交叉关系,他们在与阿多诺"对话"中,既推进了艺术自主观念的发展,也促进了他们艺术自主理论的形成,以及他们艺术伦理思想的确立。实质上,细致地看,我们也发现西方马克思主义艺术自主理论中还隐藏着康德线团和马克思线团,这些线团各自凸显的核心理念并不一致,但是它们的目的都是推动艺术自主发展、促使个体健全成长和人类共同进步。

以上我们对西方马克思主义艺术自主理论作了整体分析,从中辨析出艺术自主理论的历时变化,也探究出艺术伦理思想的发展,这有助于我们从总体上认识这个学术共同体的艺术自主理论以及它的艺术伦理思想。而想要深入地了解每位理论家的艺术自主理论,我们就需要细致地分析他们各自对艺术自主的理解,包括:他们依据哪种艺术形式来界定艺术自主,他们眼中的艺术自主的核心理念是什么,自主性的艺术有哪些审

---

① 很多理论家在强调艺术呈现不同时代个体的自我意识的同时,也不同程度上肯定了艺术自我意识的发展,这说明他们将艺术视作一个有生命力的事物看待。当然,这里面主要是艺术家、评论家和理论家的创作所造成的结果,他们的作品、艺术观念和审美理念的更新以及自反,使得艺术具有了自我意识。从本质上讲,艺术的自我意识体现的是艺术对人的幸福许诺。

② Theodor W. Adorno, Can One Live After Auschwitz? A philosophical reader, trans. Rodney Livingstone and others, Stanford: Stanford University Press, 2003, p. 19.

美特性；同时，我们也要具体地研究他们对艺术伦理责任的认识，包括：他们在什么语境下谈论艺术对自主个体的培养、艺术对良善生活的建构。只有通过具体、细致地分析每个理论家的艺术自主理论，我们才能在凸显他们各自理论的独特性和差异性的基础上，客观地归纳出他们的共同点和相似点，从而对他们的艺术自主理论以及艺术伦理思想作出更合理的评价。

Exploration of Western Marxism's Art of Autonomy Theory

Li Jinshu

(College of Literature, Hebei University, Baoding, Hebei 071002, China)

Abstract: Although Adorno and others have different understandings of art of autonomy, overall they believe that it is the creative use of free ideas by art. As a result, art itself continues to develop, and at the same time, it participates in the construction of good life in an aesthetic way. From Lukács to Adorno, and then to Menke, the concept of art of autonomy has undergone a transformation from art for-itself to art of autonomy, and then to aesthetic negation, which involves both changes in artistic forms and the development of aesthetic concepts, as well as changes in the ethical role of art. Throughout Western Marxism, there runs a thread of Adorno's art of autonomy theory, which has varying degrees of intersection with other theorists. Adorno and others involved two types of common life: good life and community, both of which require various disciplines participation in construction. They both regard art as an important component, and art plays an indispensable role in cultivating individual virtues and creating an environment.

Keywords: art of autonomy; self-consciousness; good life; Ariadne's thread; essential power of human beings

差异中的和谐：柏拉图《理想国》正义论辩证*

和 磊①

摘 要：柏拉图的正义观侧重于从本体论的角度去考察，是一种内在性的正义观。一人一艺，各负其责，和谐一体，正是柏拉图在《理想国》中对正义的基本理解。这里的和谐不是一致，而是差异的和谐。从人的自然禀赋到物之德性，再到理念，柏拉图从不同角度和层次对差异与和谐作了比较全面的阐释；而柏拉图对理念的追寻，则为和谐规定了基本的发展方向。柏拉图的正义观虽然具有一定的保守性，但也包含着现代思想的因子，值得我们在比较中去做进一步的深入思考，以推动当下社会的和谐发展。

关键词：柏拉图；《理想国》；正义；和谐；差异

正义无疑是柏拉图《理想国》的主题。柏拉图在《理想国》中对正义的阐述有多个方面，多重视角，但其核心论述集中在两个方面：一个是城邦的正义，一个是个人的正义或灵魂正义。这两个方面集中体现了柏拉图的正义观：和谐即正义。

"和谐"一词在古希腊语中的基本含义，就是把一个整体中的不同的元素乃至对立物"组合在一起"（fit together）、"连接起来"（join）、"联合起来"（joint）或"扣紧在一起"（fasten）等②。和谐一词与古希腊神话人物中代表和谐的女神哈耳摩尼亚（Harmonia）有着密切的关系，而哈耳摩尼亚是好战的阿瑞斯和温柔的阿佛洛狄忒的女儿，即两个极端的产物③。这也就隐喻着和谐是不同事物乃至对立物之间的组合，或者说，和谐是差异中的和谐，而这正是柏拉图正义观的核心。这样的正义观在当下依然具有重要的启示意义。

---

* 基金项目：山东省社科规划项目《劳伦斯·格罗斯伯格文化研究论》（批准号：22CZWJ12）。
① 作者简介：和磊，文学博士，山东师范大学文学院教授，博士生导师，主要从事审美正义等理论研究。
② Petar Hr. Ilievski, "The Origin and Semantic Development of The Term Harmony", Illinois Classical Studies, Vol. 18, 1993, p. 20-22.
③ Ibid., p. 28.

差异中的和谐:柏拉图《理想国》正义论辩证

上

柏拉图在论述城邦正义的时候,明确指出,一人一艺,各负其责,和谐一体即为城邦正义。柏拉图在不同的地方多次指出了这一点。"木匠做木匠的事,鞋匠做鞋匠的事,其他的人也都这样,各起各的天然作用,不起别种人的作用,这种正确的分工乃是正义的影子"(443C)①。"正义就是只做自己的事而不兼做别人的事。……做自己的事——从某种角度理解这就是正义。"(433A-B)②"正义就是有自己的东西干自己的事情"(433E)③"当生意人、辅助者和护国者这三种人在国家里各做各的事而不相互干扰时,便有了正义,从而也就使国家成为正义的国家了"(434C)④。

就个体的灵魂而言,当灵魂中的理性、激情与欲望和谐在一起时,即为灵魂正义或个体正义。"我们每一个人如果自身内的各种品质在自身内各起各的作用,那他就也是正义的,即也是做他本分的事情的"(441D-E)⑤。

无论就城邦还是就个体而言,其内部组成元素各负其责,和谐一体,即为正义,不和谐就不是正义。柏拉图就指出,"假定一个木匠做鞋匠的事,或者一个鞋匠做木匠的事,假定他们相互交换工具或地位,甚至假定同一个人企图兼做这两种事,你想这种互相交换职业对国家不会有很大的危害,是吧?"(434A370)⑥在灵魂中,"不正义应该就是三种部分之间的争斗不和、相互间管闲事和相互干涉,灵魂的一个部分起而反对整个灵魂,企图在内部取得领导地位……不正义、不节制、懦怯、无知,总之,一切的邪恶,正就是三者的混淆与迷失。"(444B-C)⑦

和谐即为各做各的事,但这里的问题是,各做各的事是如何确定的?或者说,怎么确定一人或一物所做之事正是其应该做的?在这里,柏拉图给予了明确界定,即这里的"各做各的事",不是关于"外在的",而是"关于内在的,即关于真正本身,真正本身的事情"(443D)⑧。这里的"内在"与"真正"在柏拉图那里指的是自然禀赋,而人的自然禀赋是不同的,这决定了不同的人做不同的工作。柏拉图指出:"大家并不是生下来都一样的。各人禀赋不同,适合于不同的工作……每个人在恰当的时候干适合他禀赋的工作,放弃其

---

① [古希腊]柏拉图:《理想国》,郭斌和、张竹明译,商务印书馆1986年版,第174页。
② 同上,第156页。
③ 同上,第158页。
④ 同上,第158页。
⑤ 同上,第171页。
⑥ 同上,第158页。
⑦ 同上,第175—176页。
⑧ 同上,第174—175页。

他的事情,专搞一行。"(370B-C)①

从个体灵魂的不同表现来说,有的激情突出,表现为勇敢,可以做士兵;有的理性突出,表现为有智慧,可以成为哲人,做国家的管理者(442B-C)②。这都是人之自然禀赋的体现。

柏拉图还从造人所运用的不同材料来强调人之自然禀赋的不同,即老天铸造人的时候,在有些人的身上加入了黄金,这些人因而是最可宝贵的,是统治者;在辅助者(军人)的身上加入了白银;在农民以及其他技工身上加入了铁和铜。因此,即便是一土所生(同父同母),但加入的材料不同,造出的人类型是不同的(415A-B)。③

自然禀赋在柏拉图那里是不变的,如果说变,也只发生在下一代,即"虽则父子天赋相承,有时不免金父生银子,银父生金子,错综变化,不一而足"(415B)④。但是,如果下一代发生了变化,就要按照新的变化安排工作,"如果农民工人的后辈中间发现其天赋中有金有银者,他们就要重视他,把他提升到护卫者或辅助者中间去"(415C)⑤。在这里,柏拉图没有固守遗传决定论,是有进步的。

自然禀赋形成人与人之间内在的,或者说根本上的差异,由此才会形成差异的工作。禀赋与工作对应,不可更改或调换,比如"鞋匠总是鞋匠,并不在做鞋匠以外,还做舵工;农夫总是农夫,并不在做农夫以外,还做法官;兵士总是兵士,并不在做兵士以外,还做商人"(397E)⑥。

如果说自然禀赋是柏拉图从朴素的唯物主义去阐释一人一艺的话,那么,他还从事物之本身、本相、本质或本分等角度去分析事物及人与其自身的和谐,我们姑且把这个角度称之为形而上学的角度。有学者指出,正义在《理想国》中的出现并不仅是建立在政治和道德之上的概念,而同时也是一个"形而上学和本体论概念",形式及其与善的关联都被这个概念所统辖。因为整个宇宙可以被认作是一个具有不同功能的复杂结合体,其理想状态便是万物都繁忙于成为(being)各自所适合成为(to be)的事物,第一个成为与城邦要素的功能行使类似,而第二个成为,即形式的,与使得城邦要素适合行使其功能的本性类似⑦。

柏拉图指出,每一事物都有其本相,离了本相,事物就会改变,就不成其为自己了

---

① [古希腊]柏拉图:《理想国》,郭斌和、张竹明译,商务印书馆1986年版,第60页。此引文两处"禀赋"原译文为"性格",根据张竹明单独翻译的《理想国》(译林出版社,2009年版)改。
② 同上,第172—173页。
③ 同上,第131页。
④ 同上。
⑤ 同上。
⑥ 同上,第104页。
⑦ [美]费拉里主编:《柏拉图〈理想国〉剑桥指南》,陈高华等译,北京大学出版社2013年版,第121页。

(380D-E)①。何为本相？所谓本相、本性等，简言之，就是一物之所以为此物的根本的东西。在《理想国》中，柏拉图实际上是通过两个概念来阐释事物的本相、本质的，一个是德性，一个是理念（或理式）。

德性在亚里士多德《伦理学》中有复杂和具体的分析，柏拉图在《理想国》中没有作过多分析，或如他说，不对其"广义"（353C）②含义进行讨论，而只就其功能而论。德性既指事物之独特功能，也指事物之独特功能的实现，两者是紧密结合在一起的。而任何事物的功能是很多的，但真正体现此事物功能的，则只能是一个，这就是此事物的独有功能，也就是柏拉图所说的"非它不能做，非它做不好的一种特有的能力"（352E）③。任何实现了事物独特功能的，即为事物有德性，就是正义的，否则便无德性，是非正义的，正如有学者所指出的，只要事物按其本性行事是正确的，那么正义便是一方面适当的存在（being），即对话中所指的德性（virtue），与另一方面适当的行动（action），即对话中所指的功能（function）之间的某种形式的一致④。比如，眼睛的功能为看得见、视力好，某个人的眼睛如果如此，即为有德性。而"正义是心灵的德性，不正义则是心灵的邪恶"（353E）⑤。

当事物真正实现其德性，或者说，当一物之表现与本相相符合，和谐一体的时候，此物便处于最好的状态，或不能再好的状态。柏拉图指出，那些所谓最好的东西，就是指不仅它们的结果好，尤其指它们本身好。事物之好靠的是自己的本质而不是靠虚名，比如眼睛之于视力好，耳朵之于听力好等。而正义也正是这样的本身好，它赐福于所有者；不正义本身则贻祸于其所有者（367C-D）⑥。在柏拉图看来，神和一切属于神的事物，无论如何都肯定是处于不能再好的状态下（381B）⑦。神和人都尽善尽美，永远停留在自己"单一的既定形式"之中（381C）⑧。这里的"单一既定形式"，即事物只与本相、本质等符合，而不会与其他非本相的东西符合。

事物处于最好的状态，也就是事物最强大的时候，是最不容易被改变和影响的，"例如，身体之受饮食、劳累的影响，植物之受阳光、风、雨等的影响——最健康、最强壮者，最不容易被改变"（380E-381A）⑨。简言之，与自己的本相和谐，是最强大的。这典型体现

---

① ［古希腊］柏拉图：《理想国》，郭斌和，张竹明译，商务印书馆1986年版，第77页。
② 同上，第41页。
③ 同上，第40页。
④ ［美］费拉里主编：《柏拉图〈理想国〉剑桥指南》，陈高华等译，北京大学出版社2013年版，第122页。
⑤ ［古希腊］柏拉图：《理想国》，郭斌和，张竹明译，商务印书馆1986年版，第42页。
⑥ 同上，第56页。
⑦ 同上，第78页。
⑧ 同上，第78页。
⑨ 同上，第77页。

在柏拉图对"是一个"的阐释,即当事物真正与自己和谐的时候,它就"是一个",而不是被分裂的多个,而只有这样的一个才是最强大的。比如这样的国家"是一个"国家(423A)①,整个城邦成为统一的一个而不是分裂的多个(423D)。②"一个人就是一个人而不是多个人"(423D)③,当一个国家最像一个人的时候,它是管理得最好的国家(462C)④。

就文艺作品来说,也应当用言辞描绘出诸神与英雄的真正本性来(377E)⑤,也就是应该写出神之所以为神,即神的本质来。让所写与对象符合,无论在史诗、抒情诗,或悲剧诗里,都应该这样描写(379A)⑥,这样的文艺作品在柏拉图那里也才是正义的。

理念是柏拉图从更高的哲学意义上去讨论这个问题。所谓理念,就是"绝对存在"(479D)⑦,"每一个体的实在"(507B)⑧,就是永远不变的东西,就是"一",就是事物之本身,如美本身、善本身、正义本身等。它是一个比德性更高一层次的概念,一个使德性之功能发挥出来的东西。比如视力要发挥功能,当然需要主体得睁开眼,但是没有太阳,主体睁开眼也没用,太阳便是眼睛之德性在更高层次上的"知识",或理念,是"视觉的原因"(508B)⑨。如果说看到事物之德性可能会容易一些,但是看到事物之本身,则比较难。根据柏拉图所说,这是一个从意见到知识的艰难的过程(见《理想国》第六卷后半部分),也是一个需要"灵魂转向"(518D)⑩的过程。也正如此,在理念层面上的和谐则是更高层次的和谐,但这种和谐几乎是不可能的。如果德性意义上的和谐有一定的限度的话,比如视力5.0就比较好了,5.2可能更好,但人的视力不可能会达到8.0或10.0,因此这里的德性是有一定限度的,虽然不可能完全准确确定。但是理念意义上的和谐则是无限的,个体之于理念的和谐显然是有限的。这是更高层次上的和谐、本体论意义上的和谐。

正因为理念之绝对存在性,万事万物包括文艺作品都只能是模仿理念,因为"理念或形式本身则不是任何匠人能制造得出的"(596B)⑪,而"模仿术乃是低贱的父母所生的低贱的孩子"(603B)⑫。在这一意义上,世间存在的所有之物显然都是不完美的,或者

---

① [古希腊]柏拉图:《理想国》,郭斌和,张竹明译,商务印书馆1986年版,第139页。
② 同上,第140页。
③ 同上,第140页。
④ 同上,第199页。
⑤ 同上,第72页。
⑥ 同上,第74页。
⑦ 同上,第228页。
⑧ 同上,第267页。
⑨ 同上,第269页。
⑩ 同上,第281页。
⑪ 同上,第391页。
⑫ 同上,第404页。

说,都不可能是真正的自我和谐,自我统一,而只有神和一切属于神的事物才是完美的。作为影子的影子的文艺作品更是低一个层次,而就在这一层次中,还再可以划分出"叙述"与"模仿",以及两者兼而有之三种创作方法。

柏拉图对文艺体裁作了进一步的区分,悲剧与戏剧是完全通过模仿创作,有些抒情诗体是诗人表达自己情感的,如酒神赞美歌,这是通过叙述来创作。在史诗和其他诗体里可以找到两者兼而有之(394C)①。在这一划分中,诗歌基本上以叙述为主。比如柏拉图认为,荷马的诗篇既是叙述,又是模仿,但是叙述远远多于模仿(396E)②。柏拉图所说的叙述,指的是诗人处处出现,从不隐藏自己(393D)③。如果使用叙述,模仿便被抛弃。如果说模仿本身就与理念隔着,那么叙述就更隔了。因此,模仿与叙述在柏拉图那里就不仅仅是表达方式的问题,而实际上涉及理念的表达问题,而这个问题意义更重大。因此,诗人被驱逐出理想国,不仅仅是因为诗歌的内容存在诸多问题,比如亵渎神灵、说谎、描写丑陋的东西、激发人的心灵中低劣的部分等,更在于诗歌通过叙述来表达,与理念隔得更远了,即比模仿更"背弃"真理(607C)④。

理念不仅仅体现了个体自我实现的艰难,自我和谐统一的艰难,同样它也回答了和谐的另一个重要问题:和谐的走向,即往哪个方向和谐?答案就是向着理念和谐。也就是说,建立在差异基础上的和谐并不会走向漫无目的的目标,不会漂浮不定,而是由理念指引。

如前所述,柏拉图在论述灵魂的三个组成部分时就指出,理智起领导作用,激情和欲望一致赞成由它领导而不反叛(442D)⑤,只有这样才能形成真正的和谐。如果不是用理智去引导,即便是看似和谐,也只是表面上的。柏拉图指出,不用委婉的劝导,也不是用道理说服,而是用强迫恐吓的方法把心中邪恶的欲望压了下去,这种人无法摆脱内心矛盾。他不是事实上的一个人,而是某种双重性格的人,不是心灵自身和谐一致(554D-E)⑥。

在城邦中,哲人是作为统治者起引导作用的。从柏拉图所设想的教育过程或步骤来看,哲学是最后的学习目标,甚至是教育的最终目标,虽然这是少数人才能学习的,而且大约是在50岁之后才会正式学习。这足可以看出柏拉图对哲学的重视。

在洞穴隐喻中,被解除束缚走出洞穴的人,目的就是寻找太阳,寻找善的理念,而不

---

① [古希腊]柏拉图:《理想国》,郭斌和、张竹明译,商务印书馆1986年版,第98—99页。
② 同上,第102页。
③ 同上,第98页。
④ 同上,第411页。
⑤ 同上,第173页。
⑥ 同上,第331页。

是仅仅走出洞穴而已。走出洞穴正是接受教育的隐喻。正因为见到了太阳,当这些走出洞穴的人再次进入洞穴后,与洞穴里的人就会形成新的和谐,因为他看见过美者、正义者和善者的真实,因此国家将被这些人清醒地管理着,而不是像洞穴里的人那样被昏昏然地管理着,被那些为影子而互相殴斗,为权力而相互争吵的人统治着。柏拉图指出,在凡是被定为统治者的人最不热心权力的城邦里必定有最善最稳定的管理,凡有与此相反的统治者的城邦里其管理必定是最恶的(520C-D)①。在这里,柏拉图把真理、理念与权力相对立,显然是对功利性的权力的否定,对更高层次的理性的肯定。

在理性引导和谐中,柏拉图又引入了另一个概念:节制。节制在《理想国》中与正义是相辅相成,侧重于人的主观行动。柏拉图指出,节制是一种好秩序或对某些快乐与欲望的控制。就个体来说,节制体现了人是"自己的主人"。人的灵魂里面有一个较好的部分和一个较坏的部分,而所谓"自己的主人"就是说较坏的部分受天性较好的部分控制。这是节制之人,反之,则是没有节制的人了(430E—431A)②。柏拉图还指出,节制贯穿全体公民,把最强的、最弱的和中间的(不管是指智慧方面,还是指力量方面,或者还是指人数方面、财富方面,或其他诸如此类的方面)都结合起来,造成和谐,就像贯穿整个音阶,把各种强弱的音符结合起来,产生一支和谐的交响乐一样。因此我们可以正确地肯定说,节制就是天性优秀和天性低劣的部分在谁应当统治,谁应当被统治——不管是在国家里还是在个人身上——这个问题上所表现出来的这种一致性和协调(432A—B)③。在这里,节制正是形成和谐的重要力量,节制、和谐、正义于此一体同观。

下

可以说从自然禀赋到德性,再到理念,柏拉图完成了对和谐中差异问题的阐释及对和谐走向的规定,而这实际上也是现代及后现代理论的重要议题,值得我们在比较中进一步理解柏拉图的正义观。

首先我们看到,在柏拉图那里,和谐是差异中的和谐,而不是抹平差异的和谐,而这一点正是现代正义理念的一种体现。有学者就指出,对柏拉图来说,正义并不是通过对相关差异的二次拉平(secondary levelling)来实现的,而是通过对根本差异的完全不干涉来实现的。柏拉图的正义观尊重具体情况,承认实际人物的独特性,特别是他们之间的差异,以及由此产生制度性后果。这些差异以各种方式存在,维护正义的努力主要是

---

① [古希腊]柏拉图:《理想国》,郭斌和、张竹明译,商务印书馆1986年版,第283页。
② 同上,第152—153页。
③ 同上,第154页。

为了应对这些差异①。也正由此,在洞穴隐喻中,柏拉图并没有让所有人都走出洞穴,而走出洞穴的人回到洞穴的目的也不是要把洞穴的人都"解救"出去。这看似是对愚昧或落后者的漠视,不去启蒙他们而任由他们在洞穴中过着愚昧的生活,但正也体现了柏拉图对差异的认识,即差异是不可能完全消除的,正义的首要目标不是要消除差异,而是让差异和谐在一起,即便是落后的人,也不一定非要解救他们,让他们和走出洞穴的人一样去见太阳不可,他们有他们自己的生活方式。或者说,这个世界上不可能所有人都能成为哲人。从另一方面看,走出洞穴,接受教育,并不就是一件快乐的事情,那个被解除了桎梏,被迫突然站起来的人,即便做转头、走动、抬头等这些动作都会感觉痛苦。而当他看到火光本身,眼睛会感到痛苦,甚至可能会转身走开,逃向洞穴(515C-E)②。因此,放弃自己以前的生活,接受启蒙是痛苦的,并不就是快乐的,即便我们可以用惰性来批判他们。而那个走出洞穴再回到洞穴,如果想把那些人强行带出洞穴,结果可能会更糟,甚至有被洞穴中的人杀害的可能(516E-517A)③。因此,不强制把洞穴内的人带离洞穴,这其中虽有古希腊不平等的思想(见下),但是承认差异不可能完全消除,尤其是不能通过暴力完全消除,这一点是有启发意义的,也具有现实意义的。很显然,人类直至今日,即便在最发达国家,经过了启蒙运动,依然存在着愚昧与落后的现象。霍克海默和阿多诺的《启蒙辩证法》值得我们深思。当然,这样说并不是不去关注那些愚昧落后的人,而是只有首先与他们和谐在一起了,尊重差异,愚昧落后者才有可能受启蒙者的影响慢慢改变自己,让自己适应看太阳而不致眩晕和痛苦。这需要一个过程。

洪美恩(Ien Ang)在21世纪初,明确提出了"差异中的团结"(togetherness-in-difference)这一概念,可以看作是当代学界对差异中和谐的回应。洪美恩指出,随着世界全球化进程的推进,这个世界变成一个相互联系、相互依赖、相互交融的世界,变成了一个错综复杂的相互牵连的空间,一个差异中的团结的空间④。女性运动同样如此。但是,洪美恩指出,"处理差异"是很困难的,无论对话多么复杂,这些困难都不能通过沟通来解决。把解决妇女之间的差异作为"处理差异"的最终目标,意味着她们将被遏制在一个包含性的结构中,这是一种"包含性的总体政治"(overall politics of inclusion);渴望一个压倒一切的女权主义来构建一个能够容纳妇女之间所有差异和不平等的多元主义姐妹关系。洪美恩指出,要认真对待差异,必须采取"偏袒政治"(politics of partiality)而

---

① Rüdiger Bubner, "Plato, Justice and Pluralism", European Journal of Philosophy, Vol. 3, No. 2, 1995, p. 123.
② [古希腊]柏拉图:《理想国》,郭斌和、张竹明译,商务印书馆1986年版,第277页。
③ 同上,第279页。
④ Ien Ang, On Not Speaking Chinese: Living Between Asia And the West, London: Routledge, 2001, p. 5.

不是包含性政治。偏袒性政治消除了包含政治追求普遍代表(所有女性利益)的野心,认为女权主义永远不能成为所有女性的包含性政治家园,因为不同的女性群体有不同的利益需求,有时甚至会发生利益冲突,彼此互不相容。因此,应当摒弃差异政治中寻求统一的观念,差异是不可能消除的,杂交就是由不同或不协调的元素组成的事物的生产,它促使新的、组合的身份出现,这不是一种克服差异的机制,而是与差异共存,并通过差异生活①。由此,所谓差异中的团结就是在保持各自差异中团结在一起,而不是通过消除差异团结在一起,这也就是洪美恩所说的,认识到所有文化不可避免的不纯粹,以及在一个不可改变的全球化、相互联系和相互依存的世界中所有文化边界的渗透性(porousness),我们也许能够通过"复杂的纠缠"(complicated entanglement)而不是通过不可逾越的种族隔离来想象我们"生活在一起"。在复杂的纠缠中差异地生活在一起,这正是我们所追求的团结。伊格尔顿也指出,"团结本身就是值得称道的目标",是价值和满足的源泉②。

第二,柏拉图在解释差异的原因时,强调差异的内在性,这种内在性一方面体现在差异是自身带来的,而不是人为赋予的。哈夫洛克指出:"通过将正义作为一种灵魂中的'德性',并用这个词来象征人性,他(即柏拉图—引者注)完成了作为一种个人品质的正义的内在化"③。虽然柏拉图从自然禀赋的角度解释差异存在一定的局限性,但强调差异的内在性无疑避免了对差异的人为干预,避免了那种为了某种目的而有意抹平差异的做法,这无疑具有重要的现代意义和价值。文化研究领域对差异政治的肯定也正体现了这一点。

正义的内在性在另一方面,体现在对一个个体或共同体内在构成的考察上,这种考察不以事物的外在效果为目的,正如有学者指出的,在柏拉图那里,正义是一种内在状态,而不是一种行动模式④。也正由此,有学者对这种内在正义持批判态度,认为"如果正义不能适用于外界行为,那么,它将变成一种内在的和私人的状态,一种自我的而非社会的道德观。"⑤也有学者举例所谓的抢劫行为的正义性问题,即按照柏拉图每个人一人一艺,各负其责的正义观,在抢劫事件中,只要由优秀的司机开车,技术娴熟的人

---

① Ien Ang, On Not Speaking Chinese: Living Between Asia And the West, London: Routledge, 2001, pp. 191-194.
② [英]特里·伊格尔顿:《理论之后》,商正译,商务印书馆2009年版,第166页。
③ [英]哈夫洛克:《希腊人的正义观:从荷马史诗的影子到柏拉图的要旨》,邹丽等译,华夏出版社2016年版,第390页。
④ David Keyt, "Plato on Justice", Hugh H. Benson(ed.), A Companion to Plato, London: Blackwell, 2006, p. 351.
⑤ [英]哈夫洛克:《希腊人的正义观:从荷马史诗的影子到柏拉图的要旨》,邹丽等译,华夏出版社2016年版,第409页。

负责电脑操控,拥有智慧的人统辖全局,那么抢劫计划就将是正义的①。这看起来很荒诞,但是从柏拉图的正义观来看,的确如此。因为柏拉图强调正义的内在性,因此不强调外在的效果。他的正义是就一个结构本身的完满性,或从结构发挥其本性功能的角度来说的,至于这一结构是否带来好的结果,那是另一个问题,一个伦理学或法律的问题。

实际上我们应当看到,如果一味强调外部正义而忽视内部正义,外部正义是值得怀疑的,至少是不可能持久的。很显然,一个自身灵魂不和谐、不正义的人,如何能与他人、与社会和谐? 即便一时和谐,也不一定能长久。内部正义是外部正义的基础。

第三,正义中的差异不应是等级上的差异,而是平等的差异,柏拉图肯定的是前者,这是古希腊的一个基本的观念,这从我们前面分析柏拉图对自然禀赋的肯定也体现了这一点。有学者就直接批判柏拉图"拒绝(现代和雅典)民主的两个决定性方面:自由和平等"②。柏拉图也反对主人任意虐待奴隶,但这种反对不是要消除主奴之间不平等关系,而是这种虐待违反了主奴关系的秩序,这就会侵犯正义③。因此,反对主人虐待奴隶的目的,是为了维护主奴不平等的关系,而不是要消除这种关系。

正因为柏拉图要维护不平等的秩序,因此不强调差异间的互动与生成,强调不相互干扰,不相互干涉,强调某一方的引导作用,而在这一方的引导下,差异的其他各方似乎不再起作用了。

与柏拉图对待差异不同,现代理论强调平等差异间不间断的互动,进而不间断地形成新的和谐。有学者指出,所谓"生成"乃是一种自由与差异的"生成",一种既无起点、也无终点的内在性"生成"④。柏拉图的正义在理性的指引下的确没有终点,但这个没有终点不是通过差异间的互动造成的,而是就理性本身而言的,而不平等是其正义的确定起点,并贯穿始终。

海德格尔曾阐述过"同一"(the same)或"同一性"(sameness)中的差异。海德格尔指出,同一是不同的东西通过不同的方式聚集在一起。它"永远不会等同于相等(the equal)或一致(the identical),后者总是朝着没有差异的方向发展。如果我们思考差异(difference),我们只能说'同一'。正是在执行和解决差异的过程中,同一性的聚集性才

---

① [美]费拉里主编:《柏拉图〈理想国〉剑桥指南》,陈高华等译,北京大学出版社2013年版,第116页。
② David Keyt, "Plato on Justice", Hugh H. Benson(ed.), A Companion to Plato, London: Blackwell, 2006, p. 346.
③ M. B. Foster: "On Plato's Conception of Justice in the Republic", The Philosophical Quarterly, Vol. 1, No. 3, 1951, p. 209.
④ 张中:《何谓"生成"?——论德勒兹的"生成"观念》,《文艺评论》2016年第1期。

得以显现。"①海德格尔在这里说得很清楚,"同一"或"同一性"不是没有差异的相等,而是包含差异的聚集。由此我们可以说,和谐是有差异的和谐,是平等差异的和谐。这是现代社会非常重要的一个理念。

第四,对于柏拉图来说,其对正义的考察,最终是维护既定的秩序,或神圣秩序。柏拉图指出,"和神圣的秩序有着亲密交往的哲学家,在人力许可的范围内也会使自己变得有秩序和神圣的。但是毁谤中伤是无所不在的"(500D)②。

实际上,在古希腊中,正义"dikē"一词与秩序有着密切的关系。dikē除了表示"正义"外,还指维护既定秩序③。麦金泰尔考察了dikē的词源学意义指出,自从荷马史诗第一次被翻译成英文以来,荷马史诗中的dikē这个词便一直被译为"正义"(justice)。无论是荷马本人,还是他所描绘的那些人,对这个词的使用都预先假设了一个前提,即宇宙有一种单一的基本秩序,这一秩序既使自然有了一定的结构,也使社会有了一定的结构。而统辖这一秩序的正是宙斯,他是诸神之父和人类之父;而统辖这一秩序内各特殊共同体的则是国王,他们分配着宙斯已分配给他们的正义——如果他们是正义的话④。由宙斯和人间的君王们所支配的秩序,乃是一种按等级秩序化了的社会规则构成的秩序。了解要求你做什么,也就是了解你在该结构中的地位并去做你的角色要求你去做的事情⑤。

可以说,柏拉图基本秉持了古希腊关于正义维护神圣秩序的基本观念,但是柏拉图通过对理性及善的理念的追寻,使得其所追寻的秩序与那种从外部强加的秩序形成了某种区别,秩序在神圣中不再是僵化不变的,具有了一定松动性、流动性。因此,柏拉图的和谐也具有"深度和谐"或全面和谐的特征,并不完全是从外部强加给世界的一种坚定的、预设的、理性的秩序⑥。或者说,柏拉图所追寻的和谐秩序,虽然预设了一个完美或神圣的秩序,但这个秩序并不完全是规定性的,实体性的,更不是归之于某种具体思想或某个人。在理性的引导下,这个秩序具有了内在发展与开放的可能,而不是完全封闭的,也正由此,古希腊文化与文明才具有其现代意义。

---

① Martin Heidegger, Poetry, Language, Thought, New York: Harper and Row, 2001, p. 216 - 217. 中文译本参阅[德]海德格尔:《诗·语言·思》,彭富春译,文化艺术出版社1991年版,第190页。
② [古希腊]柏拉图:《理想国》,郭斌和、张竹明译,商务印书馆1986年版,第255页。
③ [美]劳埃德-琼斯:《宙斯的正义》,华夏出版社2020年版,第14页。
④ [美]麦金太尔:《谁之正义?何种合理性?》,万俊人等译,当代中国出版社1996年版,第20页。
⑤ 同上,第21页。
⑥ 李春阳在比较儒家和柏拉图的和谐观的时候,认为儒家和谐是没有预设秩序的"深度和谐"或全面和谐,是开放的和谐,而柏拉图的和谐是要符合一种从外部强加给世界的秩序。这样的理解需要进一步思考和辨析。见Li Chenyang, "The Ideal of Harmony in Ancient Chinese and Greek Philosophy", Dao, No. 7, 2008, p. 81 - 98.

结　语

和谐是一个古老的概念,它维护着世界的秩序与稳定。亚里士多德在《尼各马可伦理学》中使用的"中庸"一词,是作为伦理意义上的和谐的同义词,意指连接两端或两极的线上的最高点[①],或者说两个极端的和谐。不同时代对和谐的不同认识,对和谐中差异的不同理解,标识着社会的保守、发展与进步。柏拉图在秉持古希腊保守传统的基础上,通过强调差异的和谐,强调理性及其对和谐的引导,使得和谐具有了流动性和发展性。在当下,深入探寻和谐、差异与秩序之间的关系,以及和谐实现的路径和发展方向,依然具有重要的意义和价值。

Harmony in Differences: Dialectical Studying Theory of Justice in Plato's *Republic*

He Lei

(School of Chinese Language and Literature, Shandong Normal University, Jinan, Shandong 250014, China)

Abstract: Plato's view of justice focuses on ontological perspective and is an intrinsic view of justice. One person, one art, each taking responsibility, harmonious integration, is Plato's basic understanding of justice in *Republic*. The harmony here is not consistency, but the harmony in differences. Plato provided a comprehensive interpretation of differences and harmony from different perspectives and levels, ranging from human natural endowments to the virtues of things, and then to Idea. Plato's pursuit of Idea provided the fundamental direction for the development of harmony. Although Plato's view of justice has a certain degree of conservatism, it also contains elements of modern thought, which is worth further considering in comparison to promote the harmony of contemporary society.

Keywords: Plato; *Republic*; justice; harmony; difference

---

① Petar Hr. Ilievski, "The Origin And Semantic Development of The Term Harmony", Illinois Classical Studies, Vol. 18, 1993, p. 26.

用语言认知和把握世界：卡西尔语言哲学探赜*

曹 晖①

摘 要：语言问题是卡西尔的《符号形式哲学》研究的第一步，卡西尔反对传统语言中对语言的实证主义研究，指出人类言语的任务并非复制或摹仿事物的既定秩序，而是有创造和构造的功能。他将语言的发展分为感觉表达、直观表达和概念思维表达三个阶段，从而揭示语言从个体到普遍、从具体到抽象、从单纯拟音到具有精神意义的发展过程。语言构成了客观化和功能化的共同世界，这一世界有赖于人的感性和文化的共在。正是通过语言，人类获得了稳固化，从而维系着理智的统一性和坚实性，继而达到对经验对象的认知和把握。人类语言的每一步进展，都使我们的知觉获得了更大的自由性，将我们带入更为宽广的文化世界。

关键词：卡西尔；语言认知；共同世界

语言和艺术一样，都是我们非常熟悉的事物，它们是人类活动的两个汇聚点。而语言似乎比艺术更早地伴随我们存在，"自我们生命诞生之日，自我们意识之光乍一闪亮时，语言就与我们形影不离。它伴随着我们智慧前行的每一步履。"②因此，语言作为一种媒介，与我们的生存直接相关，并犹如一种精神氛围，深入到我们的知觉、情感、思维和概念之中，成为我们表达思想和把握世界的工具。

《语言》（Language）是卡西尔《符号形式哲学》（*The Philosophy of Symbolic Forms*）的第一卷，从中可见他对语言问题的重视，并希冀将其作为符号文化形式阐释的出发点。这一做法与卡西尔生活的时代以及哲学和科学所面临的问题密切相关。传统上，哲学首先关注的是寻求统一性，20世纪20年代初维也纳学派甚至提出了"科学统一运动"，努力将所有的科学，包括人文科学和自然科学，统一在物理学之下。然而卡西尔

---

* 基金项目：国家社科基金重点项目《现代性的视觉秩序研究》（批准号：20AZX019）。
① 作者简介：曹晖，哲学博士，广州大学美术与设计学院教授，博士生导师，主要从事审美认知理论研究。
② [德]卡西尔：《符号·神话·文化》，李小兵译，东方出版社1988年版，第89页。

批判了这种世界观的片面性,并赞同威廉·冯·洪堡(Wilhelm von Humboldt)语言哲学中对语言做出的区分,即将语言区分为"作为固定结构的语言"和"作为过程的语言"。洪堡将前者定义为"功"(Ergon),后者定义为"能"(Energia)。就像索绪尔将语言的层面分为"语言"(langue)和"言语"(parole)、或乔姆斯基将语言区分为"合作"(competence)和"表演"(performance)一样,卡西尔将符号形式定义为"能"(energies),通过它,具体的感官符号与意义的内容相关联。不同的符号形式达到不同的目的,起到不同的作用。这也是他在1923年《符号形式哲学》第一卷的总体介绍中遵循的方向。①

一 语言的研究应关注结构:
卡西尔对现有语言研究方法和路径的批判

在《人论》的"语言"部分,卡西尔首先分析了早期语言起源的三种研究路径,即神话学的、形而上学的和实践的。在批判性地肯定这些研究方法的价值的基础上,卡西尔承接洪堡的总体性原则提出了语言的结构性研究方法。

首先,语言的神话学研究路径。卡西尔指出,语言的起源问题"对人类心灵有着不可思议的诱惑力。"②语言和神话有着密切的亲缘关系,它们犹如孪生兄弟,是人类独有的两种特性,只要有人存在,他就既具有语言的能力,并受到神话创造功能的影响。"所有的言语结构同时也作为赋有神话力量的神话实体而出现;词语(逻各斯 Logos)实际上成为一种首要的力。全部'存在'(being)与作为(doing)皆源出于此。"③此外,神话和语言都源自人类非常早期和普遍的经验,这种经验关乎社会性的经验而非物理世界的自然经验。婴儿很早就掌握了与人交流的简便方式,它不同于表现不安、恐惧或饥饿所发出的本能的叫喊,这种方式更具自觉性和有意识,甚至已经具有了社会经验的性质。原始人将这种早期的社会经验转移到自然中,在原始人看来,自然和社会是一体的,自然界

---

① 事实上,在写作"语言"的过程中,卡西尔的思想在发生着变化,在1920年参观了汉堡的瓦尔堡研究院的独特的图书陈列(瓦尔堡研究院的图书摆放被称为"好邻居原则",瓦尔堡图书馆给了他反对实质统一的概念的证据)之后,卡西尔主张一种相对系统的空间概念而反对实质统一的概念。当他在1925出版《符号形式哲学》第2卷《神话思维》时,他认为,语言、社会和国家的基本形式最初都与神话概念联系在一起。神话作为最原初的符号形式,理应成为一切文化符号的基础。所以他主张符号形式的重建必须从神话开始,从而作为洪堡语言概念的延伸。但是可惜的是第一卷《语言》已经出版,无法更具原初意义的神话作为第一卷,因此在写作《人论》时,卡西尔将神话的探讨居于语言之前,成为符号形式的出发点。参见 John Michael Krois, *The priority of "symbolism" over language in Cassirer'sphilosop*, by Synthese (2011) 179: 10‑16. 或 Ernst Cassirer, *The Philosophy of Symbolic Forms*, Vol. 4, *The Metaphysics of Symbolic Forms*, introduction by John Michael Krois and Donald Phillip Verene, Yale University Press, 1996.
② [德]卡西尔:《人论》,甘阳译,上海译文出版社2003年版,第186页。
③ [德]卡西尔:《语言与神话》,于晓等译,生活·读书·新知三联书店1988年版,第70页。

不过是一个大社会,因为他们的巫术信仰植根于生命一体化的信念之中,这有助于我们理解语言和神话巫术之间的关系:"在原始人心中,在无数情况下所体验到的语词的社会力量,成了一种自然的甚至超自然的力量。……这个世界并不是无声无息的死寂的世界,而是能够倾听和理解的世界。……没有什么东西能抗拒巫术的语词,诗与歌声能够推动月亮。"①当原始人面对周遭危机四伏的世界时,他们不能仅靠物理手段来驱散危险,同时要依靠超自然的力量摆脱恐惧,其中语言在巫术中起到了不可或缺的作用。

其次,语言的形而上学价值。当原始人意识到词语的巫术功能是虚妄的时候,"他不得不面临一个标志着人的理智生活和道德生活之转折点和危机的新问题。"②这个问题就是如何以新的眼光来看待语言与实在之间的关系,在物理意义上,语词显然是无力的,然而在逻辑层面上,它却被提升至最高的地位,也就是说,逻各斯不仅是宇宙的原则,也成为人类知识的首要基石。这就不难理解逻各斯一词被很多学者视为西方哲学思想的根基与生成力量,在《劳特利奇哲学词典》(*The Routledge Dictionary of Philosophy*)中,逻各斯被认为指称希腊概念的两个相互关联的方面,"(1) 言说的结果,即言语、话语、理论(与实践相对)、句子、故事;(2) 挑选或计数的结果,即账目、公式、理由、定义、比例、原因(既作为'原因',也作为'理性的力量')。"③由于逻各斯的含义之一是"言语",所以语言也只有分享有逻各斯的光芒才是有意义的。语言的逻各斯功能在古希腊哲学家那里得到了重视,古希腊的赫拉克利特是西方哲学史上第一个正式且大量使用该词汇的哲学家。尽管他否认巴门尼德的存在学说,主张"万物流变",但是他并不满足于变化的单纯事实,而是要寻找产生万物的隐秘秩序和变化的原则,这种宇宙秩序和法则被看作是动力、智慧和逻各斯。他认为,要理解宇宙的意义,就必须理解言语的意义,通向哲学的道路是以语言为中介而不是以物理显现为中介。赫拉克利特则已经不把语词看成是一种巫术的力量,而是具有语义功能和符号功能。

第三,语言的人类学价值。在这里,赫拉克利特的"神圣的语词-逻各斯"原则遭到了智者学派的挑战,后者的理论表明了对待外在世界的思维模式的转变,"人如今在自身发现了一种不同于所有物质性事物的力量,安排和统治着物质世界;精神对他来说成为某种比自然更高的东西。"④所以,"在语言理论中,不是形而上学,而是人类学起了主要的作用。人成了宇宙的中心"⑤和"万物的尺度"。智者学派对语法的研究并非只停留在

---

① [德] 卡西尔:《人论》,甘阳译,上海译文出版社 2003 年版,第 174 页。
② 同上,第 175 页。
③ Michael Proudfoot and A. R. Lacey, The Routledge Dictionary of Philosophy, London and New York: Routledge, Taylor &Francis Group, London and New York, 2010. p. 229.
④ [德] 爱德华·策勒:《古希腊哲学史》(第五卷),余友辉、何博超译,人民出版社 2020 年版,第 697 页。
⑤ [德] 卡西尔:《人论》,甘阳译,上海译文出版社 2003 年版,第 180 页。

理论层面上,更是与人类实践结合在一起,语言成为工具,为具体的实践目的服务,并在政治斗争中扮演着重要的角色,语言的任务是"教会我们在实际的社会政治生活中如何说和如何做。"①对语词的客观性和真理性的研究已经被智者学派抛弃,人们更注重语言的功用价值。

卡西尔对以上三种语言模式都进行了批判,在他看来,这些理论并没有解释出从单纯的情感性质的音节(感叹词)到具有意义的言语过渡是如何可能的。也就是说,尽管从神话学、形而上学和人类学中可以了解语言的价值,但是语言的根本问题并未在此。他说:"所有这些解释看来都是不切题意的,因为它们全都没有注意到语言的一个最显著的特征:人类最基本的发音并不与物理事物相关,但也不是纯粹任意的记号。无论是自然的存在,还是人为的存在都不适用于形容它们。"②为此,他深入到达尔文的生物进化论、奥托·叶斯柏森(Otto Jespersen)和德·拉古那(Grace de Laguna)的语言学中进行考察,试图探求从个人情感化和情绪化的声调(情感语言)到普遍化、客观化的言语(命题语言)的发展是如何完成的。但令人失望的是,卡西尔并未得到满意的答案。卡西尔认为,我们需要深入探讨的并非人类语言的简单存在,而是其内在构建——即语言的结构。正是通过对这种结构的细致剖析,我们才能洞察并阐明情感语言和命题语言之间的本质区别。在考察叶斯柏森的语言学时,卡西尔发现他理论中的"隐喻转移"观点的价值。这一观点认为,当人们将蕴含情感的呼喊之声,通过赋予其特定的发音并作为名称来运用时,原本可能仅是杂乱无章、缺乏明确意义的声音组合,便能够被转化为一种承载思想、表达意图的工具。叶斯柏森指出,语言是在"传达的要求大于感叹的要求时"产生的③。卡西尔肯定了这一观点的价值:"'隐喻转移'一语概括地包含了我们的全部问题。"④但是他也遗憾地指出,他的理论在阐述过程中,对于这一至关重要的环节并未给予充分的解释或论证,而是将其视为一个已经既定、无需再证明的前提假设。那么卡西尔如何对语言问题进行阐释呢?

二 指示、模仿和符号:
语言感觉表达阶段的三个层次

对于语言中从语音到意义的过渡过程,在《符号形式哲学》第一卷的《语言》中有着较

---

① [德]卡西尔:《人论》,甘阳译,上海译文出版社2003年版,第180页。
② 同上,第181页。
③ 同上,第185页。
④ 同上,第184页。

为详尽的阐释。卡西尔将语言的发展分为三个阶段,即(1)感觉表达(Sensuous Expression)阶段;(2)直观表达(Intuitive Expression)阶段;和(3)概念思维的表达(Expression of Conception Thought)阶段。我们这里主要对感觉表达的发展加以阐释,因为这里揭示了从感性语音到符号形式(意义)的发展何以可能的过程图式。卡西尔将这一阶段分为三个层次,即模拟、类比和符号形式。卡西尔说:"语言在成熟至特定形式并实现其内在自由状态时,经历了三个阶段,我们称之为模拟阶段、类比阶段和真正的符号阶段,目前,我们只是建立一个抽象的图式,但当我们看到这个图式代表了语言发展的功能规律时,它将呈现出具体的内容,在其他领域,如艺术和认知领域,它也有其独特的、具有特色的对应物。"①

首先,模拟层次。卡西尔从心理学入手,对运动行为和运动感觉进行探讨,以期找到运动和语言模仿之间的关系。他认为,"现代心理学把运动和运动的感觉看作意识本身结构中的一个要素和基本成分,就是承认这里的动态不是基于静态而是动态基于静态——所有的心理'实在'都存在于过程和变化中,而状态的固定只是抽象和分析的一个后续工作。"②实际上,每一个基本的表达运动都是精神发展的第一步,因为它虽然仍旧处于感觉生活的直接性中,但同时又超越了这一点。在手语心理学的理论中,手势通常分为两种,即指示性(indicative)手势和模仿性(imitate)手势。指示性手势来源于抓握的运动,而后抓握运动减弱为指示性的姿势,从而使人开始有了空间距离意识。人类从对事物的物理的抓,到概念性的抓的转化,实现了从感官的指称到逻辑的论证的过程。这一过程涉及一个具有普遍精神意义的因素,因此,"这个看似如此简单的迈向手势独立的一步,构成了从动物到特定人类发展的最重要的阶段之一。"③而从普遍意义来讲,模仿即是准确的复制,它越是准确地复制外在印象,排除自身的所有自发性,模仿的目的就越能够充分地实现。由于精神活动的自由性,人类的模仿活动不仅仅意味着对外在给予的事物的重复,而是一种精神的自由投射和创造:模仿本身成了一种表述,在这种表述中,物体不再仅仅是被动接受,而是由意识根据它们的构成特征建构起来,从而体现了人类精神的自由创造。如语言的表意和表音是如何联系在一起的?语言学者发现,人类社会的某些拟声词的表达在全球有着惊人的一致性,它们表达着同样的意义。这是人类在千百年中,同样的观念一直和同样的声音联系在一起所形成的,人们感觉到两者之间有着某种联系,即人们有一种通过这些特定的声音来表达这种观念的本能。如果没有这种假设,很难解释语言的存在。像莱布尼茨和洪堡都注意到这种"语法声音

---

① Ernst Cassirer, The Philosophy of Symbolic Forms, Vol. 1, Language, Yale University Press, 1955, p. 190.
② Ibid., p. 179.
③ Ibid., p. 181.

中的符号特征"(symbolic character in grammatical sounds)。洪堡发现,"语音组中 st 的规律是表示持久和稳定的感觉,声音 l 表示融化和流动的感觉,声音 v 表示不均匀的、摇摆的动作感。……雅各布·格林(Jocob Grimm)还试图表明,在印度-日耳曼语言中用来构成问答词的声音与问答的精神含义密切相关。"①所以,尽管这些现象最后似乎保留了直接感官表达的色彩,但它们还是打破了单纯重复和模仿限制。从而进入了第二个层次,即类比。

  类比阶段主要表达语音的连续关系。随着人类思维的发展,表达已经不限于单纯的拟声词,而要表达更多、更丰富的内容。由于单一的感官对象或感官印象不再通过模仿而达到,单纯的声音材料本身在一般意义上也不能反映纯粹关系的确定性,要想表达这种关系状态,只有借助语音的连续与其代表的内容之间的某种契合性才能达到。类比使得完全不同的系列的协调成为可能,如苏丹语中有着多样的意义和高、中、低音调之间的关系的表达。根据音调,同一个音节可以表述完全不同的事物或动作,甚至可以区别空间和数量。如高音词表示长距离和快速,而低音词表示接近和缓慢等。所以卡西尔指出,语言发展了空间、时间和数字的三个基本直观,为所有以知识的方式掌握现象,并将这些现象综合成为统一的"世界概念"(world concept)创造了不可或缺的条件②。那么,语言如何在空间中客观化呢?这在《符号形式哲学》第三卷中有较为清晰的陈述:

  与神话的这种基本态度相比,语言似乎从一开始就走上了一条新的、基本不同的道路。因为我们在语言中发现的第一个空间术语的特征是它们包含了一个明确的"指示"功能("deictic" function)。我们已经看到,所有语言的基本形式都可以追溯到显示的形式,语言只能在意识发展这种形式的地方产生和繁荣。在这一发展过程中,指示性的姿态已经是一个里程碑——在通向客观直观和客观形式的道路上的一个关键阶段。但是,只有当语言采用这种倾向并引导它进入自己的通道时,这种手势所蕴含的东西才会清晰而完整地展现出来。语言以指示语气词为近处和远处以及某些基本方向差异创造了第一种表达方式。这些,最初也是完全从说话主体和他的特殊立场来看的——从说话者到被称呼者的方向差异,以及从被称呼者到说话者的方向差异,似乎构成了语言中最早被注意和固定的区别之一。但有了这种区别,有了"我"与"你"以及与它所面对的客观存在的这种区别,人类已经突破了他的世界观的一个新阶段。在"我"和"世界"之间,现在形成了一条纽带,在将

---

① Ernst Cassirer, The Philosophy of Symbolic Forms, Vol. 1, Language, Yale University Press, 1955, p. 192.
② Ibid., p. 226.

它们紧密联系在一起的同时,也将它们分开。①

因此,通过构成的语音单位,单词或单词-句子获得了它真正意义的统一,它们结合成一个精神整体,成为一个"有意义"的单位。以上表明,即使是在语言开始阶段,模仿或类比也会突破界限进入一个纯粹关系表达的范围,具有了普遍性语法范畴的性质。

那么语言如何进入符号层次呢?卡西尔认为,即使语言从纯粹的模仿或"类比"表达开始,但是它不会停留在上述两个阶段,语言中不可避免的模糊性使得记号(sign)不仅仅是一个单一的记号,而是不断突破或扩展自己的领域并超过极限。"它(语言)迫使精神从具体的'指称'(designation)的功能向普遍有效的'意义'(significant)功能迈出决定性的一步。在这种功能中,语言摆脱了迄今为止所显露的感觉的遮蔽:模仿或类比的表达让位于纯粹的符号表达。依赖于模仿和类比的不同符号表达,语言成为新的、更深刻的精神内容的载体。"②语言发展的三个阶段揭示了语言从个体到普遍、从具体到抽象、从单纯拟音到具有精神意义的发展过程。因此,人类言语的任务并非复制或摹仿事物的既定秩序,而是有创造和构造的功能。"我们不能把语言看作事物的摹本,而应看作我们对事物作概念把握的条件。……我们已证明,语言绝非一种实体性事物,绝非一种高级或低级层次之实在,而是我们表述经验对象,表述对那种我们称作'外部世界'的东西做概念把握的前提条件"③所以,卡西尔指出:"具有至上重要性的不是语言的'功'(work),而是语言的'能'(energy)"④。这一"能"的概念即语言的符号结构。

三 语言是人类共在的符号:在语言共同体中把握语言

对人类语言起源问题的研究应该从发生学的史学角度,还是从认识论的系统性角度进行,这是卡西尔力求弄清楚的问题。前者的方法是拥有足够详尽且全面的语言历史证据,期望能够揭示世界上的所有语言究竟是源自一个共同的词根,还是各自独立发展自不同的根源,进而逐步追踪各种方言和语言类型的演化轨迹。然而,实践表明,即便如此也无法充分解答语言哲学领域中的根本性问题。而后一种方法则不满足于事物的单纯变动不止的状态和事件的编年史方式,力求找到语言变化的规律和法则。事实上,

---

① Ernst Cassirer, The Philosophy of Symbolic Forms, Vol. 3, The Phenomenology of Knowledge, trans. Ralph Manheim, Yale University Press, 1957, p. 151.
② Ernst Cassirer, The Philosophy of Symbolic Forms, Vol. 1, Language, Yale University Press, 1955, p. 197.
③ [德] 卡西尔:《符号·神话·文化》,李小兵译,东方出版社1988年版,第92—93页。
④ [德] 卡西尔:《人论》,甘阳译,上海译文出版社2003年版,第209页。

对语言的研究,既不能抽象地无所依凭地得出结论,也不能不顾及各民族不同的纷繁复杂的语言的真实区别。正如康德所说:"思维无内容是空的,直观无概念是盲的"①,语言的起源和结构的探讨要考虑到历史和逻辑的统一。

卡西尔梳理了19世纪以来语言研究者所作出的成就:雅各布·格林(Jakob Grimm)为日耳曼语系的比较语法学,葆朴(Bopp)和鲍特(Pott)等为印欧语系的比较语法学,赫尔曼·保罗(Hermann Paul)为语言的系统性研究所做的贡献。而卡西尔所赞赏的系统方法论的原则在洪堡的著作中得到了初步的呈现。洪堡从整体和系统上研究语言,力图实现一种"总体语言研究"的目标。在1803年10月写给友人布灵克曼(K. G. von Brinkmann)的信中说,"所有语言之间那种神秘奥妙的内在联系,深深地吸引着我,特别是通过一种新的语言深入至一个新的思想——感觉系统,给我带来了极大的乐趣。"②在卡西尔看来,"洪堡是一个彻底系统的思想家,但他反对任何纯粹的外部系统化技术。他的概念从来都不是逻辑分析的、纯粹的、超然的产物,它们体现了一种美感和艺术情调,这使他的作品充满了活力,但同时也掩盖了他思想的表达和结构。"③洪堡认为,语言是中介,它使无限和有限、此个体和彼个体的联合成为可能,语言也从这种联合中产生。洪堡最早将各种语言进行分类并把它们归纳为某种基本的类型。他反对把语言仅仅看成是"语词"的集合,因为这样就会将语言割裂的支离破碎,也无法洞察人类语言的特性和功能。同时他也反对在语言研究中将言语和意义分离的做法,他认为,语言是各民族文化的产物,它不是孤立产生的,而是约定俗成的。他说:"我们必须把自己从这种观念中彻底解放出来,即它(语言)可以从它所指定的东西中分离出来,就如同一个人的名字无法从他这个人中分离出来一样。语言像约定的密码,是反思和协调一致的产物,从任何意义上来说它都是人类的产品(the work)(因为我们倾向于在共同的经验中思考概念),更不用说个人的产品了。"④在洪堡看来,理解语言,就是对文化和世界观的理解,语言介于人与世界之间,它既是人类认知活动的产物,也是推动人类认知不断深化和扩展的重要力量。"对人类精神力量的发展,语言是必不可缺的;对于世界观的形成,语言也是必不可缺的,因为,个人只有使自己的思维与他人的、集体的思维建立起清晰明确的联系,才能形成对世界的看法。"⑤语言是将人的经验加以组织和传达的工具,

---

① [德]康德:《纯粹理性批判》,邓晓芒译,杨祖陶校,人民出版社2004年版,第52页。
② [德]威廉·冯·洪堡特:《论人类语言结构的差异及其对人类精神发展的影响》,姚小平译,商务印书馆1997年版,第38页,译者序。
③ Ernst Cassirer, The Philosophy of Symbolic Forms, Vol.1, Language, Yale University Press, 1955, p.156.
④ Ibid., p.156-157.
⑤ [德]洪堡:《论人类语言结构的差异及其对人类精神发展的影响》,姚小平译,商务印书馆1999年版,第25页。

因此它会逐渐形成一种独特的世界观。所以洪堡认为,各种语言之间最本质的区别,并非仅仅体现在语音或记号的表面差异上,更深层次地,它们反映的是各自所承载的"世界观"的不同。这种世界观差异,根植于每种语言独特的文化背景、思维方式和社会实践中,是语言作为文化载体所展现出的核心特质。从这个意义来说,一个民族也是人类的一种文化形式,"在最个人化表达的外衣下,蕴藏着普遍理解的可能性,作为个体,无论他生活在何处,无论何时何地,都是从整个种族中分离出来的一块碎片,语言展示并维系着这种支配个人命运和世界历史的永恒纽带。"①

卡西尔赞赏洪堡的著作,指出其中"占显著地位的是语言的结构问题"②。尽管洪堡对之前的语言学者们在搜集材料和编纂语言史方面怀有深切的敬意,但这并不能令他满意,因为这些学者从搜集材料开始,到堆砌材料终止,缺乏系统完整的处理,更无哲学高度的剖析。洪堡追随康德的批判方法,对语言结构而非起源问题进行思辨分析,并直接从材料中提炼出普遍性的结论,指出,"语言必须被看成是一种能(energeia),而不是一种功(ergon)。它并不是现成的东西,而是一个连续的过程。它是人类心灵运用清晰的发音表达思想的不断反复的劳作。"③这一理论被卡西尔誉为"标志着语言哲学史上的一个新纪元"④。

语言学的结构研究倾向恰好伴随着其他学科同样的变化——实证主义被结构主义新原则所取代,物理学中的古典力学被"场物理学"所超越,生物学抛弃了达尔文的进化论而代之以回到亚里士多德的新整体理论,心理学中的元素心理学被结构主义格式塔心理学所取代;而在语言学中,结构主义语言学家索绪尔(Ferdinand de Saussure)否认了"历史语法"的观点而提出"共时性"(synchronical)和"历时性"(diachronical)的概念。在他看来,"共时性"语言学聚焦于语言内部稳定不变的结构性关联,探索语言在某一特定时期内的静态面貌;而"历时性"语言学则追溯语言在时间长河中的演变轨迹,分析其发展变化的现象。对于语言基本结构的同一性,我们应采取双重维度进行研究与审视:一方面,关注其作为构成材料的质料同一性;另一方面,重视其表现形式的形态同一性。这种同一性不仅深刻体现在语法体系的内在逻辑与规则之中,还鲜明地展现在语音系统的外在表现与变化之上。语言的独特性质,正是根植于这双重因素的相互作用与影响之中。换言之,应将语言作为一个完整的形式、统一的领域,或一个系统进行研究。正如詹姆森所评价的:"索绪尔的创新之处在于坚持这样一个事实:作为一个完整系统的

---

① Ernst Cassirer, The Philosophy of Symbolic Forms, Vol. 1, Language, Yale University Press, 1955, p. 157.
② [德]卡西尔:《人论》,甘阳译,上海译文出版社2003年版,第191页。
③ 同上,第190页。
④ 同上,第191页。

语言在任何时刻都是完整的,不管刚才在这系统中发生了什么变化。"①从这一意义出发,卡西尔对语言中将质料和形式截然区分的方式持批判态度,他说:"形式和质料之间的区分乃是人为的、不恰当的。言语是一个不可分解的统一体。"②语言大约是一切社会现象中最富有独立性和坚韧性的部分,它具有独特的形式,对它的研究要循序整体性、系统性、结构性原则,这种研究并非将所有的语言都削足适履地强行纳入一个词类系统中,也不是将语言建立在理性原则上的普遍语法概念上,因为人类言语所完成的不仅是普遍的逻辑任务,语言是与社会活动息息相关的,它同样需要履行日常生活的社会任务,而这种任务依赖于语言共同体的特殊社会条件。

那么如何理解这个"语言共同体"呢？笔者认为这里应该包含两个方面的内容。首先,这与卡西尔所要求的文化符号形式的客观性相关。他对这一问题的探讨贯穿于各个文化形式之中。卡西尔认为,"客观价值和客观意义是所有文化形式中在先存在的前提"③,我们如何说明和维护这些文化的客观性呢？逻辑思维的方式肯定不行,因为文化不仅是思辨和理论的东西,它还需要行动。卡西尔借用赫拉克利特的陈述来说明这一问题:"当人们具有一个共同世界时,他们便是清醒的;而当每个人把他的思想与共同世界分离开来以便生活于他自己的世界时,他就是沉睡的。"④即文化的客观性和普遍性是在人的共同世界中获得的,有赖于人性世界的感性和文化共在。正如康德在《判断力批判》中如何探讨美的普遍性问题,他认为"美是不依赖概念而被设想为一个普遍愉快的对象的东西"⑤。这种普遍性和客观性要求在人的共有世界中获得,即"这事物是美的,说出这一判断时,他似乎并不是因为曾多次发现在关于愉快的判断中别人与他的意见一致就依赖这种一致性,而是向别人要求这种一致性"⑥。在康德看来,美不依赖概念却具有普遍性,正缘于人性的共通感。文化的客观性也是如此,它是动态的功能性的关系,而不是形而上的实体。"正是词语、正是语言,才真正向人揭示出较之任何自然客体的世界更接近于他的这个(精神)世界;正是语词,正是语言,才真正比物理本性更直接地触动了他的幸福与悲哀。因为,正是语言使得人在社团中的存在成为可能;而只有在社会中,在与'你'的关系之中,人的主体性才能称自己为'我'"⑦。因此,"所有的文化形式的根本目的即在于着手去建立一个思维和情感的共同世界,即一个充满清醒理智的而不是

---

① 詹姆森:《语言的囚所》,第5—6页。转引自[英]特伦斯·霍克斯:《结构主义与符号学》,翟铁鹏译,上海译文出版社1997年版,第11页。
② [德]卡西尔:《人论》,甘阳译,上海译文出版社2003年版,第197页。
③ [德]卡西尔:《符号·神话·文化》,李小兵译,东方出版社1988年版,第24页。
④ 同上。
⑤ [德]康德:《判断力批判》,见《康德美学文集》,曹俊峰译,北京师范大学出版社,第455页。
⑥ 同上,第455页。
⑦ [德]卡西尔:《语言与神话》,于晓等译,生活·读书·新知三联书店1988年版,第82页。

个人梦幻和妄想的人性世界。"①

另一方面,语言的共同体的形成基于人追求统一的愿望和梦想,但这不能回避语言的多样性。在语言研究的过程中,会遭遇独特方言的多样性和语言类型的异质性的问题,而这一问题似乎对形成一个具有统一形态的共同体是不利的。因为"没有言语就没有人们的共同体"②对于一个共同体来说,没有比言语的多样性更重大的障碍了。对这一问题的解决我们不能求诸科学的原则,因为科学希冀将所有的异质性和多样性还原到简单明确的原理和逻辑之中,这对问题的解决毫无裨益。语言是人类文化的重要组成部分,语言的多样性来自于文化的多样性,这是我们必须面对、承认和接受的问题。所以,如何在多样性和统一性中保持辩证的平衡是语言、也是其他文化形式要面对和解决的问题。神话和宗教的解决方法是拒绝把多样性看成是必然的不可避免的事实,"它们宁可把它归之于人的错误和罪过,也不把它归之于人的本性和万物的本性。"③从《圣经》的巴别塔的故事,到17世纪哲学中希图建立一种统一的和表达人类本质的"亚当的语言"梦想,都强烈地表达了人的追求统一的愿望。卡西尔对语言的统一性的观点是:"语言的真正统一性(如果有这种统一性的话)不可能是一种实体的统一性,而必须更确切地被定义为一种功能的统一性。这样的统一性并不以任何质料的或形式的同一性为前提。两种不同的语言,无论在它们的语音系统,还是在它们的词类系统方面都代表着两种相反的极端,这并不妨碍它们在语言共同体的生活中履行同样的职务。"④在探讨人类语言的多样性过程中,卡西尔发现,"语言的共同体"可以理解为基于人性基础上,通过语言所构成的功能统一性和语言客观化的共同世界,它有赖于人性世界的感性和文化共在,即由文化历史经验所构成,这也是由语言的深层结构决定的。总体来说,它是理性和感性的凝结,是文化与哲学的互通,是生命的观照。斯图尔特·霍尔将语言规定为一种符号的表征系统,正因为是系统,所以意味着符号的表征并非由单独的各个概念组成,而是由对各个概念的组织、集束、安排和分级,以及在它们之间建立复杂联系的各种方法所组成。霍尔认为有两个相关的符号表征系统,其中第一个系统将外界所有的物、人、事和我们头脑中拥有的概念和心理表象联系在一起。而第二个系统则着重于"共享"和"共在",即意义的共享和概念图的共享,"在创造我们文化的意义系统的同时,这些符号代表或表征了我们头脑中拥有的诸概念以及它们之间的概念关系,它们共同创造了我

---

① [德]卡西尔:《符号·神话·文化》,李小兵译,东方出版社1988年版,第25页。
② [德]卡西尔:《人论》,甘阳译,上海译文出版社2003年版,第205页。
③ 同上,第205页。
④ 同上,第206页。

们文化的意义系统。"①

四 语言符号：认知和把握世界的工具

从方法上，卡西尔的文化哲学基于康德的先验原则并将其进行了创造性的改造和应用。康德的先验理论并不对对象本身的本质和本性做任何断言，不会询问物质本身是什么，而是去考察它们得以形成的前提和原则，从而对不同的认识方式做批判性的考察，正基于此，各种不同类型的对象才能与我们沟通。也由于此，我们对事物的研究角度发生了变化，对待"客观性"概念的态度也会发生变化。卡西尔说："我们对客观性产生了与先前诸唯心主义体系截然不同的概念和定义。我们所追寻的客观遂不再是物理或超物理实体的客观性，不再是经验或超验事物的客观性。理当成为新的唯心主义之真正课题的不再是事物本身，而是事物之可能的确定性，即由不同认识方式对事物的确定。"②当我们从关系、功能、活动、运用的方式而不是从纯粹实体性的方式描述和界定事物时，我们就会理解各种文化形式（包括语言）的客观性问题。如果我们将语言不单纯地理解为由声音、词汇、词语、句子构成的语言，那么人类的许多文化现象都可以理解为语言，它们是"由艺术、宗教、科学符号建构起来的更为广博的语言"③。而且"这类语言的每一种都有其相应的用法和相应的规则，每一种都具有其自身的语法"④。

卡西尔认为，语言的功能是间接性的，它无法以其自身的手段产生科学知识，甚至无法触及科学知识，但是语言却是通往科学知识道路的必经阶段。卡西尔引用洪堡的观点："语言乃是一种功能，而不是一种主观状态。它不是一单纯的结果，而是一持续不断的自我更新过程；而人对'世界'之轮廓的界说的清晰和确定程度，恰好与这一过程的发展成正比。"⑤因此卡西尔认为，我们说"学习"一种语言，并非单纯被动地对语言进行接受和复写，而是一种更高层次的创造和自我更新的过程。"这一过程中，自我不仅得以洞悉恒久的秩序，而且还参与了对这一秩序的建构"⑥。可见，人类在创造和使用语言的过程中，其实是用一种符号来指称实在，在用语言去描述、判断的过程中，是对世界中事物关系的一种把握。事实上，语言是构建一个与实在世界相对的符号的世界，尽管这个世界是非实在的，却是易于为人所思考和把握的。由于语言的秩序是一种思维的秩序，

---

① ［英］霍尔：《表征——文化表征和意指实践》，徐亮、陆兴华译，商务印书馆2003年版，第18页。
② ［德］卡西尔：《符号·神话·文化》，李小兵译，东方出版社1988年版，第22页。
③ 同上，第26页。
④ 同上。
⑤ ［德］卡西尔：《人文科学的逻辑》，沉晖等译，中国人民大学出版社1991年版，第48页。
⑥ 同上，第49页。

因此对语言符号之间的各种关系的澄清是对实在的澄清。卡西尔强调,"语言并不只是我们自身的外在化……语言乃是通向(或实现)自我的道路"①。而习得一种新的语言,也就是用"这一新的符号世界开始以新的方式整理、表述和组织经验和直觉的内容"②,所以语言不应被看作一种实体性的事物,即具有独立的实在性或原初的存在形式。相反,语言应被看作是人类思维的一种工具,用来构建和表达一个客观的世界。

总体来说,人类的语言分为情感语言和命题语言,即英国神经病学家杰克逊(Jackson)所说的"次级"言语和"高级"言语。前者所发泄的仅仅是主观的、情感的无意识的流露,人的很大部分话语还是属于这一层次,它的状态是突发的、偶然的。而在后者中,"我们的观念处于一种客观的联系中;我们能发现主语、谓语,以及它们二者之间的关系。"③对人类来说,这种命题式语言具有特别的意义,通过它,人类不仅发现了一个客观的、具有恒常属性的世界,并且能够通过语言的关系把握世界。因此,"离却这条线索的引导,要把握这个世界似乎就无可能了"④。正是由于人掌握了命题语言,我们能够赋予对象以恒常的"本性",能够对周遭世界进行确定明晰的认知。命题性的语言是人所独有的,因为通过无数观察和实验,动物是否具有命题性语言还未找到经验证据。所以,"命题语言与情感语言之间的区别,就是人类世界与动物世界的真正分界线"⑤。实际上,动物界的情感表达语言同样丰富多样,它们能够很自然地传达愤怒、恐惧、绝望及悲伤等复杂情感。然而,值得注意的是,这些表达虽然强烈且真实,却并未像人类语言那样,指向一个明确、客观的意义或指称。换言之,动物的情感表达更多是基于本能与直觉,而非通过构建符号系统来传达概念或思想。动物所生存的世界更加具有偶然性和不确定性,它们往往对事物无法形成稳定恒常的认识,"以某种方式对一特定刺激做出反应的动物,假如当同一种刺激在不寻常条件下再次出现时,通常表现出一种截然不同的甚至相反的反应"⑥。相反,正是通过语言,人类获得了稳固化的意义,从而维系着理智的统一性和坚实性,继而达到对经验对象进行认知和把握。我们可以设想,如果孩童所习得的语言不具有统一性和恒常性,那么在面对纷繁复杂、变幻无常的世界时,他们就会无所适从,思维产生混乱,对世界的认知和把握将无从谈起。

因此卡西尔谈到了命题语言的焦点——"名称"。事实上,名称即"命名"。用海德格尔的话来说,命名(nennen)意指赋予某物以一个名称,但命名并非如柏拉图的《克拉底

---

① [德]卡西尔:《人文科学的逻辑》,沉晖等译,中国人民大学出版社1991年版,第99页。
② 同上,第49—50页。
③ [德]卡西尔:《符号·神话·文化》,李小兵译,东方出版社1988年版,第94页。
④ 同上。
⑤ [德]卡西尔:《人论》,甘阳译,上海译文出版社2003年版,第47页。
⑥ [德]卡西尔:《符号·神话·文化》,李小兵译,东方出版社1988年版,第95页。

鲁篇》(Cratylus)中的"约定"关系,它是具有权威性的。从人的心理发展来讲,"命名"是心智发展和精神成长的重要标志。"正是命名过程改变了甚至连动物也都具有的感官印象世界,使其变成了一个心理的世界,一个观念和意义的世界。全部理论认知都是从一个语言在此之前就已赋予了形式的世界出发的"①。通过学习名称和为事物命名,儿童"学会了构成那些对象的概念,学会了与客观世界打交道"②。而海伦·凯勒(Helen Keller)和劳拉·布里奇曼(Laura Bridgman)的事例最典型地说明了语言的"名称"在建构人的感知和人与世界关系中所起到的重大作用。

海伦·凯勒和劳拉·布里奇曼都是盲、聋、哑儿童。作为视力、听力和言语能力都缺失的孩子,海伦有幸在7岁时得到家庭教师莎莉文小姐的教育,并通过14年的努力考上了哈佛大学拉德克利夫女子学院,成为掌握五门外语的著名作家和教育家。在卡西尔看来,莎莉文小姐的教育方法"使孩子真正开始理解人类语言的意义和作用"③,这种教育方法的施行成为海伦一生的转折点。在莎莉文的日记中详细记录了语言的"名称"如何使一个乖张暴戾、犹如一匹无法驯服的野马般的海伦开启智力,从而打开自己封闭世界的过程,当海伦将"水"这一名称与现实中的水联系起来时,她的惊讶和错愕是如此强烈:

……她大吃一惊。她失手跌落了杯子,站在那里呆若木鸡,脸上开始显出一种新的生气。……现在,每件东西都必需有一个名称了。……一当她有了语词来取代她原来使用的信号和哑语手势,她马上就丢弃了后者,而新语词的获得则给她一种新生般的喜悦。④

从这段记载可以看出,"每一件东西都有一个名称"的意识在海伦的教育中起到了至关重要的作用,这使她摆脱了动物性的信号世界从而进入了人类的符号世界。当儿童初步领悟到言语背后所蕴含的符号系统时,他们的生活便迎来了一次意义深远的变革。这一认知的飞跃,标志着儿童理智生活的全面转型与升华。从此,他们不再仅仅局限于个人的主观感受与情绪表达,而是开始以一种更加客观、理性的视角去审视周围的世界。这种转变,不仅体现在儿童对事物的认知方式上,更深刻地影响了他们的思维模式的塑造。他们逐渐从单一的情感态度中抽离出来,迈向了更加成熟、系统的理论思考

---

① [德]卡西尔:《语言与神话》,于晓等译,生活·读书·新知三联书店1988年版,第55页。
② [德]卡西尔:《人论》,甘阳译,上海译文出版社2003年版,第209页。
③ 同上,第53页。
④ 同上,第55页。

阶段。劳拉·布里奇曼的事例也佐证了这一点,在习得和理解了人类言语的符号系统之后,二人出现了惊人的相似性表现。所以从信号和手势的运用到语词亦即符号的运用是人类智力和能力发展的决定性的一步。

为什么"名称"的力量如此强大呢？就是因为,人类若想生存下去,就需要将经验世界秩序化和条理化,而"分类"则是走向秩序化和条理化的重要途径。卡西尔指出,分类也是语言的基本特性之一,因为"事物的界限必须首先借助于语言媒介才能得以设定,事物的轮廓必须首先借助于语言媒介才能得以规划"①。命名活动本身即依赖于划界的分类过程,给一个对象或活动以一个名字,也就是把它纳入某一类的概念之下,这样才能达到对世界的系统化、普遍化而非单一化的认知,才能不局限于特殊的状况,而得到一个普遍适用的原理。"在命名活动中,我们从多种多样的、零散的感觉材料中择取出了某些固定的知觉中心"②。所以,"名称"犹如一束光,"没有这一带来光明的源泉,我们的知觉世界就仍然暗淡无光、暧昧昏黄"③。正因如此,凯勒和布里奇曼通过"名称"而获得了本已被遮蔽掉的能力,仿佛重获视力去看待万物。尽管这一过程非常缓慢,但是人类言语的每一步进展,都使"我们的知觉世界做出更好的定向和安排"④和获得了更大的自由性和更加宽广的世界。

小　结

语言是人类心智经过漫长的演化过程后所获得的认识和把握世界的工具。卡西尔说:"语言首先必须以神话的方式被设想为一种实体性的存在和力量,而后才能被理解为一种理想的工具,一种心智的求知原则,一种精神实在的建构与发展中的基本功能。"⑤总之,对语言的运用能力就是对符号运用的能力,而对符号的运用和把握与对一般事物和抽象的概括能力相关。有了语言这一符号形式,人类就不会囿于直接实在性与现实生活,而有了精神活动的表达和对可能世界的追求,这对于人类心灵活动的发展是极其重要的。

---

① [德]卡西尔:《语言与神话》,于晓等译,生活·读书·新知三联书店1988年版,第63页。
② [德]卡西尔:《人论》,甘阳译,上海译文出版社2003年版,第212页。
③ [德]卡西尔:《符号·神话·文化》,李小兵译,东方出版社1988年版,第97页。
④ [德]卡西尔:《人论》,甘阳译,上海译文出版社2003年版,第215页。
⑤ [德]卡西尔:《语言与神话》,于晓等译,生活·读书·新知三联书店1988年版,第83页。

Understanding and Grasping the World through Language: Exploring Cassirer's Philosophy of Language

Cao Hui

(College of Fine Arts and Design, Guangzhou University, Guangzhou 510006, China)

Abstract: The issue of language is the first step in studying of Cassirer's *The Philosophy of Symbolic Forms*. Cassirer opposes the positivist study of language in traditional languages and points out that the task of human language is not to replicate or imitate the established order of things, but to have the function of creation and construction. He divided the development of language into three stages: sensory expression, intuitive expression, and conceptual thinking expression, thus revealing the process of language development from individual to universal, from concrete to abstract, and from simple onomatopoeia to having spiritual significance. Language constitutes a common world of objectification and functionalization, which relies on the coexistence of human sensation and culture. It is through language that humans have gained stability, thereby maintaining the unity and solidity of reason, and ultimately achieving cognition and grasp of empirical objects. Every step forward in human language has given us greater freedom of perception, leading us into a broader cultural world.

Keywords: Cassirer; language cognition; common World

工具·意义·行动

——萨特语言观的三重面向

丁 栩[①]

摘 要:萨特的语言观作为其哲学思考的重要组成部分,长久以来鲜少被系统性关注,因此有必要对其进行梳理探究。在具体内涵上,萨特的语言观首先是古典时期笛卡尔主义关于语言问题立场的延续,语言作为表象观念的工具而存在;其次,在20世纪哲学的语言学转向的思潮下,萨特在语言观上"拒绝转向",反对语言的形式化,继续坚持语言必须传达意义,这体现在和罗兰·巴特与梅洛-庞蒂两位语言大师的对比之中。第三,萨特看似保守的语言观实际上与马恩语言的行动指向性有相通之处。除此之外,萨特对语言问题的思考与其哲学中的"意识""自由"密不可分,同时充满存在主义思想的"以人为本"的色彩。

关键词:萨特;语言观;工具性;行动性

萨特关于语言的看法一般被认为集中体现在他的自传体小说《词语》和哲学作品《什么是文学?》中,尤其是后者诞生了萨特重要的"介入"理论,而"介入"理论的起点恰好是在萨特对散文和诗歌两大文体语言特点的区分上。他认为,散文作家将语言视作表达意义的手段,而诗歌却不指向任何外在的意义,它们仅仅由于它们自身而存在,这样萨特便得出"散文可以介入,诗歌不可介入"的结论。"介入"这一角度成了学界研究萨特文学和哲学观最直观和重要的切入点,而语言问题却没有受到更多的关注,只被视为"介入"研究的附庸,这体现在目前为止学界还没有关于萨特语言方面的研究专著,期刊论文大多也只是以《什么是文学?》为文本分析文学介入理论对词语的要求等。

实际上,研究萨特的哲学思想、文艺评论以及他的文学创作等都离不开萨特对语言的分析。因此,将萨特的语言观置于历史传统和时代思想的坐标中进行较为全面的审

---

① 作者简介:丁栩,北京外国语大学中文学院在读博士生,主要从事西方文论研究。

视是必要的。简言之,萨特希望语言是实现交流、传达意义的工具,由此我们可以看到萨特对古典语言观特点的继承。另外,即使在 20 世纪语言学转向的大背景下,萨特仍然坚持对语言工具性、实用性的考察,这其中既有马克思主义实践哲学的影响,也是萨特人道主义哲学思想的体现。

一 古典的余音:语言的工具属性

词语在萨特那里兼有文学语言、阅读、写作等多重含义,无论在其行动哲学的代表《什么是文学?》或是自传体小说《词语》中,用词语写作已成为萨特的实践方式。在《什么是文学?》中,他"主张废除所谓消遣文学和纯粹的感伤文学,提倡作家要介入时代、介入社会"①,倡导一种"介入文学"(committed literature)②的创作。具体来说,萨特区分诗歌与散文的方法是沿袭俄国形式主义区分诗与非诗的观念。在《作为手法的艺术》中,什克洛夫斯基指出,诗歌"是一种障碍重重的、扭曲的言语。诗歌言语——是一种言语结构。散文——则是普通言语:节约、易懂、正确的语言"③。从这里可以看出,诗的语言与日常散文语言具有不同的规律,诗歌语言不仅不以实际交流为目的,而且它还会破坏日常语言的一般节奏。在研究日常语言与诗歌语言的区别时,什克洛夫斯基表示,人们在听到劳动号子发出的整齐节奏时,可以在一定程度上减轻劳动的负担,这就是(散文)语言体现的自动化特征,但诗歌"是为了使感受摆脱自动化而特意创作"④,以便人们可以将对诗的感受保留甚至延长。萨特继承这一区分传统,在《什么是文学?》中,从语用的角度区分诗与散文,他将自足的诗歌语言排除在介入话语之外,而将文学介入置于散文的范围内,并在此基础上阐释他的文学观点。

1. 诗语言的特殊性

用文字表达的诗与散文的语言本身就是天然的符号,但在萨特那里,语言符号具有模棱两可性:"人们既可以自由自在地像穿过玻璃一样穿过它去追逐它所指的物,也可以把目光转向符号的事实,把它看作物。"⑤散文作家倾向于前者,将词语视为探索与揭示外界意义的工具,通过精确的语言运用来勾勒现实的面貌,相比之下,诗人则选择了截然不同的路径。他们超越了语言的工具性,毅然决然地从这一框架中抽身而出,采取

---

① 杜小真:《一个绝望者的希望——萨特引论》,上海人民出版社 1988 年版,第 226 页。
② 关于"介入文学",萨特使用的法文是 Littérature engagée,本文选择"What Is Literature" and Other Essays (1988)的作者 Steven Ungar 所采用的 committed literature 一词。
③ [俄]什克洛夫斯基:《散文理论》,百花洲文艺出版社 1994 年版,第 20 页。
④ 同上,第 20 页。
⑤ [法]萨特:《萨特文学论文集》,施康强等译,安徽文艺出版社 1998 年版,第 74 页。

了一种全然诗意的态度——将词语本身视为物,而非仅仅是导向他物的符号。诗歌语言因此摆脱了散文中的功利与实践色彩,但这并不意味着它在诗歌中失去了意义。相反,萨特强调,在诗歌的语境下,意义被深刻地内化于词语之中,"意义浇铸在词里,被词的音响或外观吸收了,变厚、变质,它也成为物,与物一样不是被创造出来的,与物同寿……"①意义仿佛被词的音响与外观所吸纳,变得厚重而独特,成了词语不可分割的一部分。正如丁托列托画中的那道黄色裂痕,它既是画面的一部分,映射着天空的色彩,又是画家内心忧虑的物化表现,情感与色彩交相辉映,创造出一种超越表象的意境。同样,在诗歌中,意义与词之形象紧密结合,形成了一个不可分割的整体,难以用单一的语言或概念来彻底揭示。

对于音乐而言,这一原理同样适用。作曲家在创作时,将个人的情感与音符紧密结合,共同构建了作品的本质。旋律不仅仅是音符的堆砌,更是情感的宣泄。一旦离开了旋律本身,去谈论作品的意义便显得空洞而无据。因此,萨特将诗与绘画、乐曲归为一类,词之物在诗中是浸染了感情,"词的物质面貌就反映在意义上,于是意义作为语言实体的形象发挥作用"②。这样,萨特肯定诗作为艺术表现的形式,与画家和音乐家一样将语言看成一种特殊的物。诗与乐曲、绘画一样,在创作的那一刻就取得了本质。

2. 散文语言的介入性

在诗歌那里,意义与词是一体的,诗歌语言的魅力,在于其符号的模棱两可性与多重解读空间,这赋予了每个字词、每句诗行以无限延展的意义深度,无法穷尽其内涵。散文则相反,在散文的语境下,最关键的是词语是否准确无误地指向现实世界中的具体事物、现象或抽象概念。以萨特之见,散文语言充分体现了任意性的原则,词与意在散文中是分离的。词语对于散文作家来说是一种工具,当人们遇到危险时,他们会立刻抄起工具,一旦危险过去,人们就会忘记自己用的是锤子还是劈柴。余虹对此有过具体的分析,他认为意义作为先在的存在物可以通过各种方式表达,同一种意思可以有几种不同的表达方式,只要将这个先在的意义说清楚即可,这便是散文言述。但在诗歌言述那里,言与意是一体的,是独一无二的,换一种说法便面目全非,所以在诗中不存在与说法分离的先在意义③。由此看来,只有散文写作可以参与意义世界的建构,它怀着沟通的目的审视词语,为了实现思想的传递与意义的表达,一方面,散文作者通过写作而介入现实世界,另一方面,读者通过阅读散文来获取意义世界的面貌,进而与世界建立联系。

---

① [法]萨特:《萨特文学论文集》,施康强等译,安徽文艺出版社1998年版,第75页。
② 同上,第76页。
③ 参见余虹:《自由与介入——萨特文论一瞥》,《新疆大学学报(社会科学版)》2002年第3期,第93页。

3. 笛卡尔主义语言观的延续

萨特这种语言作为工具传达意义的观念可以归结到古典时期笛卡尔的语言观。笛卡尔认为,与鹦鹉学舌不同,人的语言是作为其心灵观念的符号而存在。因为人具有理性,语言具有在理性的基础上实现思想交流与传达意义的功能,建立在理性基础上的语言便成为区分人与动物的关键。杨大春认为,笛卡尔时代的意识哲学表明:"在事物秩序服从于观念秩序的意识分析中,意识、语言、表象在其中是三位一体的。"①在这种意识哲学中,核心的东西是思想,语言仅仅是表达思想的工具,它没有自己独立存在的维度,只能归于从属性的领域。因此,笛卡尔时代的语言观内容可以浓缩为:"作为表象思想的工具,语言消失在意识的生动在场中,并因此被观念化了。"②从这里可以看出,思想是人类心灵中的观念,而语词致力于表达先在的思想,语言与表象是从属关系。而萨特将笛卡尔那里的理性替换成了意义,但他并没有因此跳出笛卡尔的认识论哲学观念。认识论更多研究的是主体的意识活动、主体与客体之间的关系,而意识又是萨特哲学思想的核心主题,正如萨特所说:"我们的每一种感觉都伴随着意识活动,即意识到人的实在是起'揭示作用的',就是说由于人的实在,才'有'[万物的]存在,或者说人是万物借以显示自己的手段"③,所以,万物只有在人的意识中才能成为有意义的存在,离开人的意识,万物就会停留在静默的状态,是意识赋予它们意义,进而构造意义的世界。

萨特对意识的思考是通过将其现象学与存在哲学紧密地联系起来。与胡塞尔的超验意识不同,萨特的意识理论吸收了克尔凯郭尔的个体经验,从而将胡塞尔的纯粹意识下降到具体的存在经验。因此,萨特认为,"意识"从根本上转变为一种"介入"的力量,它不再是静观世界的旁观者,而是积极参与并塑造现实的主观能动性体现。在这个意义上,文学介入就是作家和读者通过散文将其意识聚焦到经验世界,共同参与并促进了意义世界的构建与深化,"(介入)这个词意味着卷进我们的实际境遇之中……"④然而在诗歌中,词的物质形态超越了单纯的字面意义,转而成为意义的载体,进而意义本身化身为一种鲜活的、具有实体感的形象。诗歌此时不再简单的表达意义,它自己本身即是意义。所以,诗歌不再需要"介入"外在的意义世界。

总之,无论是从表达意义这一功利的角度来看待诗歌和散文的语言特点,还是考察萨特对笛卡尔表象性语言立场的坚守,语言在萨特那里仅能作为传递意义、表象思想的"介入"工具,否则语言就失去了其立身之本。因此,萨特对语言工具属性的坚持构成了

---

① 杨大春,《语言·身体·他者:当代法国哲学的三大主题》,生活·读书·新知三联书店 2007 年版,第 43 页。
② 同上,第 41 页。
③ [法]萨特:《萨特文学论文集》,施康强等译,安徽文艺出版社 1998 年版,第 94 页。
④ [美]施皮格伯格:《现象学运动》,王炳文、张金言译,商务印书馆 1995 年版,第 703 页。

其语言观最重要的维度之一。

二 "拒绝转向"：语言以意义为导向

萨特对语言的思考是在西方古典语言观的影响之下形成的，但身处20世纪语言学转向的哲学潮流中，同时代的思想家却将语言探索推向了更深的层次。与罗兰·巴特、梅洛-庞蒂将语言问题作为哲学讨论的核心主题不同，萨特仍然在作品或评论的边缘来阐释他对语言的看法，延续了笛卡尔的意识哲学与胡塞尔早期的先验现象学思想，继续"关注语言的静态结构，并以能指、所指二分的方式维护理性主义的语言表象观"[①]。

在对语言进行现代性思考中，罗兰·巴特的语言观念不容忽视，他对语言的思考与萨特介入性的语言观可谓大相径庭。罗兰·巴特认为，萨特提倡的文学写作必须具备政治责任和社会责任，这种看法是一种企图回归古典时代的写作方式，"字词不会因自身之故而有内涵，它几乎不是一件事物的记号，而宁可说是一种进行联系的渠道"[②]。在罗兰·巴特看来，语言发展到20世纪已经被赋予全新的理解，尤其是经过语言哲学转向后，语言作为符号更具有抽象性，而萨特那种期望透过语言可以传达意义并能够召唤读者、改变世界的观念，是完全落伍的保守态度。罗兰·巴特继续补充道，古典语言是"具有直接社会性的语言"[③]。换言之，它已经具备了普遍性和明晰性的特点，是对社会现实的直接反映，这种古典语言可能更接近于萨特想要的那种语言。罗兰·巴特进而指出，从福楼拜至今，文学问题已经变成了一种语言问题，"因为不存在无语言的思想，形式就是文学责任最初和最后的要求"[④]。也就是说，在历史的发展中，文学的追求应该走向一种对形式本身的推陈出新，无论是任何文体的文学均不应该拿意义说事，因为思想在付诸语言的时候，语言已经随着思想而出，而像萨特那种语言应该作为记录思想的符号、应该承担社会责任并且肩负意义传播的论调早已行不通。"文学应成为语言的乌托邦"[⑤]，语言最好的归宿是通过文学来实现它的所有价值，并不需要自身主动去担负传道的责任。因此，罗兰·巴特认为，萨特的主张完全是违逆时代、没有价值的。而在萨特看来，文学问题不完全是语言问题，语言只是文学的工具，罗兰·巴特那种关注语言自身的叙事，关注文学性本身的"零度写作"在萨特那里是一种"字词癌症"，这种做法无疑把

---

① 杨大春：《语言·身体·他者：当代法国哲学的三大主题》，生活·读书·新知三联书店2007年版，第49页。
② [法]罗兰·巴特：《符号学原理：结构主义文学理论文选》，李幼蒸译，生活·读书·新知三联书店1988年版，第86页。
③ 同上，第89页。
④ 同上，第106页。
⑤ 同上，第109页。

文学推向一种极端的形式主义，掏空了文学价值。

另外一位法国思想家梅洛-庞蒂对语言的思考则处于一种居中的姿态，一端是萨特，认为语言必须由意义来引导，一端是罗兰·巴特，认为语言是完全形式化的。他在《世界的散文》中甚至其整个语言学思考的最初动机都是在回应萨特的《什么是文学？》，尤其是回应萨特关于文学语言特性的看法。梅洛-庞蒂认为："人们最终贬低语言，人们只把它看作是意识的外衣，思想的保护层。即使像萨特这样的作家（他虽然没有忽略他人问题），语言也不可能为思想带来某种东西：语词的'力量'不存在，语词概括、概述已经存在的东西。思想一点也没有得益于语词。"①以梅洛-庞蒂之见，萨特是延续古典时期笛卡尔主义的语言表象观，将语言作为传达意识的工具，其自身是透明的，没有任何意义。这种意识在笛卡尔、胡塞尔那里是按照理性的规则建构起来的，而这正是梅洛-庞蒂所要反对的。梅洛-庞蒂的整个哲学生涯都是在反对自笛卡尔以来心物二分的哲学传统，他建立了哲学体系中的第三维度——身体。于是，梅洛-庞蒂"最终把一切建立在身体行为、身体经验或知觉经验基础之上"②，他用身体主体取代了自笛卡尔以来一直受到强调的意识主体。

在《世界的散文》中，梅洛-庞蒂表达了他最基本的观念。他认为一部文学作品的意义首先并不是通过它的思想，而是通过语式、叙述形式或者文学形式的变化表现出来的，读者由于认同了作品的表达形式而进入了作家表达的思想之中："文学的交流并不是作家对于构成人类心智先验性之一部分的含义的简单求助，相反，这种交流通过训练或者通过一种间接的活动使这些含义在心智中产生。"③这样来说，作家并不能完全凭借语言来主导意义的传达，"语言本身并不服务于意义，并不支配意义，在语言和意义之间既不存在从属，也不存在只是派生性的区分"④。这就打破了萨特关于作家可以凭借语言垄断思想传递的路径，散文介入这个命题就面临着重新评估，甚至可以说介入这个命题也需要重新评估。

萨特主张区分诗歌语言和散文语言，但梅洛-庞蒂却暗自将其转换为伟大的散文和平庸的散文的区别，诗歌的概念就偷偷替换成了伟大的散文，"全部伟大的散文也是对意指工具的一种再创造，自此以后这种工具将按照一种新的句法被运用。平庸的散文局限于借助习惯性的符号来探讨已经置入到文化中的含义。伟大的散文乃是获取一种

---

① ［法］梅洛-庞蒂：《儿童心理学与教育学：索邦1949—1952课程》，转引自杨大春：《感性的诗学：梅洛-庞蒂与法国哲学主流》，人民出版社2005年版，第249—250页。
② 杨大春：《梅洛-庞蒂哲学的复魅之旅》，《天津社会科学》2008年第6期，第27页。
③ ［法］梅洛-庞蒂：《世界的散文》，杨大春译，商务印书馆2005年版，法文版"致读者"，第7—8页。
④ 同上，第129页。

到现在为止尚未被客观化的意义、并使它能为说同一语言的所有的人理解的艺术。"①梅洛-庞蒂认为,伟大的散文语言胜在一种创造性,而平庸的散文语言往往局限于传统内涵,语言本身就处在一种诞生它的文化语境之中,这使得语言不只是表达字面意思那样简单直接,而是充满含混性,因此不能对语言进行简单划分。当梅洛-庞蒂这么说的时候,其实是想要突破诗歌与散文两者的传统对立。梅洛-庞蒂并不认同萨特贬低语言的诗性、抬高语言作为符号的表象功能,他更关注语言开放性与创造性的一面,刻意淡化语言的观念性层面。但在萨特那里,散文语言也并非完全是直接清晰的,散文语言的诗化也是一种不可忽视的现象。萨特自己也承认:"最枯燥的散文也必定包含少许诗意。"②在此,当需要对诗歌语言和散文语言做出明显区别时,萨特并不能很好地自圆其说,可以说对这两种文体的语言做出泾渭分明的划分其实是萨特不可为而为之,最终目的只是要服务于文学介入这一主题。

可以看出,语言问题在当代法国哲学中是一个相当重要的主题。罗兰·巴特切断语言与现实的联系,使之变成纯粹的语言形式问题;梅洛-庞蒂反对语言工具论的观念,他聚焦于"活的语言","因此涉及的是语言与历史、与生存而不是与纯粹意识或思想形态的关系"③。而在萨特这里,他始终坚持词语须实现观念、表达意义的立场。弗朗索瓦·多斯认为:"作为一个专门研究意识和主体的哲学家,他把语言学视为不足为训的二流学科,并在实践中处处对其敬而远之。"④但萨特对"言"与"思"关系的思考却在其文学作品中有着不同程度的体现,他从社会功用层面强调语言作为表象思想的工具也是其意识哲学思想的体现。因此,对萨特实践哲学思想与文学作品的考察也为我们深入考察萨特的语言观提供线索。

三 面向现实:语言的行动指向性

当萨特将其对语言的思考与社会实践密切联系时,他更多强调的是语言和行动的统一,将文学作为介入社会实践的根本方式,这一点与马克思和恩格斯的语言观有相通之处。马克思认为语言是现实生活的表述,强调语言产生的生活根基,"语言和意识具有同样长久的历史;语言是一种实践的、既为别人存在因而也为我自己存在的、现实的意

---

① [法]梅洛-庞蒂:《世界的散文》,杨大春译,商务印书馆2005年版,第8页。
② [法]萨特:《萨特文学论文集》,施康强等译,安徽文艺出版社1998年版,第93页。
③ 杨大春:《语言·身体·他者:当代法国哲学的三大主题》,生活·读书·新知三联书店2007年版,第52页。
④ [法]弗朗索瓦·多斯:《从结构到解构:法国20世纪思想主潮》(上卷),季广茂译,中央编译出版社2004年版,第8页。

识。语言也和意识一样,只是由于需要,由于和他人交往的迫切需要才产生的"①。在这里,语言因为沟通交际的需要而产生,是实践的一部分。而且,"言"与"思"在马克思那里是相互依存的,要想理解语言和意识的关联,最终还是要落实到物质基础上或者实践场域中。马、恩对语言问题的思考又是建立在其哲学的体系中,与传统哲学在"认识"范围内解决问题不同,马克思主义的哲学是行动的哲学,并且在马克思看来,"哲学家们只是用不同的方式解释世界,问题在于改变世界"②。因此语言在马克思实践哲学中也带有强烈的行动意味。

回到《什么是文学?》中,萨特也将文学,或者更准确地说是将散文写作作为介入世界的实践方式,他对话语力量的重视与其哲学思想中的"意识"与"自由"密切相关。在《存在与虚无》中,萨特说道:"意识是对某物的意识。这意味着超越性是意识的构成结构;也就是说,意识生来就被一个不是自身的存在支撑着……(意识)就是开放(openness)本身,一种无限。"③意识本身是没有任何内容的,是虚无的,但是它具有意向性,总是指向外在对象。意识在拥有它自身的本质前就已经存在了,与"自在的存在"是其所是不同,意识是超越其所是,它的内容不被存在的任何方式规定,它总是指向别的事物,总是与"外在于"它自身的事物相联系。萨特认为,当意识与世界其他存在建立联系时,不仅是构成世界的意义,人的价值也在这个过程中显现出来。那么,语言在这里有什么作用呢?

散文写作是作家介入世界的实践方式,而读者通过作为工具的语言获得世界的面貌,也通过话语将自身意识向世界投射。所以,"语言——工具并非是对语言本身的一种降格,而恰恰是强调语言作为表达的中介所展现出来的超越的维度,正如一件顺手的'工具'总是超越自身、指向它所要实现和完成的'功用'和'目的',同样,作为一种表达的'工具',语言的最终目的也是将它引向超越其自身的'意义'"④。在萨特那里,人价值的体现取决于"自我的无穷开放性",这是人区别于动物的专属品质。因此,人首先超越语言符号,进而领悟到词语背后所隐含的深层意义。此时,"书本之中虽然只有文字符号,但它们却从根本上有着一种超越的指向,也即,它们揭示着事物和世界本身的'真相'、真实的样态"⑤。萨特意识到语言(文字)具有一种独特而神奇的力量,是"上了子弹的手枪",所以"我在说话时,正因为我计划改变某一情境,我才揭露这一情境;我向自己,也向其他人为了改变这一情境而揭露它……我每多说一个词,我就更进一步介入世界,同时

---

① 《马克思恩格斯选集》第一卷,人民出版社1995年版,第81页。
② 同上,第61页。
③ [法]萨特:《存在与虚无》,陈宣良等译,生活·读书·新知三联书店2007年版,第20页。
④ 莫伟民、姜宇辉:《战后法国哲学与马克思思想的当代意义》,上海人民出版社2014年版,第316页。
⑤ 同上,第318页。

我也进一步从这个世界冒出来,因为我在超越它,趋向未来"①。在此语境下,语言与行动被萨特巧妙地融为一体,语言不再仅仅是交流的工具,而是成了一种积极介入世界、塑造现实的实践手段。这一观念,从根本上赋予了语言以哲学的高度,证明了其不仅是思想的载体,更是推动社会进步、个人成长不可或缺的力量源泉。因此,通过语言来介入世界,这一行为本身便拥有了坚实的哲学基础,它揭示了人类如何以言说的方式,在不断地探索、质疑与创造中,共同塑造着这个世界的面貌。

除此之外,在萨特那里,"介入"并不是一个单向过程,即世界被呈现出来,还有一点值得注意的是,人的本质也在"介入"的过程中逐渐凸显出来。对人的本质的关注突出体现了萨特的存在主义哲学思想,与此同时,他的语言观也是立足于此的。当人在表述自己的观念时,他便参与到意义世界的建构中,"而且他的价值就形成于他将他自己与这种价值或那种价值联系起来的自由之中"②。所以,人通过话语与世界其他存在建立联系的这一"介入"过程,就是人获得自己的价值,塑造自己自由的本质的过程。萨特将人的现实性理解为自由,自由存在于日常和平凡现实的每一个瞬间,在《存在与虚无》中,正是萨特面对生活中最普通经验而将人的状况的终极特征——自由——提了出来,这种极富有主观能动性的自由思想影响了萨特对语言的看法。萨特认为,自由存在于人生活的每一个时刻,所以,他十分重视自由在日常生活中的体现,并把这种对日常生活的体验表现在他的文学作品中。

在文学创作中,萨特抵制"淹没在日趋消亡的精神和毫无生机的内在性的流沙中的文学,在这种文学中,一切都用戴着手套的手来把握,一切都戴着面具"③。当然,他要反对的是象征主义、超现实主义这类脱离尘世的"为艺术而艺术"的文学作品。萨特曾经在采访中说过"生活告知了我事物的力量"④,因此,他创作作品的主题往往是现实生活的题材,从他创作的小说《墙》《恶心》,戏剧《苍蝇》这些标题可以看出他对文字、语言的要求具有强烈的"现实感"。在《墙》这篇小说中,人的气味是"冲鼻的尿臭",漫长的黑夜是"幽暗的畸形怪状",这种赤裸裸的用词与当时崇尚的理想主义语言特征相背离。萨特也很好地借用了洛根丁在《恶心》中说的话来表达自己的语言的见解:"我不需要华丽的词藻。我写作是为了弄清某些情景。应该避免漂亮的空话,应该信手写来,不雕琢字句。"⑤文学对萨特来讲并不是所谓的字词游戏,所以他才会那么激烈反对文学的形式主义,抨击

---

① [法]萨特:《萨特文学论文集》,施康强等译,安徽文艺出版社1998年版,第81页。
② [美]马克·波斯特:《战后法国的存在主义马克思主义:从萨特到阿尔都塞》,张金鹏、陈硕译,南京大学出版社2015年版,第77页。
③ [法]洛朗·加涅宾:《认识萨特》,顾嘉琛译,生活·读书·新知三联书店1998年版,第5页。
④ 同上,第3页。
⑤ [法]萨特:《萨特文集》,沈志明、艾珉主编,人民文学出版社2000年版,第70页。

罗兰·巴特对文学语言的看法,不惜被贴上保守的标签。在萨特看来,人的处境是通过语言被揭示出来的,因此清楚明晰的表达方式的重要性便不言而喻。

相较于《恶心》《墙》等作品中那些直戳现实、甚至略显粗犷的语言风格,萨特在20世纪40年代推出的戏剧《苍蝇》与《隔离审讯》中,其语言艺术显著地转向了更为深邃的人道关怀。随后,在《什么是文学？》这部作品中,萨特更是以引领者的姿态,积极邀请读者参与阅读之旅,寻求双方间富有成效的对话与共鸣。萨特指出,文学创作是一个双向互动的过程,包含写作和阅读两个过程。"精神产品这个既是具体的又是想象出来的客体只有在作者和读者的联合努之下才能出现"①。读者在阅读的过程中可以赋予字词意义,因为"从一开始起,意义就没有被包含在字句里面……而文学客体虽然通过语言才得以实现,它却从来也不是在语言里面被给予的;相反,就其本性而言,它是沉默和对于语言的争议"②。这里蕴含了两层核心思想:首先,语言本身并非意义的终极载体,而是揭示与传递意义的桥梁;其次,真正的意义源自读者与作品之间的深度互动,是读者结合自身经历与感悟,对文本进行再创造的结果。这种未被作者直接言说的部分,构成了文学作品的"沉默之声",它不仅是文学魅力的源泉,也是文学本质特征的体现。因此,萨特极为重视阅读过程中的主动性与创造性,他认为文学作品的风格与深度并非预先设定,而是需要读者在阅读中不断超越文本表面的限制,自行发掘与构建。"作者设置的路标之间都是虚空,读者必需自己抵达这些路标,它必需超过它们"③。这一过程,不仅凸显了语言在文学交流中的核心地位,也强调了读者作为文学活动积极参与者的不可或缺性。

萨特对语言的看法以及他的文体风格为什么会有这种转变呢？在笔者看来,战争的经历以及与共产主义的接触,更促使他将目光从抽象的哲学思辨转向了对现实世界的深切关怀与直接审视。这种转变促使他更加聚焦于人的存在状态,尤其是人在社会环境下的选择与责任,从而塑造了他存在主义哲学的人道主义思想:"刺激普通民众去重新考察他们的生活和承诺。"④这说明萨特不仅强调语言与行动的统一性,"更是在审美现象学的意义上将主体的深度和世界本身的深度关联在了一起"⑤。因此,具有工具性、日常性、行动性的语言就在萨特的现实主义作品中承担了不可或缺的角色。正是通过这种语言,萨特消除了哲学与社会之间的隔阂,将人置身于日常生活中,力图恢复人

---

① [法]萨特:《萨特文学论文集》,施康强等译,安徽文艺出版社1998年版,第98页。
② 同上,第99页。
③ 同上,第100页。
④ [美]马克·波斯特:《战后法国的存在主义马克思主义:从萨特到阿尔都塞》,张金鹏、陈硕译,南京大学出版社2015年版,第68页。
⑤ 莫伟民、姜宇辉:《战后法国哲学与马克思思想的当代意义》,上海人民出版社2014年版,第319页。

的实在,这是萨特对现实关注的核心,也是其以人的本质为核心的人道主义思想的彰显。

结　　语

综上所述,萨特虽然称不上是一个语言学家,也较少涉及对具体语言问题的探讨,但他对语言的工具性特点,对诗歌和散文语言的区分以及语言与现实的关系等问题的思考,形成了语言以工具性为主体、以表达意义和介入行动为指向的特点,带有哲学家的严谨态度,萨特在没有专章讨论语言体系的情况下却无意识地形成了自己的语言观念,这也体现出马克思实践哲学以及存在主义重视生活对思想的影响,思想从行动开始也是存在主义者需肩负的重要责任。

当然,萨特的语言观并非完美无缺。首先,萨特在继承传统语言观工具性的一面时,更多地与他的文学介入观相联系,文学介入的提出本就是基于强烈的现实思考,所以缺乏了就语言谈语言的纯粹态度和对语言内部逻辑多层次的深入考察,显得功利化色彩太过浓重,这也是梅洛-庞蒂为什么会花很大的功夫来回应《什么是文学?》并且对语言的不透明性给予全方位的论证的重要原因。其次,20世纪哲学的语言学研究的转向,对于整个哲学、语言都是具有划时代意义的事件,萨特在这样的历史背景中放弃一种基于学术内部的具有时代性的思考,使得他的语言观仅仅沉溺在一种传统的框架内,对这位思考力强大的哲学家而言不得不说略有些可惜。从萨特存在主义哲学来看,文学必须召唤人的自由。萨特把语言作为沟通作者和读者的中介,但是语言强大的潜力,远远不是一句"工具性"就足以概括的,文学中产生的诸多因素都会对读者释放影响力,从而左右读者的思绪。再次,虽然萨特在语言中有一种回归马、恩哲学的指向,但是马、恩语言观中语言是与人类的实践劳动相伴相生的,萨特用语言召唤行动,则把语言看成了一种先在条件,似乎有些本末倒置。在语言学转向的大背景下,人们通过艺术语言的多义性、表达的隐喻性和意义阐释的增生性而领悟人生存的诗意。然而语言的巨大悖论就在于它一方面是人存在的家园,一方面又因为其局限性而构成人存在的牢笼,刺激着无数思考者对它的探索。因此,无论是萨特还是与其语言观相左的其他理论家,他们对语言问题的审视都可以使我们发现思想在语言面前的躁动不安和人类对自由生命的渴望。语言问题上的"复古"抑或是"创新"都是为了确定某种可以把握的新生价值,在变化的世界中寻求一份确定性。就此而言,无论萨特的语言观存在着怎样的不足与问题,但其通过对语言的思考而言说其对于"意识""自由"等充满着存在主义色彩的相关思考,无疑让我们看到了"以人为本"这一思想的光辉所在。

Instrumentality, Communicating Meaning, Action-Oriented: The Triple Dimensions of Sartre's View of Language

Ding Xu

(School of Literature, Beijing Foreign Studies University, Beijing 100080, China)

Abstract: Sartre's view on language, as an important part of his philosophical thinking, has rarely received systematic attention for a long time, so it is necessary to sort it out and explore it. In terms of specific connotations, Sartre's view on language is first of all a continuation of the Cartesian position on language issues in the classical period. Language exists as a tool for representing ideas; secondly, under the trend of linguistic turn in 20th century philosophy, Sartre "refuses to turn" in his view on language, opposes the formalization of language, and continues to insist that language must convey meaning, which is reflected in the comparison with Roland Barthes and Merleau-Ponty, two language masters. Thirdly, Sartre's seemingly conservative view on language actually has something in common with the action orientation of Marx and Engels' language. In addition, Sartre's thinking on language issues is inseparable from the "consciousness" and "freedom" in his philosophy, and is also full of the "people-oriented" color of existentialist thought.

Keywords: Sartre; linguistic perspective; instrumentality; action-oriented

曼德维尔悖论和俗文艺的应允

刘永明①

摘　要："曼德维尔悖论"完整的含义是："私人的恶德若经过老练政治家的妥善管理,可能被转变为公众的利益。"其艺术辩证法说明,一定程度上自然存在的俗文艺对于艺术高原、高峰的出现同样具有重要意义,这就是俗文艺的应允问题。但俗文艺之于艺术高原、高峰的出现,还需要一种出清或者提纯机制的存在,比如"正义的修剪约束"之类;这种机制不仅包括批评鉴赏机制,也应该是一种创作再利用机制。此外,曼德维尔《蜜蜂的寓言》打破了人类"善良意志论"和"理性设计论"的应然主义认知习性,而后者恰是包括中国马克思主义文艺理论在内一些文艺理论体系对待俗文艺和艺术创作的一般特点;因此,从实然主义出发,"曼德维尔悖论"为我们思考大规模艺术生活的组织方式和构建合理的艺术伦理体系提供了一种理论路径。

关键词：曼德维尔悖论；《蜜蜂的寓言》；俗文艺；文艺高峰；艺术辩证法；文艺伦理

一个或者特定文艺高原、高峰的出现,有多种形成机缘。从文学史揭示的规律来看,主要有六个方面的原因：一是特定的社会生活,一般认为,伟大的时代与伟大作品之间存在着紧密关系,甚至是决定性关系。二是每个时代有其中心艺术样式,比如唐诗宋词明清小说,而特定时代的中心艺术样式(文体)对特定文艺高原、高峰的出现或者认定具有重要意义。三是伟大作家主体的创造,比如曹雪芹这样伟大现实主义作家之于《红楼梦》的意义；"孤篇盖全唐"更是不少艺术家的梦想。四是通过对传统文艺、民族民间文艺

---

*　项目基金：中国艺术研究院2024年基本科研业务费资助院级学术研究项目"延安文艺思想理论来源研究"(批准号：2024-1-8)。
①　作者简介：刘永明,中国艺术研究院马克思主义文艺理论研究所研究员,主要研究方向为中国马克思主义文艺理论发展史论。

和外来文艺资源的借鉴或再创造;我国现当代许多艺术经典的形成都受益于此。五是艺术批评或阐释的作用,比如陶渊明作品成为经典,就有赖于萧统等文学史家或文论家和李白、苏轼等作家的推崇。六是对同时代俗文艺的出清或者提纯机制①,它既表现在许多重要文体源自民间,比如从敦煌曲子词中可以看出,民间词比文人词要早几十年出现;又表现为许多文学名著是经由专业人士(包括书商)对俗文艺的出清或者提纯而成为经典的;没有这个环节,许多文学经典能否出现亦是问题。

仅就最后一点而言,俗文艺对于艺术高原、高峰的出现有着特殊意义。但如何对待俗文艺(不论是自然状态的还是文人创作的),尤其是如何处理其中各种粗俗成分(这里用它来统称各种庸俗、低俗、媚俗、粗俗、恶俗的成分),我们可以从西方思想史上非常著名的"曼德维尔悖论"蕴含的艺术辩证法中得到启示。但需要说明的是,在逻辑上,本文所称俗文艺更为倾向于指具有粗俗成分的不能进入文学史的那部分俗文艺(也就是比通俗文艺更为鄙俗的部分),但不包括那些突破人类道德、人性和社会底线的内容。也就是说,我们这里讨论的俗文艺的底线是高于或部分包含"曼德维尔悖论"所称人之私欲恶德的②。

一 "曼德维尔悖论"与俗文艺的自然合理性

中西方文化中都有人性善恶论传统。在中国文化中,善恶论基本是以内外双重机制存在的,即所谓外儒内法、礼乐刑政、王道霸道;而在西方,尤其是启蒙运动以来,虽然理性主义一直占上风,认为德性先天地存在于人的理性中,但也存在着一个更为古老的经验主义或自然主义的性恶论传统,即从马基雅维利、蒙田、霍布斯、洛克、曼德维尔到卢梭、斯密、哈耶克等,存在着一个自然人性论传统,只不过有的对其持批判态度,有的持尊重态度③。正如学者张灏所说,西方历史上一直存在着一种对人性之恶警醒的"幽暗意识",这种意识之上的政治哲学慢慢孕育了西方的民主传统④。

---

① 这里的俗文艺和民族民间文艺略有重叠。
② 依今日政治功利、审美标准、伦理标准而言之粗俗成分(即便是突破人性道德底线的私欲恶德),比如《十日谈》《金瓶梅》中的内容,在不同文学史上也有其意义,其和假恶丑之于审美的意义是类似的,但这不是本文需要讨论的问题。
③ 这并不妨碍他们之间有相互批判的地方。"《寓言》进入阅读市场后,读者们争相议论,臧否曼德维尔的思想成为当时公众舆论的热点。休谟、伏尔泰、卢梭等人对曼德维尔的观点予以严厉抨击,塞缪尔·约翰逊、康德等人却是曼德维尔思想的追随者。一个学界公认的事实是,尽管古典经济学创始人亚当·斯密站在曼德维尔的对立面,但其代表作《国富论》中的'经济人'假说实际上与曼德维尔的观点如出一辙。"[胡振明:《〈蜜蜂的寓言〉:文学公共领域与现代性》,《浙江大学学报(人文社会科学版)》2020年第2期。]具体如卢梭对科学与艺术发展导致奢侈的批判,就和曼德维尔相反,这可能和思想发展所处的时代不同有很大关系。
④ 参见张灏:《幽暗意识与民主传统》,四川教育出版社2013年版。

而所谓"曼德维尔悖论",就是西方这一思想谱系中早期的一个重要思想。它指的是荷兰医生、哲学家、经济学家伯纳德·曼德维尔(1670—1733)于17世纪90年代定居英国后,自18世纪初开始,用非母语的英语写作,借1723年出版《蜜蜂的寓言》(此为第一卷,以下简称《寓言》,1729年曼德维尔出版了第二卷)时给出的一个道德哲学观点,即书的副标题"私人的恶德,公众的利益"所明示的那样:私欲的"恶之花"结出的是公共利益的善果①。

《寓言》前身是曼德维尔于1705年匿名出版、时名为《抱怨的蜂巢》的寓言诗体小册子。此书把人类社会比喻为一个蜂巢,"这些昆虫生活于斯,宛如人类,微缩地表演人类的一切行为"②。寓言讲述的是蜜蜂个个自私自利,都在近乎疯狂地追求自己的利益;虚荣、伪善、欺诈、享乐、嫉妒、好色等恶德在每只蜜蜂身上表露无遗;而令人惊异的是,这种状态下的蜜蜂社会却繁荣有序,欣欣向荣。但后来蜜蜂们良心发现,向天神祈求痛改前非,成为毫无私心、克己奉公的正人君子后,蜜蜂国却商业凋零,社会倒退,原来的凡间乐土成为荒原。曼德维尔的这一寓言颠覆了当时的道德哲学基础。寓言诗发表后引发众议,恶评如潮。对此,曼德维尔后来不断丰富自己的思考并不断发表意见为自己辩护,最终在1723年出版《寓言》一书,其最终版本由寓言诗、诗评论、多篇论文组成。

曼德维尔在《寓言》前言第一段中即提出,相比肌肉和骨骼,"不足挂齿的薄膜与导管"可能是更为决定生命的东西,因此他说"将人的天性从艺术与教育中抽象出来加以考察时,情况亦如此。这种考察会发现:使人变为社会性动物的,并不在于人的追求合作、善良天性、怜悯及友善,并不在于人追求造就令人愉悦外表的其他优点;相反,人的那些最卑劣、最可憎的品质,才恰恰是最不可或缺的造诣,使人适合于最庞大、(按照世人的标准衡量)最幸福与最繁荣的社会"③。这就是著名的"曼德维尔悖论"(它有相同内涵的各种表述),也称为"蜜蜂的悖论""蜜蜂的寓言",这一悖论通常被概括为"私恶即公利"。"曼德维尔悖论"的本质,换个说法,也就是说放任一些世俗的人的自私天性(曼德维尔认为人主要有恐惧、骄傲、奢侈等私欲或恶德),反而有利于一个利他社会的形成。

可以看出,"曼德维尔悖论"非常类似20世纪70年代的物理学"耗散结构理论"。"耗散结构理论"以开放系统为研究对象,着重阐明开放系统如何从无序走向有序的过程④。

---

① [荷]曼德维尔:《蜜蜂的寓言:或私人的恶德,公众的利益》第一卷,肖聿译,商务印书馆2017年版。
② 同上,第8—9页。
③ 同上,第1页。
④ "耗散结构"理论是物理学中非平衡统计的一个重要新分支,是由比利时科学家伊里亚·普里戈津(I. Prigogine)于20世纪70年代提出的,由于这一成就,普里戈津获1977年诺贝尔化学奖。差不多是同一时间,西德物理学家赫尔曼·哈肯(H. Haken)提出了从说明研究对象到方法都与耗散结构相似的"协同学"(Syneraetics),哈肯于1981年获美国富兰克林研究院迈克尔逊奖。现在耗散结构理论和协同学通常被并称为自组织理论。

事实上一些学术研究也经常把无序的资本比喻为蜜蜂或蝗虫,资本在一个个开放体系中衍化并最终塑造了人类现代文明①。从哲学上来看,"曼德维尔悖论"揭示的寓言现象非常类似道德哲学中老子哲学的无为而为思想和康德美学的无目的的合目的性思想。这种认识有其伦理合理性。从中国的情况来看,五四时期胡适等人所主张的自由主义的自我观念就有类似内涵,它希望首先人人自救才能救社会、救民族。同样,1980年,在著名的《潘晓来信》(原名为《人生的路呵,怎么越走越窄……》)中,作者说:"我体会到这样一个道理:任何人,不管是生存还是创造,都是主观为自我,客观为别人。"②《潘晓来信》对新时期以来的中国社会思想产生了很大影响,其思想内核和逻辑与"曼德维尔悖论"基本是一致的。囿于学力有限,笔者没有发现这些理论观点之间存在着既成的渊源关系。如果它们是各自独立形成的话,恰恰也说明了"曼德维尔悖论"在其看似不合理性后面所蕴含的普遍合理性(甚至科学性)和辩证法③。

因此,《寓言》出版后不仅在当时引起广泛争议,在西方思想史上也产生了很深远的影响。正如有中译本指出:"曼德维尔及其悖论对西方经济学、伦理学、政治学、社会心理学和文学均产生了巨大的影响,其理论还被认为对后世经济学有巨大的引导作用,比如哈耶克就认为曼德维尔是经济自由主义重要的、最初的创建者,阅读《蜜蜂的寓言》可以从经济学角度总结其理论;凯恩斯的'总需求决定理论'也是来自本书的启发;萨缪尔森等经济学家还对曼德维尔悖论做了解释和理论扩展……'蜜蜂的寓言'已经成了现代自由主义经济学和经济伦理的基本隐喻,看似荒唐的故事背后仍蕴藏着较高的学术价值。"④

至于"曼德维尔悖论"在文学上的价值,外国学者认为,"文学研究界倾向于把《寓言》与同时代哲学家、神学家的作品归为一类,视其为有助于了解18世纪文学智识背景的参考资料。后世学者普遍认为,曼德维尔这部作品对经济学的影响巨大,对道德哲学的影响居次,而对文学领域的影响最次"⑤,"他在文学上的影响很有限。《寓言》没有直接的模仿者:它的影响仅限于给别的作家提供了解释或阐发的素材。这些作家包括蒲柏、约翰逊、亚当·斯密和伏尔泰"⑥。但有中国学者认为,《寓言》曾引发了现代资本主义兴起

---

① 参见彭兴庭:《资本5000年:资本秩序如何塑造人类文明》,中国友谊出版公司2021年版。
② 潘晓:《人生的路呵,怎么越走越窄……》,《中国青年》1980年第5期。
③ 需要说明的是,这不能取消或者代替对曼德维尔及其悖论的批判。比如对政治家治理效果,曼德维尔就有许多想当然的成分。有学者就质疑"曼德维尔悖论"基础上的繁荣可持续性问题[参见付吉元:《曼德维尔悖论——关于现代危机的制度根源的研究(十二)》,《河北企业》2014年第8期]。
④ 出版说明。[荷]曼德维尔:《蜜蜂的寓言:私人的恶德,公众的利益》,刘飞译,华文出版社2019年版。
⑤ 转引自胡振明:《〈蜜蜂的寓言〉:文学公共领域与现代性》,《浙江大学学报(人文社会科学版)》2020年第2期。"智识"为原文用法。
⑥ 转引自韩加明:《〈蜜蜂的寓言〉与18世纪英国文学》,《国外文学》2005年第2期。

时期关于文学作品自由思想和道德问题的广泛讨论①。在中国,除了胡振明等少数学者从文学自主性和公共性角度研究《寓言》之外②,曼德维尔及其悖论并没有过多地进入中国文学研究领域。"看似荒唐的故事背后仍蕴藏着较高的学术价值",曼德维尔及其悖论在文学领域的价值确实值得挖掘。

那么什么是"曼德维尔悖论"中的辩证法呢?那就是承认和尊重普遍的人的天性,构建一个开放的体系(耗散结构),巧妙利用人的天性、功利目的性和自组织性,以达到理性和价值的目的,即通过自利达到利他的效果。因为"曼德维尔悖论"本意不是为了批判善良意志和理性设计,这个其实是后人利用康德等的哲学术语对于曼德维尔批判对象的一种归纳、误读。针对当时人的污蔑,曼德维尔明确说,他的写作是非常理性的,"一本书若是毫无益处,它至少不应有任何害处"③。他说:"我使用这个标题的真正理由……意在唤起注意……这就是我的全部用意。我认为任何其他用意均属愚蠢。"④他说,书名"私人的恶德,公众的利益"这个提法"至少还应加上一个动词,其意思方能完整"⑤;而曼德维尔给出其完整的含义是:"私人的恶德若经过老练政治家的妥善管理,可能被转变为公众的利益。"⑥曼德维尔承认人人皆有恶德,由此提出应对它们进行"正义的修剪约束"("只要经过了正义的修剪约束,恶德亦可带来益处"⑦),利用它们造福社会。这就是"曼德维尔悖论"中辩证法的真正内核。

移植到文学研究领域,"曼德维尔悖论"中蕴含的辩证法可以为我们分析俗文艺与文艺高原、高峰之间关系提供一个很好的理论路径。因为除了目的一致外,二者可联系起来的基础,一是俗文艺在本质上就是满足人们求欲、求乐天性的自利性艺术,即自娱性艺术,较少或者不愿意受到各种道德性、高雅性的约束。在古代中国,虽然受到礼乐文化的桎梏,但至今并没有西方那样的神学传统,反映到艺术上,自利自娱性质的俗文艺在中国文艺传统中特别明显。对此我们可以从"乐"繁杂的发音中管窥。"乐"的三个不同读音对应中国艺术的三个层次:其一乐(yuè,礼乐),其二乐(lè,快乐、娱乐),其三乐(lào 或 nào,闹)。作为礼乐的艺术肯定是雅乐,作为乐(lè,快乐、娱乐)的艺术,雅俗两种性质都会有,但作为乐(lào 或 nào,闹)的艺术基本是俗文艺了。中国是个俗文艺发达的国家,俗文艺虽然不占主导地位,但一直占主体地位(有的文论家甚至认为农民文化

---

① 转引自韩加明:《〈蜜蜂的寓言〉与 18 世纪英国文学》,《国外文学》2005 年第 2 期。
② 参见胡振明:《〈蜜蜂的寓言〉:文学公共领域与现代性》,《浙江大学学报(人文社会科学版)》2020 年第 2 期。
③ [荷]曼德维尔:《蜜蜂的寓言:或私人的恶德,公众的利益》第一卷,肖聿译,商务印书馆 2017 年版,第 4 页。
④ 1732 年曼德维尔《致狄翁信》(Letter to Dion)。见[荷]曼德维尔:《蜜蜂的寓言:或私人的恶德,公众的利益》第一卷,肖聿译,商务印书馆 2017 年版,第 338 页,译者注。
⑤ [荷]曼德维尔:《蜜蜂的寓言:或私人的恶德,公众的利益》第一卷,肖聿译,商务印书馆 2017 年版,第 4 页。
⑥ 同上,第 312 页。
⑦ 同上,第 24 页。

是中国文化的主体)。因此,我们对俗文艺不可能不持应允态度。二是正如文章开头所说的那样,俗文艺是文艺高原、高峰的来源之一,我们一直在摸索俗文艺的管理问题,我们需要对俗文艺有个很好的管理和利用途径。曼德维尔说:"只要经过了正义的修剪约束,恶德亦可带来益处;一个国家必定不可缺少恶德,如同饥渴定会使人去吃去喝。"① 经过"正义的修剪约束",即便是粗俗的俗文艺也能给我们带来"益处",亦是我们追求的效果。这两点,正是我们在俗文艺和文艺高峰问题上实践"曼德维尔悖论"辩证法的学理前提和基础。

二 "曼德维尔悖论"与俗文艺辩证法

朱熹诗《观书有感·其一》:"半亩方塘一鉴开,天光云影共徘徊。问渠那得清如许,为有源头活水来。""问渠那得清如许"说明塘水很清澈,但自然开放场域中的"源头活水"不太可能是清水,只能是或重或轻的浊水,非常类似自然状态下的俗文艺。朱熹诗说明了一个精神现象发生的因和果,但没有说明因果转化的内部机制。而浊水变清水,简单而言也就两种途径:一是经过沉淀的出清效果,时间之功,朱熹诗之谓也;二是蒸发或者过滤即提纯的效果,很明显,这种可能性在朱熹诗(构)境中不存在。

同理,既往文艺理论界关于雅俗文艺如何转化的问题虽有大量的讨论,但由于受到"善良意志"和"理性设计"的应然主义预设,这种讨论往往不是从尊重俗文艺的自然状态开始的。而这与曼德维尔及其悖论在路径设定上是根本不同的。自然状态的俗文艺如何转化为文艺高原、高峰,这和曼德维尔讨论的作为动机的"私人的恶德"如何转化为作为效果的"公众的利益",达到与"最幸福与最繁荣的社会"相适应的最终效果非常类似。对此,我们可以从"曼德维尔悖论"中得到四点认识。

首先,"曼德维尔悖论"非常尊重人性私欲恶德的自然合理性。"曼德维尔悖论"的起点就是反对人是为社会创造出来的②,承认人有私欲恶德,认为这是形成一个良善社会的前提和基础,并揭示了恶德走向公利的内在机制。

曼德维尔和启蒙运动时代的不少人性论哲学家一样,都喜欢讨论人性问题,诸如恐惧、激情、骄傲、奢侈享受等人性私欲恶德。比如霍布斯从人类对于自然状态战争的恐惧出发,构建了一个虚拟的政治体"利维坦",开启了后来的自然权利让渡的社会契约论,成为现代西方政治哲学的鼻祖。相比霍布斯,曼德维尔更为关注人类私欲恶德与社会经济之间的隐秘联系。他非常尊重私欲恶德的自然合理性并且认为人之私欲恶德与社会

---

① [荷]曼德维尔:《蜜蜂的寓言:或私人的恶德,公众的利益》第一卷,肖聿译,商务印书馆2017年版,第28页。
② 同上,第271页。

经济的发展是一种互助关系,私欲恶德是经济的运行动力,具有经济发展功能。这是曼德维尔及其悖论研究中的一个重点,对此我们不作过多涉及。

相比经济学问题,俗文艺离道德哲学问题更近。曼德维尔的道德哲学向我们揭示了恶德如何发展为美德的思路。曼德维尔说:"大体地说,艺术和科学繁荣之地,恶德(Vice)最盛。"①曼德维尔认为艺术和科学是一种复杂的事情,单纯淳朴的人搞不出这么复杂的事情,"这样的民众却不会拥有任何艺术与科学,其邻人亦不会让他们长此以往"②。恶德与艺术和科学是一种正比关系。

所谓"恶德"中③,曼德维尔非常重视"骄傲"这一人类激情,他认为人之激情中都有骄傲之心,没有骄傲之心的人是不可能形成美德的,他说:"为全体世人所憎恶的骄傲乃是某种标志,表明世人无不为骄傲所困扰。凡有头脑者皆愿承认这一点;并且,谁都不否认自己通常都具有骄傲之心。"④显然,曼德维尔指出了规训人类私欲恶德走上美德的一个重要中介环节——人类天性中的激情之一"骄傲"(其实就是虚荣心)。他认为骄傲之心让人们追求美德。

除了骄傲激情之外,曼德维尔还很关注嫉妒这类激情的积极意义。他说:"人类天性中的嫉妒若非根深蒂固,它在儿童身上便不会如此普遍,而青年人亦不会如此普遍地受到竞争的驱策了。"⑤曼德维尔详细描述了嫉妒对于一个艺术家的积极作用,"画家当中的嫉妒亦极为普遍,因此,嫉妒对精进他们的艺术发挥着很大作用。这并不是说拙劣画家嫉妒绘画大师,而是说大多数拙劣画家都染有这个恶德的习气,他们嫉妒略强于他们的画家。一位著名艺术家的学生若是个出类拔萃的天才,并且能力非凡,他虽然最初亦崇拜自己的师傅,但随着他技巧的增长,他会不知不觉地开始嫉妒自己以前崇拜的人。欲了解这种激情(即我所说的嫉妒)的本质,我们只要注意到一点即可:一位画家若是拼命努力,不但赶上了自己嫉妒的人,而且超过了那个人,这位画家的悲哀便会消失,他的全部怒火亦会熄灭。以前他虽然嫉恨那个人,现在却很乐于和他交朋友,只要那人肯纡尊屈就"⑥。而这种负面激情的积极意义,在我们正统的理性的文艺理论体系中一般是不被认可的,至少是不被正面看待的。

作为辩证法的另外一面,曼德维尔还反过来,非常强调被我们视为美德和美好东西

---

① [荷]曼德维尔:《蜜蜂的寓言:或私人的恶德,公众的利益》第一卷,肖聿译,商务印书馆2017年版,第223页。
② 同上,第150—151页。
③ 曼德维尔著作中的一些"恶德"是依据当时道德完美主义者的立场而言,以今日眼光看来,有的其实只是一些中性伦理范畴。
④ [荷]曼德维尔:《蜜蜂的寓言:或私人的恶德,公众的利益》第一卷,肖聿译,商务印书馆2017年版,第99页。
⑤ 同上,第111页。
⑥ 同上,第112页。

的负面价值,"任何人都不会提醒自己当心种种赐福,然而,灾难却要求人们去加意避免。人的温厚性格不能使任何人奋起。人的诚实,人对结伴的热爱,人的善良、满足和节俭,乃是一个怠惰社会中十分可人的东西;它们愈是真实,愈是发自内心,它们就愈会使一切都停滞而平静,愈是能在处处避免麻烦,避免变动"①。在这个基础上,曼德维尔强调恶德和人性缺点的积极价值,"然而,人的种种需要,人的恶德及缺点,加上空气及其他基本元素的严酷,它们当中却孕育着全部艺术和技能、工业及劳动的种子"②。他说:"饥渴和赤裸乃是迫使我们奋起的主要暴君。然后是我们的骄傲、懒惰、好色及变幻无常。它们是刺激一切艺术、科学、贸易、手工业和各行各业发展的主顾。而需要、贪婪、嫉妒、野心,以及人的其他类似特质,则无一不是造就伟业的大师,它们能使社会成员去从事各自的劳动,能使所有社会成员都屈从于各自行业的苦役,甚至使其中多数人乐此不疲。唯国王与君主们不在此例。"③

因此,曼德维尔总结说:"至此,我已经可以满意地对自己说,我已经阐明了几点:人类天生追求友谊的品性和仁爱的热情也好,人依靠理性与自我克制所能获得的真正美德也罢,这些皆非社会的基础;相反,被我们称作现世罪恶的东西,无论是人类的恶德还是大自然中的罪恶,才是使人类成为社会性动物的重大根源,才是一切贸易及各行各业的坚实基础、生命与依托,概莫能外。因此,我们必须将它们视为一切艺术与科学的真正起源;一旦恶德不复存在,社会即使不马上解体,亦必定会变得一团糟。"④这是曼德维尔的一个重要观点,既是曼德维尔批评者主要针对的一段话,也是曼德维尔为自己首要辩护的一段话,它作为引言出现在各种文本中。

其次,"曼德维尔悖论"虽然非常尊重人类私欲恶德的自然合理性,但曼德维尔不是一个自然主义者,也不是一个无政府主义者,他非常重视维护公利的政治保证,对管控人类私欲恶德有一系列公利理性上的论述。在这一系列理性论述中,曼德维尔非常重视政治家的治理和法律的作用。

曼德维尔认为,"奢侈的真正起因乃是治理不善,应当归咎于那班恶劣的政治家。"⑤按照曼德维尔的看法,人不是靠来自宗教的教化变得善良的,而是来自精明的政治家,是政治家的机智的治理使人做到了美德。不过,曼德维尔明白,造就一位政治家和"将私人恶德转变为公共利益"都不是一件容易的事情。他说:"不过,正确地认识人性却需要相当长的时间;而认清各种激情的用处,造就一位政治家,他能使社会成员的每一种缺

---

① [荷]曼德维尔:《蜜蜂的寓言:或私人的恶德,公众的利益》第一卷,肖聿译,商务印书馆2017年版,第309页。
② 同上,第309页。
③ 同上,第309页。
④ 同上,第311—312页。
⑤ 同上,第91页。

点都变成有利于全社会的合力,能凭借熟巧的管理,将私人恶德转变为公众利益,这些也要经过许多世代的努力。能使社会成员的每一种缺点都变成有利于全社会的合力,能凭借熟巧的管理,将私人恶德转变为公共利益,这些也要经过许多世代的努力。"①从这里看出,曼德维尔并不是把道德看作人内在天生具有的德性,而是认为人之所以有道德,关键在于这个人所在国家的治理完善化程度,在于政治家治理水平的高低②。

在极力推崇政治作为美德形成的基础性作用的同时,曼德维尔还非常强调法律的作用,并且认为法律的基础也来自和针对人性弱点和缺陷。他说:"一切国家的基本法律都有同样的倾向,没有一条不是针对人所生就的某些不利于社会的弱点、缺陷或不足。但是,所有法律的意图却显然都是提供种种疗法,以医治和减弱人那种惟我独尊的天然本能。"③当然,曼德维尔认为法律要发挥作用,也要利用人性的恶劣方面。他说:"你若打算制止决斗之风,那就不要宽恕任何参与决斗者,要制定尽可能严苛的法律,反对决斗,但不要禁止决斗这种习俗。这样做不但能防止决斗频繁发生,还能将最果敢、最强壮者的行为变得谨慎小心,由此将整个社会变得更文雅、更光明。要使一个人文明化,没有任何东西能比他的恐惧更有效。"④可以看出,曼德维尔深入地探索了人性问题,他关于人性的认识完全基于人自身的行为,而不是根据理性和政治来设定的,这也是曼德维尔能够较为客观地理解人性的原因⑤。

再次,曼德维尔在为私欲恶德辩护的背后,美德和国民利益、社会效果才是其价值理性的真实目的和核心。曼德维尔把追求"国民富裕、聪慧和文雅"作为自己的目标。这种思想在《寓言》第二卷中出现的较多,有可能和他思想的发展有关系。

在《寓言》第一卷中,曼德维尔强调"若想使一个人类社会强大有力,就必须去唤醒其种种激情"⑥,他说:"若要使国民勇敢好战,服从军纪,就必须充分利用人们的畏惧,并要千方百计地迎合人们的虚荣。然而,若还要使国民富裕、聪慧和文雅,那还必须……这将会带来财富,而一旦有了财富,种种艺术和科学便会迅速产生,再依靠我所说的那种良好治理,政治家便能使国家富足强大、美名远扬、繁荣昌盛。"⑦曼德维尔认为人们追求财富,政治家运用手腕和法律,都是为了"将整个社会变得更文雅、更光明;要使一个人文明化"⑧。

---

① [荷]曼德维尔:《蜜蜂的寓言:或私人的恶德,公众的利益》第一卷,肖聿译,商务印书馆2017年版,第307页。
② 左辉:《曼德维尔"私恶即公利"思想探析》,博士学位论文,湖北大学,2019年。
③ [荷]曼德维尔:《蜜蜂的寓言:或私人的恶德,公众的利益》第二卷,肖聿译,商务印书馆2017年版,第258页。
④ [荷]曼德维尔:《蜜蜂的寓言:或私人的恶德,公众的利益》第一卷,肖聿译,商务印书馆2017年版,第182—183页。
⑤ 左辉:《曼德维尔"私恶即公利"思想探析》,博士学位论文,湖北大学,2019年。
⑥ [荷]曼德维尔:《蜜蜂的寓言:或私人的恶德,公众的利益》第一卷,肖聿译,商务印书馆2017年版,第151页。
⑦ 同上。
⑧ 同上,第182—183页。

在第二卷中,曼德维尔将政治家的治理和人的私欲恶德作了进一步的对立,在充分肯定了"合理的政治以及全部统治术"是"最高智慧"的同时,指出了国民(公众)利益、社会美德是政治治理的根本目的。他说:"在《蜜蜂的寓言》里,你已经读到了使各个国家伟大富强所需的一切基础工作。合理的政治以及全部统治术,无不完全建立在对人性的了解之上。政治家的要务,通常都是尽可能地促进并奖励一切善良有益的行为,惩罚(或至少是削弱)一切破坏或危害社会的行为。愤怒、淫欲和骄傲可能导致无数的祸患,对它们都应当加倍提防。但抛开这些不谈,单说为了消除和防止贪婪与嫉妒使人想出的损害邻人的种种阴谋诡计,就几乎需要制定数不清的法规。你若相信这些真理,那就花上一两个月的时间,仔细地浏览考察每一种艺术和科学,考察伦敦这样的城市中的每一种买卖、手工业和行业,考察所有的法律、禁令、法令和法规(为防止立场迥异的个人及团体妨害公共安宁与利益、防止他们公开或隐蔽地互相伤害,人们认为它们是绝对必需的)。倘若你不避麻烦,肯这样去做,你便能发现妥善治理一个大城市必须具备的条件和前提,不过,它们无不是为了达到同一个目的,即遏制、约束和削弱人的种种放纵的激情和有害的弱点。不仅如此,你还会发现更值得赞美的一点:正确地理解这些浩繁法规,你便可以知道其中的许多条款都是最高智慧的结果。"①他说:"在政治家的所有施政策略中,我清晰地看到了公众的利益;在他们的每一步行动中,我看到了社会的美德在闪光。我还发现,国民的利益乃是一切政治家行动的指针。"②

最后,在曼德维尔对更好的美德国家的理解中,文学艺术具有重要的地位和指征性质。曼德维尔把艺术和科学作为"考察一下使一国地位提高、国民富裕的因素"之一③。在《蜜蜂》第二卷中,曼德维尔有艺术至上的意味,他认为艺术是建立在富足基础上的。这个可能和曼德维尔所处时代的艺术生产机制有关系,他所说的艺术指的是那种受到富人赞助的艺术。这和我们今天的艺术观念不一样,但与我们把艺术生产视为社会财富再分配环节的理解较为类似。

同样在第二卷中,曼德维尔还大量讨论了私欲恶德和人的文雅问题,这也体现了曼德维尔思想的发展。文雅在曼德维尔看来与现代社会的气质更为契合,这是因为它需要的自我否定更少,它只是隐藏激情,而非消灭激情。这一点和中国古代文论中的"乐而不淫"(《论语·八佾》)美学思想是完全一致的。因此有学者指出:"曼德维尔的这一观点对于审视今日中国语境中的古今之争,以及由富强走向文雅的期待,都能提供不少

---

① [荷]曼德维尔:《蜜蜂的寓言:或私人的恶德,公众的利益》第二卷,肖聿译,商务印书馆2017年版,第308—309页。
② 同上,第37页。
③ [荷]曼德维尔:《蜜蜂的寓言:或私人的恶德,公众的利益》第一卷,肖聿译,商务印书馆2017年版,第150页。

启发。"①

对比曼德维尔如上论述,我们的俗文艺理论存在着两个关键问题:一是缺乏对俗文艺的自然合理性的尊重,它包括两个方面,一方面是作品本身的,一方面是艺术家主体性的私欲恶德;二是在改造俗文艺的认识中除了批判态度,我们缺乏对俗文艺作为主体自身出清或者提纯机能的重视和研究,比如骄傲激情之于从恶德到美德的关系。

总之,由"曼德维尔悖论"我们得出三个认识:一是俗文艺的应允问题,即尊重俗文艺的自然合理性,因为俗文艺(尤其是其中和人性私欲恶德相联系的部分)是一种客观存在,它不会因为理性人、德性人的认识和心愿而自动消失。二是重视俗文艺自身出清或者提纯的主体性,俗文艺同样具有走向真善美效果的各种内在"激情"。三是寻求对俗文艺更好的政治家治理水平和法律保证,这点是我们一直在需求的目标;但由于第一、二点认识的欠缺或者不足,在多元趣味时代,我们对于俗文艺的治理还乏善可陈。而这三点,让我们看到,对俗文艺从自主性到公共性的自律性和他律性,从俗文艺到文艺高原、高峰的清晰演化之路和机制有待更多的研究。

三 "曼德维尔悖论"与马克思主义文艺理论

受费尔巴哈影响,马克思一度是人本主义自然人性论者,比如写于1844年的《神圣家族》(第六章第三节第D点),就有马克思为(旧)唯物主义重视人之恶习辩护的内容。后来,在1862—1863年经济学手稿(后编为《资本论》第四卷《剩余价值理论》)中,马克思还直接引述了孟德维尔(即曼德维尔)《蜜蜂的寓言》(1705年版)中关于恶是"一切艺术和科学的真正源泉"的内容来说明资本主义社会任何一种职业都具有生产性的观点,并对曼德维尔诚实的人格大加赞赏②。因此说,曼德维尔及其悖论之于马克思主义的关系是广泛的,我们这里只论及其与马克思主义文艺理论有特定联系的部分。

经典马克思主义作家由于有着较高的艺术鉴赏力、理性思辨能力和理论批判能力,因此,马克思、恩格斯很早就从无产阶级立场,运用阶级分析方法和辩证法对粗俗文学进行过批判,并以对俗文艺的批判见长(但这要和他们对民族民间文学的赞美区分开来)。这固然和他们所处启蒙时代开始进入尾声有关,也和阶级性与人性论相对立的理论逻辑有很大关系。而阶级性和人性的二元对立论述,几乎奠定了后来包括中国在内马克思主义文艺理论对于俗文艺的功利主义批判传统。

---

① 苏光恩:《从美德到文雅——曼德维尔论现代社会的气质》,《政治思想史》2013年第2期。
② 马克思、恩格斯:《马克思恩格斯全集》第二十六卷第一册,人民出版社1972年版,第416—417页。

1847年，马克思、恩格斯和德国激进派理论家、小资产阶级共和主义者卡尔·海因岑(1809—1880)在《德意志—布鲁塞尔报》上发生关于共产主义原理和无产阶级专政的论战。论战中，海因岑发表《共产主义者的"一个代表"》，宣扬"人性"不以"阶级"或"钱包的大小"为转移，攻击马克思主义的阶级观点和阶级分析是"共产主义者的局限性"。马克思发表《道德化的批评和批评化的道德：论德意志文化的历史，驳卡尔·海因岑》一文，将海因岑发表的文章类比为德国16世纪的粗俗文学。文章一开始对粗俗文学有一大段精彩的表述：

> 16世纪的粗俗文学是：平淡无味，废话连篇，大言不惭，象(像)伏拉松一样夸夸其谈，攻击别人狂妄粗暴，对别人的粗暴则歇斯底里地易动感情；费力地举起大刀，吓人地一挥，后来却刀背朝下地砍去；不断宣扬仁义道德，又不断将它们破坏；把激昂之情同庸俗之气滑稽地结合一起；自称关心问题的本质，但又经常忽视问题的本质；以同样自高自大的态度把市侩式的书本上的一知半解同人民的智慧对立，把所谓"人的理智"同科学对立；轻率自满，大发空言，无边无际；给市侩的内容套上平民的外衣；反对文学的语言，给语言赋予纯粹肉体的性质（如果可以这样说的话）；喜欢在字里行间显示著者本人的形象：他磨(摩)拳擦掌，使人知道他的力气，他炫耀宽肩，向谁都摆出勇士的架子；宣扬健康的精神是寓于健康的肉体，其实已经受到16世纪极无谓的争吵和肉体的感染而不自知；为狭隘而僵化的概念所束缚，并在同样的程度上诉诸极微末的实践以对抗一切理论；既不满于反动，又反对进步；无力使敌手出丑，就滑稽地对他破口大骂；索洛蒙和马科尔夫，唐·吉诃德和桑科·判扎，幻想家和庸人，两者集于一身；卤莽式的愤怒，愤怒式的卤莽；庸夫俗子以自己的道德高尚而自鸣得意，这种深信无疑的意识像大气一样飘浮在这一切之上。①

　　马克思认为："海因岑先生是复活这种粗俗文学的功臣之一，在这方面可以说，他是象征着各国人民的春天即将来临的一只德国燕子。"②这段文字中，马克思虽然没有描述自然状态俗文艺中的粗俗文艺的特点，但对创作形态的粗俗文艺的特点归纳得入木三分。其中有些归纳，比如"反对文学的语言，给语言赋予纯粹肉体的性质（如果可以这样说的话）"确实将俗文艺一些鄙俗的特点概括得十分到位。

　　不仅如此，在马克思主义文艺理论发展史上，马克思《道德化的批评和批评化的道德》一文还较早地将阶级性和人性作为二元对立的两大批判范畴，赋予人性以阶级性的

---

① 马克思、恩格斯：《马克思恩格斯全集》第四卷，人民出版社1958年版，第322—323页。
② 同上，第323页。

内涵或规定性,开创了马克思主义文艺理论谱系的人性批评话语。文章中,马克思针对"海因岑先生却硬要一切阶级在'人性'这个炽热的思想面前消失",指出在阶级社会里,存在着"以不依自己意志为转移的经济条件作为存在的基础并因这些条件而彼此处于极尖锐的对抗中的各阶级",任何人都要归属于一定的阶级。某些单独的个人有可能"并不'总是'以他所从属的阶级为转移",但他们只是转到了其他的阶级,并没有真正脱离阶级的樊篱。人属于一定的阶级,人性就必然带有阶级性,必然受阶级性的制约。马克思说如果"可以靠一切人们所固有的'人性'这个属性而越出本身存在的现实条件,那末,某一个君主要靠自己的'人性'而使自己超出自己的'君主的权力',超出自己的'君主的行业'该是多么容易呵!""君主"不可能放弃自己的统治权力,人性也就不可能超越阶级。马克思的阐述,揭露了海因岑以人性代替阶级性,进而把人性抽象化、泛化的实质,对我们正确理解人性和阶级性的关系有着重要的理论指导意义①。作为马克思主义文艺理论中国化的代表,毛泽东《在延安文艺座谈会上的讲话》在论述人性问题时也是这种理论逻辑。但毛泽东说:"有没有人性这种东西? 当然有的。但是只有具体的人性,没有抽象的人性。在阶级社会里就是只有带着阶级性的人性,而没有什么超阶级的人性。我们主张无产阶级的人性,人民大众的人性。"②并没有将阶级性和人性完全等同,而这正是后来教条主义错误根本违背的地方。

除了强调阶级性对于人性(包括人的私欲恶德)的规定性之外,马克思主义文艺理论还强调对于俗文艺的文化领导权。五四新文学运动之后,在中国出现了一个俗文艺体系。在当时,在通俗文艺领域,广大民众不仅继续接受着封建思想的奴化教育,而且随着现代工业的发展和文艺新介质不断出现,落后、陈腐甚至思想反动的通俗旧文艺在群众中大量流传的趋势较封建时代更为凶猛和广泛,它们在群众中的影响非常惊人。一些作品不仅发行数量惊人而且有着多种发行媒介,比如20世纪30年代武侠小说盛极一时,《江湖奇传》以后模仿因袭的武侠小说少说也有100来种;国产影片方面,《火烧红莲寺》出足了风头以后,一时以"火烧"为号召的影片就有10来种。武侠小说和武侠影片之外,还有连环图画大量流行。其市场运作非常类似我们今天的文化产业运作。此外,俗文艺甚至为反动势力所利用,在1931年前后出现了大量的反动大众文艺,直接用于反共斗争。如当时一篇新编时调《日本抢夺东三省》唱道:"现在那格中国末/伤呀真伤心/全国大水荒呀/还有共产党……团结一起打日本/抵抗末日货记在心。"赫然把共产党列为"洪水猛兽"。至于图画方面的这类作品就更多。茅盾的《封建的小市民文艺》《连环图画

---

① 马克思、恩格斯:《马克思恩格斯全集》第四卷,人民出版社1958年版,第322—356页。关于这个问题的归纳,这里也借鉴了《马克思主义文艺学大辞典》(河南人民出版社1993年版)中张冠华撰写的相关词条内容。
② 毛泽东:《在延安文艺座谈会上的讲话》,《毛泽东选集》第三卷,人民出版社1991年版,第870页。

小说《给他们看什么好呢?》和冯雪峰(洛扬)《统治阶级的"反日大众文艺"之检查》等文对当时的这类作品都有记录。因此瞿秋白说:"因为封建余孽的统治,所以文艺界之中也是不但有阶级的对立,并且还有等级的对立。中国人的文艺生活显然划分着两个等级,中间隔着一堵万里长城,无论如何都不相混杂的。第一个等级是五四式的'白话'文学和诗古文词——学士大夫和欧化青年的文艺生活。第二个等级是章回体的白话文学——市侩小百姓的文艺生活"①,而这些"说书,演义,小唱,西洋镜,连环图画,草台班的戏剧……到处都是,中国的绅士资产阶级用这些大众文艺做工具,来对于劳动民众实行他们的奴隶教育。这些反动的大众文艺,不论是书面的口头的,都有几百年的根底,不知不觉的深入到群众里去,和群众的日常生活联系着"②。所以瞿秋白说中国大众是有文艺生活的,只不过是中世纪的文艺生活。对于这样的俗文艺,无产阶级必须取得对俗文艺的领导权。因此在20世纪30年代关于文艺大众化的论文中,瞿秋白比较集中地论述了文化领导权理论。瞿秋白指出:"中国资产阶级不能够完成民权革命在文化上的任务,它也绝对不愿意完成这种任务,而且正在反对民众自己的文化革命。而对于无产阶级,所有这些欧化文艺的流弊却是民众自己的文化革命的巨大的障碍。无产阶级应当开始有系统的斗争,去开辟文艺大众化的道路。只有这种斗争能够保证无产阶级在文艺战线上的领导权,也只有无产阶级的领导权能够保证新的文艺革命的胜利:打倒中国的中世纪式的文艺,取消欧化文艺和群众的隔离状态,肃清地主资产阶级的文艺影响。"③瞿秋白文化领导权理论包含了某些"左"的错误思想成分(比如强烈的反俗文艺的立场),但它在中国马克思主义文艺理论发展史具有非常重要的地位,直接对20世纪40年代毛泽东文艺思想理论核心的形成以及中国马克思主义文艺理论科学体系的完整架构作出了理论贡献。

因此,到20世纪三四十年代,中国马克思主义文艺理论对于俗文艺和普遍人性论的阶级论和文化领导权理论已经建立。但在艺术实践中,阶级论和文化领导权领导理论又容易走入教条主义误区,所以到了20世纪五十年代、八十年代,中国马克思主义文艺理论关于人情人性论的讨论又自然而然地多次回旋。但这是另外一个理论问题了。

结　语

马克思主义文艺理论作为"政治家治理"的一种代表性文论体系,和曼德维尔重视

---

① 瞿秋白:《普洛大众文艺的现实问题》,《瞿秋白文集》文学编第一卷,人民文学出版社1985年版,第462页。
② 瞿秋白:《大众文艺的问题》,《瞿秋白文集》文学编第三卷,人民文学出版社1989年版,第12页。
③ 瞿秋白:《欧化文艺》,《瞿秋白文集》文学编第一卷,人民文学出版社1985年版,第493页。

政治手段和政治家治理的论述非常吻合,二者都不完全倚重于人的内在力量,因为符合马斯洛需求层次理论模型的人毕竟太少。但二者的不同也是很明显的。马克思主义文艺理论从高度理性和应然主义出发,手持阶级性和文化领导权两大理论工具(当然还有其他),基于鲜明的政治功利主义立场,对俗文艺和一些应该应允的"私欲恶德"持彻底的批判改造教育立场,并不强调借鉴出清提纯立场(或者在这方面没有明显体系性的理论成果),因此导致一些教条主义错误在一些特殊时期甚至造成了"水清无鱼"的局面,实在是遗憾。因为不论何种俗文艺,都应属于毛泽东《在延安文艺座谈会上的讲话》中提到的"一切文学和艺术的原始材料"范畴,是发展人民文艺的原始材料。而"曼德维尔悖论"打破了人类"善良意志论"和"理性主义"的应然主义认知习性,从实然主义出发,为人类大规模社会生活的组织方式和构建合理的艺术伦理体系提供了一个思考路径。因为"曼德维尔悖论"化私欲恶德为"美德公利文雅"的实践思想可以给我们提供一些启发,既在文艺批评方面,也在艺术创作方面,它既有利于我国文艺高原、高峰的创造和认定,也有利于阶级性与人性理论问题的解决。

总之,本文旨在强调重视对俗文艺从自主性到公共性的自律性和他律性研究,从俗文艺到文艺高原、高峰的清晰演化之路和机制的研究。不过这里有一个原则性问题同样必须强调,即在俗文艺和文艺高峰、高原问题上(我们把它理解为"人的私欲恶德如何转化为美德公利文雅"),在阶级性和人性问题上,我们必然坚持马克思主义文艺理论的指导,不可能以资产阶级人性论或人本主义来指导我们的文艺实践,更不可能对"三俗"持泛滥放纵态度,否则是对我们如上讨论的一个极大误解。中国古代诗论也有"以俗为雅"的说法,但也强调,诗可以俗但人不能俗,"士俗不可医",这和我们此文的立场基本是同一个意思。

Mandeville Paradox and the Assent of Popular Literature and Art

Liu Yongming

(Institute of Marxist Theory of Literature and Art, Chinese National Academy of Arts, Beijing 100029, China)

Abstract: The complete meaning of the "Mandeville paradox" is: "if a private evil virtue is properly managed by a seasoned politician, it may be transformed into the public interest." Its artistic dialectics indicate that to a certain extent, the naturally existing popular literature and art is also of great significance for the emergence of artistic plateaus and peaks, which is the issue of the consent of popular literature and art. But for the emergence of artistic plateaus and peaks, popular literature and art still needs a mechanism for clearing or purifying, such as "just pruning and restraint"; this mechanism should not only include a mechanism for criticism and appreciation, but also a mechanism for creative reuse. In addition, Mandeville's *Fable of the Bee* breaks the idealistic cognitive habits of human "good will theory" and "rational design theory", which are the general characteristics of some literary theory systems, including Chinese Marxist literary theory, in dealing with popular literature and art and artistic creation; therefore, starting from realism, the "Mandeville paradox" provides us with a theoretical path to consider the organizational methods of large-scale artistic life and construct a reasonable artistic ethics system.

Keywords: Mandeville paradox; *The Fable of Bees*; popular literature and art; literary peak; artistic dialectic; literary ethics

本雅明的"经验"概念与历史唯物主义(下)*

马 欣 唐嘉懿①

摘 要：通过对福克斯艺术理论的分析和借鉴，本雅明增进了对历史唯物主义的认识，提升了对艺术与社会经济的关系的了解。历史唯物主义经验观与早期的"经验"观念相结合，最后形成了本雅明成熟的经验理论，这种经验理论既尊重个体的具体体验，也重视社会经济对艺术的影响。在数字化的今天，本雅明经验理论有助于提醒我们对传统的尊重，有益于我们加强对自我本真经验的保护和展现。

关键词：本雅明；经验；历史唯物主义；传统；本真性

四 历史主义的经验

据法国-巴西马克思主义社会学家、哲学家迈克尔·洛维(Michael Löwy,1938—)的查考，本雅明最早对马克思主义产生兴趣是在 1923 年，由于阅读了卢卡奇的《历史与阶级意识》(*Geschichte und Klassenbewusstsein*,1923)，并且在同一时期受到来自拉脱维亚的女友阿西娅·拉西斯(Asja Lacis,1891—1979)带给他的共产主义观念的影响②。较之本雅明在 1910—1920 年的作品，他在 1930—1940 年的作品中更多地提到或直接引用马克思、恩格斯，以及卢卡奇、科尔施等西方马克思主义者的作品。"历史唯物主义"与"历史主义"之间的差异问题及其在经验问题上的具体表现，成了本雅明晚期作品，尤其

---

* 项目基金：中国博士后科学基金资助项目"本雅明的文学地图"(批准号：2017M611525)；上海市哲学社会科学规划青年课题项目"本雅明的艺术复制类型学及其当代价值研究"(批准号：2019EWY004)。
① 作者简介：马欣，东华大学马克思主义学院，副教授，从事马克思主义美学、法兰克福学派文化理论方面的研究；唐嘉懿，硕士研究生，东华大学马克思主义学院，从事马克思主义美学方面的研究。
② Michael Löwy, "A Historical Materialism with Romantic Splinters: Walter Benjamin and Karl Marx", Habjan (ed.) & Whyte (ed.), (Mis)readings of Marx in Continental Philosophy, Palgrave Macmillan; 2014th edition (October 6, 2014), p. 19.

是同"拱廊计划"相关的系列文章中的核心主题之一。

本雅明在《爱德华·福克斯——收藏家与历史学家》(*Eduard Fuchs, Der Sammler und der Historiker*, 1937,以下简称《爱德华·福克斯》)一文的开篇便指出,马克思与恩格斯并没有专门的艺术理论,但是却为唯物辩证法在艺术理论中的运用打开了一片广阔天地①。不言而喻,本雅明把自己视为这片天地的拓荒者,将爱德华·福克斯(Eduard Fuchs, 1870—1940)引为同类,特别强调其作为马克思主义文化史研究开创者的重要贡献,并且以历史主义的书写经验作为参照,对历史唯物主义的任务及其文化史经验的构筑进行了说明:

> 历史主义(Historismus)展现的是关于过去的永恒的图像(Bild),而历史唯物主义(historische Materialismus)展现的是来自过去的、某种个别的经验,它是经验是独一无二的。这种经验的条件被证明是,借助建构的要素来增强叙事的要素。在这样的经验中,历史主义的"曾经如何"(Es-war-einmal)束缚着的巨大力量得以释放。历史唯物主义的任务是,将这样一种对于每一个当下(Gegenwart)而言都是一个具有起源意义的历史经验置入作品。历史唯物主义所关注的是打破历史的连续性的某个当下的意识。②

历史主义在德国有着深厚的传统,本雅明所生活的时代,以"现代史学之父""历史中的歌德"著称的利奥波德·冯·兰克(Leopold von Ranke, 1795—1886)所代表的历史主义的传统——承接的是柏拉图精神与德国新教精神③,提倡历史研究的"客观性",掌握着欧洲思想界的主流话语权。兰克的历史主义强调,历史是由一连串因果相继的客观历史事件构成的时间序列,它朝着理想方向连续进步,人类的未来必然超越过去与现在。本雅明对以上观点持怀疑与批判的态度。他在《〈拱廊计划〉之 N:知识论、进步论》(1927)中指出,那种标榜依照"事情的本来面目"(wie sie eigentlich gewesen ist)来展现的历史叙事是本世纪最强的麻醉剂④,这种观点是资产阶级思维方式的产物。历史唯物主义从其内部消灭了"进步的观念"(Idee des Fortschritts)⑤,并且唯物主义对历史的展

---

① Walter Benjamin, "Eduard Fuchs, Der Sammler und der Historiker", *Walter Benjamin Gesammelte Schriften* II·2, Herausgegeben von Rolf Tiedemann und Hermann Schweppenhäuser, Frankfurt am Main: Suhrkamp Verlag, 1991, S. 465.
② Ibid., S. 468.
③ [德]弗里德里希·迈内克:《历史主义的兴起》,陆月洪译,商务印书馆2022年版,第750页。
④ Walter Benjamin, "Das Passagen-Werk", *Walter Benjamin Gesammelte Schriften* V·1, Herausgegeben von Rolf Tiedemann, Frankfurt am Main: Suhrkamp Verlag, 1991, S. 578.
⑤ Ibid., S. 574.

现,本身便带有对进步概念的内在批判,历史唯物主义的方法基于经验、常识、应变能力与辩证法①,它的任务是构建一种对于每一个"当下"都具有起源意义的历史经验,一句话,历史唯物主义的基本概念不是进步(Fortschritt),而是现实化(Aktualisierung)②。这里的"现实化"可以理解为,让"过去"以全新的方式在"当下"重生,使当中有生命力的部分得到延续和绽放。

历史主义提出的"依照事情的本来面目"来书写历史的观点,之所以被本雅明视为一种麻醉剂,是由于这一观点背后的研究态度是:假定有某种客观的历史事实(知识)的存在,历史学家仿佛可以置身历史之外,去考察过去的情况究竟如何,然后析出独立于一切价值和偏见的纯粹真理,所谓"静观"(Beschaulichkeit)的态度,这种态度看不到"过去"与"当下"之间的联结,未曾意识到过去画面的重现依赖于当下对其意义的认知③。此外,由于历史主义着力再现的是关于过去的永恒画面,因而历史主义者所构筑的精神史(包括文学、艺术、法律、宗教等在内),也就成了超脱于物质生产方式与技术手段的孤立的发展过程。

历史唯物主义再现的是关于过去的独一无二的经验。本雅明将兰克的历史主义方法与福克斯的历史唯物主义方法进行对照,认为二者均持一种陈腐的观点,即对于一部作品的接受而言,最具有权威性的是在其诞生之时人们对于它的评价;不同之处在于福克斯还注意到,研究作品在不同历史时期的接受状况的意义,即艺术作品所取得的成功及其背后的原因,因此他瞄准的是艺术家及其艺术作品的影响性研究,该研究立足于当下,将艺术史视为一种有待建构的对象,在特定的时代、生活与作品中去建构其经验,如此建构的成果是:"毕生的事业(Lebenswerk)在众多的作品中,时代在毕生的事业中,历史的进程(Geschichtsverlauf)在时代中被保存与扬弃。"④如此一来,艺术史书写就不再是孤立事实的拼凑,而呈现为与当下密切相关的经验,它融合了艺术作品之前与之后的历史,因而真正把握住了艺术作品的历史性内涵。

根据本雅明的分析,福克斯构筑艺术史书写"经验"的方式具有以下特征:首先,在题材的选择上,率先步入"漫画"(Karikatur,又译为"讽刺画")、风俗画、色情画这些边缘领域(以《欧洲各国漫画》《从中世纪到当代的插图风俗史》《性爱艺术史》为代表作品),因

---

① Walter Benjamin, "Das Passagen-Werk", Walter Benjamin Gesammelte Schriften V·1, Herausgegeben von Rolf Tiedemann, Frankfurt am Main: Suhrkamp Verlag, 1991, S. 596.
② Ibid., S. 574.
③ Walter Benjamin, "Eduard Fuchs, Der Sammler und der Historiker", Walter Benjamin Gesammelte Schriften II·2, Herausgegeben von Rolf Tiedemann und Hermann Schweppenhäuser, Frankfurt am Main: Suhrkamp Verlag, 1991, S. 467-468.
④ Ibid., S. 468.

为在这些领域,艺术史书写中的陈规陋习更容易被打破,站在大众的立场上提出新的理论观点;其次,在艺术理论的构建上,彻底远离古典主义的艺术概念,古典主义艺术理论通过美的表象、和谐、多样化的统一体等概念来构筑,而在福克斯那里,曾经对温克尔曼、歌德的艺术观念产生深远影响的古典主义艺术观已失去效用,他使用的艺术概念,与同时代的艺术紧密关联;最后,在素材处理上,采用的是历史唯物主义方法,研究成果不是由一堆零散的事实拼凑而成,而是由一组抖好的线索构成,这些线索将过去交织于当下的结果中来展示,揭示出艺术史进程中的必然性,不再用"天才""灵感"这类概念来解释杰作,而将艺术创作及其风格视为历史的逻辑的生成,即艺术作品是一定社会关系、经济状况、技术发展及意识形态等交织作用的产物。

五 历史唯物主义的经验

本雅明屡次提到福克斯对中国唐代雕塑的研究,并且从历史唯物主义角度肯定了他的功绩:

> 从历史上看,福克斯最大的功绩或许是,使艺术史摆脱了对大师名字的迷信。"因此",福克斯就唐代的雕塑说道:"那些陪葬品是完全无名的,事实上,人们根本就不知道某件作品的创造者是谁,这一重要的事实表明:那些陪葬品展示的从来不是艺术家的个人成就,而是当时的人们从总体上以何种方式去看待世界与事物的。"福克斯作为开拓者之一,把握住了大众艺术的特点,并且因此推进了对历史唯物主义的理解。①

上述引文中福克斯的这段话,基本符合本雅明所讲的,时代在作品中被保存和扬弃的观点,福克斯还强调了,湮灭在时代洪流中的无名的劳役者在艺术史中的重要地位。这一观点也同本雅明在《历史哲学论纲》(*Über den Begriff der Geschichte*,1840)第7节中的观点相一致,他在论及"文化财富"(Kulturgüter)时指出:"它们的存在不仅归功于创造它们的伟大天才的辛劳,同时也归功于与天才同时代的无名者们的劳役。"②以上思想皆可同马克思在《路易·波拿巴的雾月十八日》(*Der achtzehnte Brumaire des Louis*

---

① Walter Benjamin, "Eduard Fuchs, Der Sammler und der Historiker", *Walter Benjamin Gesammelte Schriften* II·2, Herausgegeben von Rolf Tiedemann und Hermann Schweppenhäuser, Frankfurt am Main: Suhrkamp Verlag, 1991, S. 503.
② Ibid., S. 696.

Bonaparte,1852)中关于历史唯物主义的经典表述:"人民自己创造自己的历史,但是他们并不是随心所欲地创造,并不是在他们自己选定的条件下创造,而是在直接碰到的、既定的、从过去继承下来的条件下创造。"①形成一组互文。

历史主义叙事中"进步的观念",之所以被本雅明所排斥,主张从内部消灭这一观念历史唯物主义,是因为这里的"进步的观念"主要是指当时欧洲资产阶级与德国社会民主党人的一种观念,它是一种以总体性的"进步"为幌子,忽视时代中个体的诉求与不幸的思想倾向,以及将法西斯主义的侵略行径及其遭致的灾难加以合理化的意识形态。本雅明在《历史哲学论纲》中以一明一暗两种方式批判了这种"进步的观念":他指明当时德国社会民主党的理论与实践,均是由进步的概念所决定,但这一概念并不符合实际,只是一些空泛的教条主义的主张②;他从保罗·克利(Paul Klee,1879—1940)的表现主义画作《新天使》(*Angelus Novus*,1920)中洞见到"进步的观念"背后所遮蔽的历史真相,因而在他的解读当中,被进步风暴卷向未来的"历史的天使",始终面朝过去、注视着灾难、废墟与不幸③。

在本雅明晚期思想中,同"进步的观念"如影随形的是"历史的连续性"(Kontinuität der Geschichte)概念——这与他早期强调的时间经验的"历史连续性"迥然不同。"历史的连续性"概念特指历史主义以其精妙的叙事来掩盖传统的断裂之处,呈现一种历史连续发展的假象。因此"历史唯物主义必须放弃历史中的叙事的要素,它必须将时代从物化的'历史的连续性'中爆破出来"④。爆破意味着一种停顿,其关键在于由"当下"进入一种仿佛自动生成的历史,从历史的序列中挑选出具有莱布尼兹"单子"(Monade)性质的对象,并将其汇聚为"星丛"(Konstellation,又译为"矩阵"或"矩阵结构"),"星丛"的表征即"辩证意象"(dialektische Bilder),这里的"意象"是为复数,它们宛如"星丛"当中璀璨的群星,交相辉映。"意象"既可以是视觉直接可以把握到的形象,也可以是文学文本中的形象,它具有经验的属性,是关于"过去"的独一无二的经验。

历史唯物主义构筑艺术史、文化史的方法,不仅是一种形象化的方法,同时也是一种精准的辩证法、停顿的辩证法,或曰意象的辩证法。本雅明的"拱廊计划"所采用也是

---

① 《马克思恩格斯文集》第二卷,人民出版社2009年版,第470页。
② Walter Benjamin, "Über den Begriff der Geschichte", Walter Benjamin Gesammelte Schriften I·2, Hrsg. von Rolf Tiedemann und Hermann Schweppenhäuser, Frankfurt am Main: Suhrkamp Verlag, 1991, S.700.
③ Ibid., S.697.
④ Walter Benjamin, "Das Passagen-Werk", Walter Benjamin Gesammelte Schriften V·1, Herausgegeben von Rolf Tiedemann, Frankfurt am Main: Suhrkamp Verlag, 1991, S.592.

这种方法,亦称之为"文学蒙太奇"(literarische Montage)①,旨在以展示形象的方式恢复沧海遗珠应有的地位。在这种辩证法里,我们对于历史对象的具体理解,首先以真实图像的呈现作为前提,图像由于"当下"意识的注入,而升华为"意象"(Denkbild),"意象"是人们对历史对象可能产生的认识,不同的"意象"代表着不一样的"理念"(Idee),如若"意象"经由反思与批评,联结形成"辩证意象",即可通达真理。

本雅明构思"拱廊计划"的最初阶段,曾受到阿拉贡(Louis Aragon,1897—1982)带有散文笔触的超现实主义作品《巴黎的土包子》(Le Paysan de Paris,又译为《巴黎的农民》,1924—1925)的启示,阿拉贡揭示出概念的辩证法对于把握真理的局限性,并且表明要用一种新的方式来进行思考,即依据所见所感去思考。但是,本雅明认为阿拉贡仅仅驻足于梦的领域,而他则致力于找到"觉醒的星丛"(Konstellation des Erwachens),通过唤醒对过去发生的事情尚未意识到的一种认识,来消解历史空间中的"神话"(Mythologie)。"神话"的消解与"进步的观念"的取消具有内在的一致性,它们都指向对于历史的重新梳理或曰"爆破",进而捕获被统治者尘封起来的关于被压迫者与无名者的记忆。

福克斯被本雅明视为运用这一方法颇为成功的案例,不仅是因为福克斯在艺术史、文化史研究领域,大量地使用自己收藏的资料图片、彩色原版作品作为插图,并利用这些感性的图像来说明时代的特征,更重要的是他对真理问题的关注,致力于揭开艺术史中的秘密,即艺术作品风格的合逻辑性,为具体地看待上层建筑与经济基础的关系问题开辟了一条道路。本雅明在《爱德华·福克斯》的一则注释中特别指出:福克斯从商品贸易的角度探讨唐代雕塑的动态造型,将这一新造型(较之汉代雕塑的僵直造型)的出现,归之于唐代贸易活动的繁荣,因为贸易意味着持续增强的生命及运动②。当然,他也同时意识到,福克斯的方法具有一定缺陷,依赖知觉、直观与类比,而忽视了说明经济关系与艺术表现之间因果关联的中介环节。

总而言之,本雅明早期的"经验"概念,主要奠基于德国浪漫主义与康德的先验认识论,并且超越了二者的片面性,重新肯定了来自年长者的经验与宗教、艺术、文学等经验,

---

① 本雅明"文学蒙太奇"的灵感源自布莱希特的"史诗剧"(das episme Theater,又译为"叙事剧"),他在《作为生产者的作者》(Der Autor als Produzent,1934)一文指出,布莱希特"史诗剧"中采用的"中断原则"(Prinzip der Unterbremung),源自对蒙太奇手法的吸收及转化,蒙太奇的处理方法是:让被置入的部分中断它所置入的关联,以此来抵抗观众的幻觉,令其发现真实的状况。参见Walter Benjamin, "Der Autor als Produzent", Walter Benjamin Gesammelte Schriften II·2, Herausgegeben von Rolf Tiedemann und Hermann Schweppenhäuser, Frankfurt am Main: Suhrkamp Verlag, 1991, S. 697-698.
② Walter Benjamin, "Eduard Fuchs, Der Sammler und der Historiker", Walter Benjamin Gesammelte Schriften II·2, Herausgegeben von Rolf Tiedemann und Hermann Schweppenhäuser, Frankfurt am Main: Suhrkamp Verlag, 1991, S. 486.

进而赋予"经验"以彰显人类精神"内在性"与"历史连续性"的独立价值。中晚期的"经验"概念有两方面的价值：一方面由对历史唯物主义的接受出发，形成了根据物质生产方式、交往方式以及相应的技术传播媒介的发展变迁，来研究人们的经验生成结构、辨析经验与体验之异同的思考框架，并且探讨了与技术进步相伴而生的经验贬值的问题。它在数字信息时代仍具启发意义，一则从学理的层面阐明，个体通过面对面地交流、口语化的表达所生成的且同"传统"相勾连的经验仍具有不可替代的价值，二则提请我们注意，网络上不断更新的热榜、热搜，使围观者的生命能量在对他人生活的窥视中耗散，却难以提升自己的生命价值。另一方面从对历史主义"依照事情的本来面目"的叙事方式与"进步的观念"的批判出发，确立了历史唯物主义立足"当下"、观省"过去"，图像化、星座化、直观化的经验构筑方式；通过意象构筑的星丛逆向梳理历史、打破人为构建的"历史的连续性"，搜寻并复活那些被统治者尘封起来的被压迫者或无名者的生命经验，从而开启了以追求真理为目标的真正意义上的辩证研究。

Benjamin's Concept of "Experience" and Historical Materialism (Part 2)

Ma Xin[1]　Tang Jiayi[2]

(1. School of Marxism, Dong Hua University, Shanghai 201620, China;
2. School of Marxism, Dong Hua University, Shanghai 201620, China)

Abstract: Through the analysis and reference of Fuchs's artistic theory, Benjamin enhanced his understanding of historical materialism and improved his understanding of the relationship between art and socio-economy. The combination of the experience view of historical materialism and the early "experience" theory ultimately formed Benjamin's mature theory of experience, which not only respects the experiences of individuals, but also attaches importance to the influence of social-economy on art. In today's digital age, Benjamin's theory of experience helps remind us to respect tradition and is beneficial for us to strengthen the protection and presentation of our own authentic experiences.

Keywords: Benjamin; experience; historical materialism; tradition; authenticity

中国文论自主建构

ZHONGGUO WENLUN ZIZHU
JIANGOU

优秀传统文化对百年来中国化
马克思主义文论发展的贡献

泓 峻

摘 要：中华优秀传统文化在中国化马克思主义文论形成与发展过程中扮演了重要角色，发挥了积极作用。两者的联结基本上涵盖了百年来中国文论发展的每一历史时期。中国早期马克思主义文论家都接受过传统文化的教育，后来许多重要的马克思主义文论家也有着从事中国传统学术思想研究的经历，这对他们建构中国化马克思主义文论有直接影响。在中国化马克思主义文论发展的一些重要节点上，都曾借助于面向传统文化与历史的学术研究，这成为优秀传统文化介入马克思主义文论的一条重要路径。

关键词：马克思主义文论中国化；"第二个结合"；发展过程；面向传统的研究

作为中国化马克思主义的一个重要组成部分，以及马克思主义基本原理在文艺领域的具体应用，中国化的马克思主义文艺理论不仅是面向百年来中国的现实，面向五四以来新的文艺实践，中国自身的传统文化同样深深地介入其中，对其品格产生了深刻的影响。而且，由于文艺这一领域相较于政治、经济等其他领域与传统文化的联系更为密切，传统文化对其影响更加直接，因此，在对马克思主义文论中国化的历史过程进行观察时，"第二个结合"的维度就显得更加必要。然而，与"马克思主义中国化"问题很早就引起关注不同，"马克思主义文论中国化"作为一个明确的概念被提出，并引起学界比较多的关注与讨论，是从20世纪90年代才开始的，而且最初关注的主要是马克思主义文论如何介入了中国特定时期的文学实践与社会实践，并被中国自身的实践所塑造这一维度，只是到了近些年，随着人们对中华优秀传统文化在人类文明进步中所发挥的积极

---

* **项目基金**：山东大学中华民族现代文明建设研究专项重大课题"中华优秀文化与马克思主义文论中国化关系研究"。
① **作者简介**：泓峻，本名张红军，山东大学文化传播学院教授，博士生导师，主要从事马克思主义文艺理论研究。

作用的认识不断加深,尤其是对"第二个结合"的认识逐渐深入,这种状况才得到一定程度的改变。实际上,中华优秀传统文化在中国化马克思主义文论形成过程中扮演了重要的角色,发挥了积极的作用。

一 传统文化介入:中国化马克思主义文论的建构是一个连续的历史过程

一百多年来,马克思主义文艺理论在中国从无到有,获得了很大的发展,产生了大量理论成果。这些成果,有些主要是建立在对国外的马克思主义文论进行阐释的基础上,有些主要是中国的理论家立足于马克思主义的基本原理,围绕文艺的一些重要问题进行的理论思考。就第一种情况而言,中国马克思主义文论家作为接受主体,在阐释来自国外的马克思主义文论时,其自身的"前见"在其中必然要发挥十分重要的作用,而这些"前见"就包括中国自身的文化传统。而当中国学者依据马克思主义的基本原理思考文艺理论问题时,中国自身的文化传统也曾经介入其中。

在中国化马克思主义文论形成和发展过程中,中国传统文化的介入大概经历了以下几个历史阶段:

第一个阶段,是"新文化运动"前后。由于这一时期和马克思主义有关的一些思想学说刚刚传入中国,对于这种陌生的外来理论,人们常常会以中国固有的思想观念去理解把握。我们现在耳熟能详的一些基本学术概念,如宇宙、社会、实践、唯心、自然、革命、民本、有产、无产、阶级等,这些固有的词汇,它们有的首先被日语借用来对译西方哲学社会科学中的某个概念,进而被中国学者介绍到国内;有些干脆就是中国学者在翻译国外的哲学社会科学著作时从汉语现成的词汇中选择出来的。在最初,这些汉语的词汇原有语义,不可避免地会被带入对马克思主义理论的理解当中。不仅如此,中国古代朴素的民本立场、无神论传统、辩证法思想,在理解马克思主义的人民性立场以及历史观、哲学观时,也都发挥了十分积极的作用。

虽然在这个时期,人们主要把马克思主义理解成政治学说、经济学说或社会学说,但对其社会理想、思想方法以及一些基本概念的推广,为后来中国学者理解马克思主义文艺理论奠定了基础。

第二个阶段,是20世纪20年代初期到30年代中期。这一时期,马克思主义文艺理论开始通过不同的渠道介绍到中国。尽管太阳社、创造社等文学社团中的理论家,以及在"左联"时期十分活跃的周扬、胡风、瞿秋白等人,多持比较激烈的反传统态度,然而,中国传统文化的许多观念仍然对他们理解与阐发马克思主义文艺理论有着深刻的影响。

斯洛伐克学者玛利安·高利克在20世纪70年代出版的《中国现代文学批评发生史——1917—1930》一书涉及17位批评家,除了胡适、周作人、梁实秋外,其余14人都是20世纪20年代"左翼"文艺战线上的代表人物或中共领导人。在这本书中,作者细致具体地分析了一些理论家早年所接受的中华传统文化观念,并强调了这些传统观念对他们后来所持文艺观的影响。比如,他认为,虽然后来受到国外文艺思潮的影响,但郭沫若的文学观"开始形成时,不是凭借于康德和克罗齐,他思想中的中国根源可以追溯至庄子"①,而郭沫若在20年代中后期转向马克思主义立场,"坚信文艺与社会和政治的牵连关系",则是因为"他从自己的批评准则中剔除了道家观念滋养的因素","发展了那些存在于传统的儒家观念中的因素"②。在谈到成仿吾时,高利克认为他在批评文章中对整个社会道德的堕落进行谴责,强调应该把正义作为一切行动的标准,是一种"与孟子最为接近的主张"③。美国学者杰姆逊认为文化是一个群体接触并观察另一群体时所发现的氛围,是那个群体陌生奇异之处的外化。也许正因为如此,对于中国传统文化在中国化马克思主义文论中打上的烙印,站在中国文化之外的高利克反而更容易感受得到。

第三个阶段是"延安文艺"时期。到了20世纪30年代与40年代之交,如何将马克思主义中国化,用以有效地指导中国的实践,是毛泽东思考的最为核心的问题。在这一过程中,毛泽东不仅研读了大量马克思主义的著作,对中国古代哲学与历史也发生了十分浓厚的兴趣。与此同时,一批党内学者所掌握的传统知识与传统学术方法也被激活,他们一方面用马克思主义的立场、观点与方法对中国古代思想进行批判性的审视与重新阐释;另一方面用中国古代哲学的一些概念、命题去阐释马克思主义的哲学思想,已经体现出中华优秀传统文化与马克思主义文艺理论相融通的趋势。毛泽东《在延安文艺座谈会上的讲话》之所以提倡文艺的工农兵方向,就是因为当时延安的许多文艺团体及艺术家在创作中热衷于照搬、模仿西方的艺术形式,过于强调专业性,因而脱离了根据地的广大群众。在论述普及与提高问题时,毛泽东不仅要求文艺工作者要熟悉群众的语言,文艺作品要采用民族的形式,而且他本人所使用的"雪中送炭""锦上添花""阳春白雪""下里巴人"等词语就既通俗明白,又具有历史感,为这篇讲话打上了深深的传统文化的烙印。

第四个阶段,是中华人民共和国成立之后的一段时间,即人们常说的"17年文学"时期。虽然这一时期强调的主要是用马克思主义的立场与观点批判与改造中国传统文

---

① [斯洛伐克]玛利安·高利克:《中国现代文学批评发生史》,陈圣生等译,社会科学文献出版社1997年版,第30页。
② 同上,第45页。
③ 同上,第67页。

化,但在当时生成的许多新的文艺理论命题与理论成果中,中国古典文学的经验是介入其中的。周扬1956年在北京大学的一个演讲谈到革命的浪漫主义与现实主义相结合的命题时,就不仅举了外国作品,而且也举了《红楼梦》。与此同时,在"文学是人学"命题的提出,文学人民性内涵的进一步阐发过程中,中华传统文化的潜在影响依然不能忽视。1956年8月5日,光明日报曾发表《略论继承诗词歌赋的传统问题》一文,提出"在'百花齐放,百家争鸣'的文艺政策之下,我们还是应该让这种民族形式的诗词歌赋继承发展下去"①,中国的文学研究者借此掀起了一次中国古典诗词研究的高潮。这一学术背景,对20世纪50年代文学理论研究中关于人道主义、人情、人性问题的讨论产生了很大影响。而以群主编的《文学的基本原理》一书,不仅突破了苏联文艺理论教材的模式,讨论并借鉴了中国文学批评史上的许多概念与思想,而且在论述现实主义、浪漫主义、抒情文学、文学的语言形式、文学的分类原则等相关问题时,还使用了许多中国古典文学作品作为其论据。

第五个阶段,是20世纪80—90年代。整体上讲,这一时期西方各种文论话语进入中国,中国文论研究出现了跟着西方的理论潮流与话题走的倾向。但是,也正是在这一时期,中国文论界提出的许多理论命题,如实践美学、文学主体性、审美意识形态等,仍然与中国传统观念之间有着密切的联系。实践理性本是康德哲学的重要概念,而当李泽厚用实践理性这一概念总结仁学结构的整体特征时,他阐释中的仁学思想中的主体,与"实践美学"所设定的那种感性与理性、思想与行动、社会与个体相统一的主体是相一致的。而从胡风提出主观战斗精神,到钱谷融提出文学是人学,再到20世纪80年代中期刘再复对文学主体性的张扬,文学主体问题在中国20世纪马克思主义文论中不断凸显,这与中国古典文论重视创作主体的创作心理,重视从作家的写作伦理角度思考文学价值,重视文学的表现功能等传统的潜在影响不无关系。另一个在80年代产生,对中国当代文论产生重大影响的命题"审美意识形态论",不仅是与马克思主义经典作家、国外马克思主义文论对话的产物,同时也吸收了中华美学传统与艺术传统中的许多思想与观点。将文艺的意识形态属性与审美属性加以整合的努力,在中国自身的文论传统中一直存在,而审美意识形态论者对艺术的审美性进行阐释时,更是大量运用了《文心雕龙》等中国古典文艺论著中包含的文论思想。

第六个阶段,是进入21世纪之后,特别是党的十八大以来这段时间。随着中国综合实力的增强,以及国际形势的变化,进入新世纪以后,党的十六大报告已经将实现中华民族伟大复兴作为历史和时代赋予我们的重要使命提了出来。党的十八大之后,习近

---

① 朱偰:《略论继承诗词歌赋的传统问题》,《光明日报》1956年8月5日。

平总书记就如何提升文化自信,尤其是如何看待中华民族自身的历史与文化传统作出了一系列重要论述,强调哲学社会科学要构建具有中国特色的学科体系、学术体系和话语体系,彰显中国特色、中国风格和中国气派。2014年,习近平总书记在文艺工作座谈会上发表讲话时,明确提出,中国的优秀文艺传统包含了从老子、孔子、庄子、孟子、屈原、王羲之、李白、杜甫、苏轼、辛弃疾、关汉卿等在内的所有古代优秀作家,"从诗经、楚辞到汉赋、唐诗、宋词、元曲以及明清小说,这些浩如烟海的文艺精品,不仅为中华民族提供了丰厚滋养,而且为世界文明贡献了华彩篇章"。习近平总书记对中国古典文艺传统的高度评价,是对中国化马克思主义文论的丰富与发展,对于全面继承中国古典文艺传统,吸收中国古典文艺精华,繁荣当代文艺起到了关键性的作用。因此,中国的思想界对包括中华美学精神、中国优秀古典文学传统在内的中华传统文化的评价发生了根本性的改变,中国的文艺理论研究者更加自觉地将马克思主义文论与中国自身文化传统相结合,使之相互阐发,从而使马克思主义文论与中华优秀传统文化的融通达到全新的理论高度。

二 一种文化力量:传统对中国马克思主义文论家的影响

实际上,对20世纪20—40年代中国化马克思主义文论建构发生过重要影响的早期理论家陈独秀、鲁迅、郭沫若、毛泽东、郑伯奇、茅盾等人都出生在19世纪末期(年龄最大的陈独秀生于1879年,最小的瞿秋白生于1899年),他们的教育都是从私塾教育或者家庭内的旧式教育起步。虽然他们中大多数人后来也进过"洋学堂",但在晚清民初的"洋学堂"里,除了一些简单的自然科学知识,以及十分初级的西方语言课程以外,绝大部分内容仍然是以儒家经典与儒家思想为核心的中国传统文学与文化知识的学习。茅盾后来回忆他在中学时学习的内容,说"书不读秦汉以下,骈文是文章之正宗;诗要学建安七子;写信拟六朝人的小札"[①]。毛泽东留下的手稿《讲堂录》记载了他1913年10月至12月期间在湖南省第四师范学校预科学习时的课堂笔记及学习心得。从内容看,其中主要涉及"国文"与"修身"两门课。"国文"读的主要是中国古代的经、史、子、集,写作训练主要是古文与古诗词。如"十月初三"这天的课堂笔记,有对商初大臣伊尹的评价,有对《尚书》及其中的民本思想的评价,有对清代古文家姚鼐的《范蠡论》、沈近思的《伊尹论》文法的评价,有对文章做法的理解。因此,这批人对中国古代典籍、重要的文学作品都有相关程度的了解,有些人还熟练地掌握了传统学术研究的方法,具有深厚的传统学术素

[①] 茅盾:《我的中学生时代及其后》,孙中田等:《茅盾研究资料》(上),中国社会科学出版社1983年版,第52页。

养。即使是与他们相比较年轻的一代理论家,如钱杏邨、蒋光慈、冯乃超、胡风、冯雪峰等人,也是在20世纪最初的前几年出生的,"新文化运动"开始时,他们中年龄最小的冯雪峰也已经过了14岁。这些在19世纪末20世纪初出生,从小接受传统教育,读过"四书五经",受过中国古典文化熏陶的群体,成为中国化马克思主义文论的奠基人。

至于后来的几代学者,包括新中国成立后一些影响很大的学者,虽然教育背景与其前辈之间有了很大差异,但他们中的许多人都对中国传统文化发生过浓厚的兴趣,有过深入的研究,发表出版过有关中国古代历史、文化、艺术方面的学术成果。其中,像李泽厚的中国古代思想史研究、王元化的《文心雕龙》创作论研究,蒋孔阳的中国古代音乐美学研究,童庆炳的中国古代诗学思想研究,都曾经在学界产生过很大影响。而他们在从事相关研究时建立起来的关于中国传统文化的知识背景,形成的对中国传统文化的理解,都介入到了其对马克思主义文艺理论的理解与阐释当中。

对文艺理论的理解与思考,不仅涉及思维方式问题,自身的艺术经验也会发生重要的作用。对于中国早期的马克思主义文论家而言,许多人不仅接受了完整的传统教育,而且还曾经在中国自己的艺术传统中浸淫很深。新文化运动的发起者陈独秀,一生除写作大量的政论文章与社会批判文章外,还留下一些对中国书法、绘画研究的心得,并有数量可观的古典诗词、绘画、书法作品存世。据瞿秋白自己讲,他自己早年曾经广泛涉猎过十三经、二十四史、子书、笔记、丛书和诗词曲等,尤其对文艺类的书籍感兴趣①。茅盾自述其在少年时代便读过《西游记》《三国演义》等"闲书";同时,他还编选过中国古代寓言,他后来关于小说的许多精辟见解,并不完全是基于西方小说阅读的体验,同时也与他对中国叙事传统的熟悉有关。至于"新文学"的两个标志性人物鲁迅、郭沫若,更是有着很深的中国古典文学与艺术的修养,而且一生中除新文学作品外,还创作了数量十分可观旧体诗词。这些丰厚的中国传统文学的经验,在他们接受国外的马克思主义文艺理论时,或者以马克思主义的原理去思考文艺问题时,实际上都作为一种背景发挥了积极的作用。可以说,包括汉语新诗在内的新文学在不断走向成熟的过程中,都不断地从中华民族自身的美学精神与哲学思维方式中吸收营养。中国抒情文学重感兴,叙事文学重寓言性表达与春秋笔法的传统,到新文学发展比较成熟时,在许多优秀作家的作品中都有所体现。而新文学这种状况,在中国现代其他艺术门类中,同样存在。因此,主要面对中国的"新文艺"去思考马克思主义文艺理论的理论家,其艺术经验中仍然被植入了大量中国传统文化的基因。

这种面对中国自身的文艺传统建构起来的艺术经验,在中国化马克思主义文论形

---

① 参见瞿秋白:《多余的话》,卫华、化夷:《瞿秋白传》,湖南人民出版社2014年版,第289页。

成过程中曾经发挥过十分积极的作用。"革命文学"论争初期，当鲁迅、茅盾等人面对创造社、太阳社里的年轻理论家们使用从日本、苏联借来的激进的理论对他们批判时，他们对马克思主义文艺理论还是相当陌生的，但仅凭着自身的艺术经验，他们便能够判断这些理论存在着很大的问题。延安时期关于文艺民族形式问题的讨论，以及对文艺民族形式的追求，也是以来自本土的文艺经验为基础的，中国故有的通俗文艺传统，如白话章回体小说、地方戏曲民歌、民间版画等等，成为具有民族特色的新文艺生长的丰富给养。引发20世纪50—60年代关于人情、人性、人道主义问题讨论的《论人情》一文，就是由中国的新戏剧没有古典戏剧人情味浓这一话题入手的①。在这场讨论展开过程中，中国古代作家王维、李白等人直接描写风景的山水诗，南唐后主李煜的怀念故国的词，作为共同的文学经验，经常被讨论双方拿来作为文学有无共同的美感、是否可以表现超越阶级的感情等问题的直接根据。

三　面向传统的研究：中国化马克思主义文论发展的动力

马克思主义文论中国化过程中，一些重要的理论命题的提出，往往会伴随着面向传统的学术研究，自觉地到中国古代历史文化传统中寻求理论突破的灵感与话语资源，成为中华优秀传统文化介入中国化马克思主义文论发展的最为直接的路径。

就毛泽东延安文艺思想的形成而言，20世纪30年代与40年代之交的几年间，毛泽东不断地与延安的理论家就哲学问题与历史问题进行讨论，这些讨论除涉及马克思主义经典作家的哲学思想外，还包括中国古代哲学思想以及中国的历史。一方面，毛泽东的思考深刻地影响了党内理论家学术研究的思路与方向；另一方面，党内理论家的一些观点也影响了毛泽东对一些重大理论问题的思考。1939年初开始的关于文学的民族形式的讨论，就与面向传统研究的学术氛围有直接关系。从对马克思主义中国化的追求，到对新文学民族性的追求，其中有一条明确的逻辑线索，而文学民族形式问题讨论的发起者，正是延安"新哲学会"的领导者。延安文艺的另一个维度，即人民性问题，则是在延安有组织地对中国历史进行研究的过程中被凸显出来的。1940年初，范文澜刚到达延安，便受中宣部委托担纲编写《中国通史简编》，这部著作把毛泽东关于"在中国封建社会里，只有这种农民的阶级斗争、农民的起义和农民的战争，才是历史发展的真正动力"②等论断转化为中国古代历史演进的一条重要脉络，对农民起义的叙述占了很大比重。这实际上为接下来《在延安文艺座谈会上的讲话》对文艺人民性的强调作了理论上与思

---

① 参见巴人：《点滴集》，浙江人民出版社1982年版，第1页。
② 毛泽东：《中国革命与中国共产党》，《毛泽东选集》（第二卷），人民出版社1991年版，第625页。

想上的铺垫。

就对当代中国文艺理论影响巨大的实践美学而言,以李泽厚为代表的中国实践美学学派最重要的理论依据是马克思的《1844年经济学—哲学手稿》。以法兰克福学派为代表的许多西方马克思主义理论家,也把《1844年经济学—哲学手稿》作为其直接的理论根源。但是,中国的实践美学与西方马克思主义的人本主义立场之间还是有许多明显的差异。尤其是西方马克思主义中的审美主义思潮,具有明显的非理性主义色彩,对现代主义艺术情有独钟,而"实践美学"则始终强调感性与理性的统一,审美与功利的统一。法兰克福学派关注潜意识、情感、欲望等等,实践美学所设定的则是社会性与个体性相统一的审美主体。产生这种差异的根本原因,是李泽厚在建构他的实践美学时,将他所说的儒家的实践理性精神融入了进去。

对于马克思主义与中国传统之间的关系,李泽厚本人有十分自觉的意识。在《中国古代思想史论》一书的结尾部分,他对"为什么马克思列宁主义会这样迅速地和忠挚地首先被中国知识分子,而后为广大人民所接受所信仰"进行了解答,认为这一方面是因为马克思列宁主义为处于民族危机中的中国提供了远大的理想与现实的方案,另一方面,也因为中国的民族性格、文化精神和实用理性,重行动而富于历史意识、无宗教信仰却有治平理想,有清醒理智又充满人际热情等。"传统精神与文化心理结构"与马克思主义之间有相契合的一面。20世纪70年代末到80年代中期,在《批判哲学的批判》正在引起学界极大兴趣的时候,李泽厚实际上已经把学术重心转移到中国古代思想史与审美形态史的研究之上,不仅写出了《美的历程》一书,而且发表了一系列中国古代思想史研究的文章。这方面的研究,构成80年代"实践美学"建构的重要组成部分[①]。无独有偶,国内另一个"实践美学"的代表人物蒋孔阳80年代也同时在从事中国古典美学的研究,并出版过《先秦音乐美学论稿》这样的著作。在实践美学的理论建构中,一方面马克思主义哲学的实践论维度起着支撑的作用,另一方面,对于实践主体的研究,又是围绕儒家的实践理性问题展开的,两个方面相互阐释,相互补充,在实践美学理论体系中都得到了丰富与充实。

审美意识形态论是中国学者对马克思主义文论的一个重要贡献。20世纪90年代之初,在从事"审美意识形态论"建构的同时,童庆炳发表了大量研究中国古代文艺理论,特别是《文心雕龙》的文章,并出版了《中国古代心理诗学与美学》《中国古代诗学心理透视》《中国古代文论的现代意义》等研究古代文艺理论与美学思想的专著,这些研究对其审美意识形态论的理论建构的影响不可低估。1991年,童庆炳在一篇文章中提到"与西

---

① 参见李泽厚:《中国古代思想史论》,安徽文艺出版社1994年版,第312页。

方人所确立的美、丑、悲、喜、崇高、卑下、再现、表现的审美范畴不同,中国古人是从汉语丰富的词汇中拈出'气''神''韵''境''味'等词,作为审美范畴,并以此来衡量诗的优劣、高下、精粗、文野。换言之,'气''神''韵''境''味'等作为中国古代诗学的追求,从诗的不同方面和角度,标示出诗美的极致,显示出中国古人独有的审美意识和传统诗论的民族特色"①。这种对中国古典诗学的理解,许多内容被写进了由他主编,于同一年出版的集中体现"审美意识形态论"的教材《文学理论教程》中。当这本教材试图对作为审美意识形态的文学进行定义时,就是从《文心雕龙》中借用了一个词语,认为文学话语与其他话语形态的最大区别就是它具有"蕴藉"的特点,因此称文学语言为"话语蕴藉"。

另外,我们还注意到中国学者关于"生态文艺学""生态美学""中国阐释学"的理论建构过程中,这种现象同样存在。中国的"生态文艺学""生态美学"与西方学者的环境美学、自然美学、生态批评理论最大的不同,在于除了借助于西方现代主义、后现代主义话语资源外,同时还借用了马克思关于人与自然之间关系的有关论述以及中国传统文化中的生态话语资源。国内生态美学的代表性人物曾繁仁先生十分重视对中国古代哲学智慧与美学思想的研究,其对中国古代"生生"这一哲学范畴的重新阐释,在国内外美学界都产生了广泛的影响。生态文艺学的代表性人物鲁枢元先生近些年则通过对陶渊明的诗、蒲松龄的小说的研究,阐发其生态思想。中国当代阐释学研究的代表人物张江先生在完成《强制阐释论》《公共阐释论纲》两篇文章后,于 2017 年底推出了《"阐""诠"辨——阐释公共性讨论之一》一文,把理论探索的触角伸向了中国阐释学思想发生的起点,运用中国传统学术方法,对以"诠"和"阐"为代表的中国传统阐释学的两条路线进行了梳理,并提出了"以中国话语为主干,以古典阐释学为资源,以当代西方阐释学为借鉴",建立彰显中国概念、中国思维、中国理论的当代中国阐释学的构想。② 之后,沿着这种思路,张江又写出了《"理""性"辨》《"解""释"辨》《"衍""生"辨》《"通""达"辨》等文章,把他对中国阐释学思想的发掘工作进一步展开,从而形成了其阐释学研究的一个相对独立、别具特色的板块。在这组文章中,作者通过训诂学的方法,令人信服地说明了中国古代阐释学的不同路径、内在精神、哲学智慧怎样包含在几组汉字的字义之中,并由这几组汉字的本义生发开去,形成了层次丰富、内容深刻、对当代阐释学极具启发性的阐释学思想。近来,张江还提出了建立"训诂阐释学"的构想,意在"充分发挥训诂学与阐释学各自的优势,互为根基、互为支撑、互为动力,为阐释学的发展奠定可靠的中国基础"③。这一切都表明了中国当代马克思主义文艺理论研究已经形成了一种明确的借助

---

① 童庆炳:《中国古典诗学的民族特色》,《学术月刊》1992 年第 7 期。
② 张江:《"阐""诠"辨——阐释公共性讨论之一》,《哲学研究》2017 年第 12 期。
③ 张江:《"训诂阐释学"构想》,《学术研究》2022 年第 12 期。

中国自身优秀文化传统的开掘,寻求理论突破的意识。

对于中国马克思主义文论发展过程中,以面向传统的研究为切入点寻找理论突破这一现象,可以从两个角度进行观察。就中国传统文化的研究这一角度看,因为在这一过程中,引入了马克思主义的立场、观点、方法,给传统学术本身带来许多新的东西,从而可以使某一领域、某一问题的研究产生重大的突破。而从马克思主义文论自身的立场看,这种研究借助于中国古代的资源,甚至是中国自身的学术方法,给中国的马克思主义文论研究也带来了许多新的东西。从这个意义上讲,这一过程,实际上就是马克思主义文论研究与中国传统文化研究的相互成就。

The Contribution of Excellent Traditional Culture to the Development of Sinicized Marxist Literary Theory over the Past Century

Hongjun

(Research Center for Marxist Literary Theory, Shandong University, Weihai, Shandong 264209, China)

Abstract: Chinese excellent traditional culture has played an important role and played a positive role in the formation and development of Sinicized Marxist literary theory. The connection between the two basically covers every historical period of the development of Chinese literary theory over the past century. Early Chinese Marxist literary theorists received education in traditional culture, and later many important Marxist literary theorists also had experience in researching traditional Chinese academic thought, which had a direct impact on their construction of Sinicized Marxist literary theory. At some important nodes in the development of Sinicized Marxist literary theory, academic research on traditional culture and history has been utilized, which has become an important path for excellent traditional culture to intervene in Marxist literary theory.

Keywords: Sinicization of Marxist literary theory; the second integration; development process; focusing on traditional research

"第二个结合"视野下汉语母语素养提升与当代诗词创作

孙书文①

摘　要： "第二个结合"，即马克思主义基本原理与中华优秀传统文化相结合，是一次新的思想解放，业已构成强大的"时代思潮"，为解决当下文艺问题提供了新的路径。优秀的诗词作品是声音、形象、意蕴的完美结合，体现出汉字特有的声、韵、调，是汉语的"母语境界"的集中彰显。中国传统文论"修辞立其诚"的命题厘清了能体现这一境界的优秀作品的创作路径，但未能解决其动力性的问题，而马克思的"实践"理论为其提供了答案。在"第二个结合"视野下关注中华当代诗词创作，会有许多新的成果，运用"中华新韵"会更为合理，语言会不断发展，用韵也应不断发展，而其目标是把语言的语用功能充分发挥出来，也即向"母语境界"进发。

关键词： "第二个结合"；母语素养；当代诗词创作

梁启超曾在《清代学术概论》中对"时代思潮"作过形象的描述："今之恒言，曰'时代思潮'。此其语最妙于形容。凡文化发展之国，其国民于一时期中，因环境之变迁，与夫心理之感召，不期而思想之进路，同趋于一方向，于是相与呼应汹涌如潮然。始焉其势甚微，几莫之觉；浸假而涨——涨——涨，而达于满度……凡'思'非皆能成'潮'；能成潮者，则其思必有相当之价值，而又适合于其时代之要求者也。凡'时代'非皆有'思潮'，有思潮之时代，必文化昂进之时代也。其在我国，自秦以后，确能成为时代思潮者，则汉之经学，隋唐之佛学，宋及明之理学，清之考证学，四者而已。"②"第二个结合"，即马克思主义基本原理与中华优秀传统文化相结合，是一次新的思想解放，业已构成强大的"时代

---

*　项目基金：教育部人文社会科学重点研究基地山东大学文艺美学中心课题"网络文艺批评理论创新问题研究"（批准号：22JJD750030）。
①　作者简介：孙书文，山东师范大学文学院教授，博士生导师，主要从事文艺基础理论与马克思主义文艺理论研究。
②　梁启超：《清代学术概论》，朱维铮导读，上海古籍出版社1998年版，第1页。

思潮"。

　　新的思潮提供新的视角,为解决问题提供了新的思路。2023年,中国青年报社社会调查中心联合问卷网(wenjuan.com)发布的一项有1 333名青年参与的调查显示,53.3%的受访青年感觉近几年自己的语言文字表达能力下降,过半受访青年认为阅读量少和依赖网络语言及表情包是"词穷"的主要原因。在"第二个结合"指导下,分析优秀诗词作品达至"母语境界"的原因与动力,关注当代诗词创作,深入研究"母语素养"的提升,可为解决"词穷"的问题提供有益借鉴。

一

　　法国学者克洛德·海勃热在《语言人:论语言学对人文科学的贡献》一书提出"语言人"的概念,突出了语言在"人之为人"这一问题域中的独特重要位置;这与恩斯特·卡西尔的《人论》把"语言"作为具有强烈彰显度的人类符号有着异曲同工之处。黑格尔从哲学层面上强调了语言重要性:"在语言的运用中,人是在从事生产的:语言乃是人们给予自己的最初的一种外在性;它是生产的最初的、最简单的形式,生存的最初最简单的形式,这种形式是他在意识中所达到的:人所想象的东西,他也在心中想象成为已用语言说出了的。如果一个人用外国语来表达或意想那与他最高的兴趣有关的东西,那末这个最初的形式就会是一个破碎的生疏的形式。……这种用自己的语言说话和思维的权利,同样是一种自由的形式。这是无限重要的。"①"只有当一个民族用自己的语言掌握了一门科学的时候,我们才能说这门科学属于这个民族了;这一点,对于哲学来说最有必要。因为思想恰恰具有这样一个环节,即应当属于自我意识,也就是说,应当是自己固有的东西;思想应当用自己的语言表达出来"②。进入信息时代,语言日益成为最重要的劳动工具,哲学意义上的"语言人"的特质更加突出。"语言—文字是人类学本体的劳动的功能性特质。手握工具的劳动行为所涵摄的人对自然物的生产力、人与他人的生产关系,以及人与自我的主体意识,均不是无意识的本能行为,而是以语文意义定向并对劳作建构化的自觉行为。词语缺失处,无物可存在。当代人工智能同样包含着机器语文符号原理机制。随着技术进步,特别是进入知识经济与信息时代,语言成为最重要的劳动工具,'以言行事'的语用成为最重要的劳动形态之一,因而可称之为'语用劳作'"③。推进中国式现代化,建设中华民族现代文明,讲好中国故事,实现民族伟大复兴,都亟需

---

① [德]黑格尔:《哲学史讲演录》第三卷,贺麟、王太庆译,商务印书馆1983年版,第379页。
② 同上,第187页。
③ 尤西林:《大学语文的母语修养机制》,《中国高校社会科学》2022年第6期。

提升母语素养。

"母语"带有强烈的形象性和象征性。母语的形成奠基于特定的自然环境、特定发展历程及其他自然、社会历史因素。"母语"是一种带有理想性的状态。就一种语言系统来说,是在持续地完善的状态,每一个历史时段都是"在路上";对于语言使用的个体而言,"母语境界"是永无止境、处于不断趋近的过程。这正如哲学家莱布尼兹对人如何获取知识的论述:他不同意柏拉图所说的知识源于回忆的"回忆说",也不赞同贝克所主张的人脑是一块白板、全赖后天"刻画"的"白板说";而是一块"有纹路的大理石",先天的禀赋与后天的学习同等重要,没有先天禀赋,没有"纹路",付出再多的后天努力(学习)也会无功而返,相反,若有"纹路",但这块石头不经过后天的"琢磨",会停留在"璞玉"的状态,无法呈现出动人的"纹路"成为一块玉。母语素养的提升,也是先天禀赋与后天努力共同作用的结果。

在一定意义上讲,"母语"是一种境界。何为"母语",或者说言说者个体达到"母语境界"有什么样的标识,是值得研究的问题。宗白华在《中国艺术意境之诞生》中提到,艺术有从"直观感相的模写"、"活跃生命的传达"、到"最高灵境的启示"三个层次。他举了蔡小石在《拜石山房词》序里的例子:"夫意以曲而善托,调以杳而弥深。始读之则万萼春深,百色妖露,积雪缟地,余霞绮天,一境也(这是直观感相的渲染)。再读之则烟涛颃洞,霜飙飞摇,骏马下坂,泳鳞出水,又一境也(这是活跃生命的传达)。卒读之而皎皎明月,仙仙白云,鸿雁高翔,坠叶如雨,不知其何以冲然而澹,翛然而远也(这是最高灵境的启示)。"[①]这一艺术的三层次理论,可作为"母语"境界的参照,即由传达信息、表达感情到讲出说不出的意味,才能称之为"母语"。也正是在这个意义上讲,母语不可译。

二

唐代"诗豪"刘禹锡在《视刀环歌》中感叹:"常恨言语浅,不如人意深。"语言表达是个"难题",提升"母语"素养,方能解决当前"词穷"的问题。

如何提升母语素养?孔子曾讲:"不学诗,无以言。"当代诗词创作,蓬勃发展。2019年11月,中华诗词学会顾问马凯在一次座谈会中谈道:全国百分之百的省(区、市)、百分之九十以上的地市、百分之六十的县都建立了诗词学会;每年创作的诗词数以十万计。2006年,郑欣淼在接受《中国文化报》采访时提到,每年参加诗词活动的不下一百万人。全国公开与内部发行的诗词刊物,有近六百种。中华诗词学会编辑的《中华诗词》杂

---

① 宗白华:《宗白华散文》,人民文学出版社2022年版,第190页。

志,发行量已达到二万五千册,居全国所有诗歌报刊的首位。自五四以来,白话诗(新诗)一度成为现当代语境下"诗"的代名词,但从目前已有的材料看,古体诗词的创作规模可观。鲁迅在1934年致窦隐夫的信中就曾说过:"诗歌虽有眼看的和嘴唱的两种,也究以后一种为好,可惜中国的新诗大概是前一种。没有节调,没有韵,它唱不来;唱不来,就记不住;记不住,就不能在人们的脑子里将旧诗挤出,占了它的地位。"①应该说,鲁迅所提到的问题,至今依然不同程度地存在着。近些年来,古体诗词入现当代文学史的呼声日渐强烈,已有研究者做了这方面的尝试,甚至有的研究者认为,现当代文学史缺少古体诗,是不完整的;当代古体诗词本就应隶属于现当代文学史,这是个不是问题的问题。这都凸显了当代古体诗词创作发展的必要性。

诗词,是汉字以其特有的声、韵、调,构成特有的韵律美的集中体现。由汉《古诗十九首》为代表的"古诗",到近体诗的格律诗,到词,汉字的声、韵、调体现得愈加鲜明。著有《词史》、主张"词别是一家"的李清照,对此的强调达到了极致,并把创作与理论进行了几近于完美的结合。据考证,《声声慢·寻寻觅觅》一词是李清照64岁时所作,是其成熟时期的作品。宋朝的罗大经在《鹤林玉露》中曾讲,"以一妇人乃能创意出奇,如此实属不易"②。夏承焘在《唐宋词字声之演变》中讲:"易安词确有用双声甚多者,如《声声慢》一首,用舌声共十六字:难、淡、敌他、地、堆、独、得、桐、到、点点滴滴、第、得;用齿声多至四十一字,有连续至九字者:寻寻、清清、凄凄惨惨戚戚、乍、时、最、息、三、盏、酒、怎、正伤心、是时、识、积、憔悴损、如、谁、守、窗、自、怎生、细、这次、怎、愁字。全词九十七字,而此两凡五十七字,占半数以上。当是有意啮齿丁宁之口吻,写其郁伊惝恍之情怀。宋词双声之例,此为仅见矣。"③此词所押的韵,觅、戚、息、急、识、积、摘、黑、滴、得都属入声字,在第十部,短截有力,开口小,声音微弱,是情不得申、言不得说的哽咽之语。此词的每一个字都是严守平仄,"更为奇绝的地方在于,用了五十九个仄声字,其中有十九个是入生字……入声短极快捷,如音乐中的休止符,蕴蓄的情感较为强烈有力,恰好体现了本次哽咽悲抑的情感基调与内心的悲抑不平"④。这一作品多用了双唇音、唇齿音、舌尖音,前者是通过气流爆发,中者是通过唇齿的缝隙摩擦而出,后者是通过先塞后擦、气流爆破而出,这几种发音方式都迂回凝滞,声音本身即带有哽咽、悲泣、压抑的情绪。梁启超对此词不吝赞叹:"写从早至晚一天的实感。那种茕独栖皇的景况,非本人不能领略,所以一字一泪,都是咬着牙根咽下。"⑤后人迷恋于李清照连续又叠字的奇妙表达效果,有

---

① 鲁迅:《书信全编》(中),陈漱渝、王锡荣、肖振鸣编,广东人民出版社2019年版,第449页。
② [宋]罗大经:《鹤林玉露》乙编卷六,王瑞来点校,中华书局1983年版,第226页。
③ 夏承焘、王易等:《宋词二十讲》,华夏出版社2009年版,第170页。
④ 刘淑丽:《别是一家:唐宋词十八家细读》,广州出版社2023年版,第443页。
⑤ 梁启超:《中国韵文里头所表现的情感》,《饮冰室文集》之三十七,中华书局2015年版,第97页。

不少学习"致敬"之作。优秀者如清代女词人贺双卿的《凤凰台上忆吹箫》："寸寸微云,丝丝残照,有无明灭难消。正断魂魂断,闪闪摇摇,望望山山水水,人去去,隐隐迢迢。从今后,酸酸楚楚,只似今宵。"(上阕)自然亦有画虎不像反类犬之作,如元朝的乔吉作了一首《天净沙·即事》,28字全用叠字:"莺莺燕燕春春,花花柳柳真真。事事风风韵韵。娇娇嫩嫩,停停当当人人。"境界不高,勉强拼凑。即便如李清照这一作品,后世也有指责者,饶宗颐《词集考》卷三中有:"其《声声慢》连用十四叠字,人咸服其奇隽。然一首中三用'怎'字,不免重沓。故《词鹄》讥为终成白璧微瑕。"由此也可看出,一篇把文字安排"熨帖"的作品,实属不易。

文学,是语言的艺术;但把语言运用得"艺术"格外不易,于是才有《诗大序》所云:"言之不足,故嗟叹之,嗟叹之不足,故咏歌之,咏歌之不足,不知手之舞之,足之蹈之也。"文学创作,一定意义上讲,就是寻找"自己的句子"的过程,诚如作家陈忠实所言:"这个'句子'不是通常意义上所说的文章里的某一句话,而是作家对历史和现实事象的独特体验,这个'句子'自然也包括作家的艺术体验,以一种独特的最适宜表述那种生命体验的语言完成叙述。作家倾其一生的创作探索,其实说白了,就是海明威这句话所作的准确又形象化的概括——'寻找属于自己的句子',那个'句子'只能'属于自己',寻找到了,作家的独立的个性就彰显出来了,作品独立风格也就呈现出来了。因为对于世界理解、艺术追求的差异,每个作家都有自己的艺术景观和风貌,也便都有自己的句子。"①从格律诗来看,声音、形象、意蕴的完美的结合,方是"母语境界"。《声声慢》所表达的绝非一时一地的情绪,也非有具体诱因,而是词人在生命的老年,曾经拥有的一切都已经失去之后的一种无望的孤独的倾诉。而本词所选的词调、韵脚、入声字、几乎三分之二的仄声字,唇齿音、舌尖音及其塞擦的迂阻不畅的发音方式等都与词人所要表达的情感达到了完美的统一。这些因素共同促成了这首千古名作的诞生,这是词人生命最后阶段的代表作,某种程度上,亦可看作是代表词人艺术最高成就的作品。"②江弱水在《诗的八堂课》一书中曾提到,一名香港同学用近古的粤语读王维《观猎》,"风劲角弓鸣,将军猎渭城","fung1 ging6 gok3 gung1 ming4, zoeng1 gwan1 lip6 wai6 seng4"。他以为有震慑的力量:"十个字中,四个字是g声母打头的舌根音,七个字是ng韵母收尾的舌根浊鼻音,这一连串重浊的声音沉雄有力,真能让人听到那强劲的风声,和那引满而发的弓声。在现代汉语普通话里你根本听不到这样的效果。我当即就想,王维这首诗假如用中央人民广播电台的标准音念出来,是打不到什么猎物的。"③这一规律在其他语言中也是如

---

① 陈忠实:《寻找属于自己的句子》,上海文艺出版社2009年版,第177页。
② 刘淑丽:《别是一家:唐宋词十八家细读》,广州出版社2023年版,第444页。
③ 江弱水:《诗的八堂课》,商务印书馆2017年版,第54—55页。

此。莎士比亚写最后进入恍惚阶段的麦克白:"Tomorrow, and tomorrow, and tomorrow."(明天,又一个明天,又一个明天),写绝了绝望中的呆滞。再如,吴世昌在《诗与语音》(1933 年 10 月《文学季刊》创刊号)一文中讲自己读司各特叙事诗的经历,写两个威武的使臣屹立在石阶上,stood on the steps of stone。他一读之下,非常震撼:stood, steps, stone,三个词都用轻轻的摩擦音 s 起,然后接以重实的爆破音 t,厚重坚实笃定,把使臣的威仪写出来了。这也即是现代诗论家顾随所讲:好诗,非因好而好,而是一读便好。

三

优秀的文学作品彰显"母语境界",对于作家而言,达到此境界是一种高峰体验,加西亚·马尔克斯说此时方能体会到"写作是人生最美好的事情"。他在《番石榴飘香》中说:"'灵感'这个词已经给浪漫主义作家搞得声名狼藉。我认为,灵感既不是一种才能,也不是一种天赋,而是作家坚忍不拔的精神和精湛的技巧同他们所要表达的主题达成的一种和解。当一个人想写点儿东西的时候,这个人和要表达的主题之间就会产生一种相互制约的紧张关系,因为写作的人要设法探究主题,而主题则力图设置种种障碍。有时候,所有障碍会一扫而光,所有矛盾会迎刃而解,会发生一些过去梦想不到的事情。这时候,你会感到,写作是人生最美好的事情。这就是我所认为的灵感。"①作家们在努力寻找达到此境的路径。中国古代诗人讲"两句三年得,一吟双泪流"(贾岛),"吟安一个字,捻断数茎须"(卢延让)。当代作家们不断进行着语言的实验,如诗人张枣在《秋天的戏剧》一诗中所写:"我潜心做着语言的试验/一遍又一遍地,我默念着誓言/我让冲突发生在体内的节奏中/睫毛与嘴角最小的蠕动,可以代替/从前的利剑和一次钟情,主角在一个地方/可能一步不挪,或者偶尔出没/我便赋予其真实的声响和空气的震动。"

如何获得这种能力、收获此类"美好"?中国传统文论与西方其他理论一样,都没有解决如何获得这种能力的问题,马克思主义的"实践"理论提供了答案。中国传统文论中的创作论主张"修辞立其诚",在这种观念看来能达至"母语境界"的优秀的作品均缘于"诚"。《中庸》对"诚"作了深刻论述:"诚者,自成也;而道,自道也。诚者,物之终始,不诚无物。是故君子诚之为贵。诚者,非自成己而已也,所以成物也。成己,仁也;成物,知也。性之德也,合外内之道也,故时措之宜也。"诚,是天地自然之力,没有"诚"就没有世界上的万事万物。所以,君子把"诚"看作是一种高贵的品德,"成己""成物",这一思想是

---

① 宋兆霖选编:《诺贝尔文学奖获奖作家访谈录》,浙江文艺出版社 2005 年版,第 217—218 页。

非常深刻的,讲出了优秀的文学作品形成的内在理路。别林斯基曾言:"哲学家用三段论法,诗人则用形象和图画说话,然而他们说的都是同件事。……一个是证明,另一个是显示,但他们都是说服,所不同的只是一个用逻辑结论,另一个用图画而已。"①由此,艺术家用"诚"来体验这个世界,"显示"世界"诚"的运转。马克思主义经典作家也强调"诚",如恩格斯给哈克奈斯的信:"您的小说,除了它的现实主义的真实性以外,给我的印象最深的是它表现了真正艺术家的勇气。"②这种勇气主要还表现在她叙述故事时使用了"简单朴素、不加修饰的手法"。中国传统文论中的"修辞立其诚"讲出了优秀作品如何形成的,但何以能"诚"?解释都归属有天人相应的元素。西方的某些理论与此相似,如荣格把这种神秘的能力归结到"原型"。在原型的控制下,创作是非自主性和非个人性的,是超人的力量、"更高的律令",艺术家的"手被捉住了,他的笔写的是他惊奇地沉浸于其中的事情;……他只能服从他自己这种显然异己的冲动,任凭它把他引向哪里"。作品好像不是作家创作的,而是"完全打扮好了才来到这个世界,就像雅典娜从宙斯的脑袋中跳出来那样"。"不是歌德创造了《浮士德》,而是《浮士德》创造了歌德"③。这都带有强烈的神秘性。

  马克思曾说:"全部社会生活在本质上实践的。凡是把理论导致神秘主义的神秘东西,都能在人的实践中以及对这个实践的理解中得到合理的解决。"④作家如何创造出神奇的作品?从马克思主义理论来看,答案在"实践"。中国传统文论所讲的"诚",带有直观的色彩。马克思的感性论并不排斥"直观",这种"直观"是一种探究现实的能力。马克思强调基于外部感知的"感性"的社会历史性,批判各种抽象的"感性论",认为"对象如何对他来说成为他的对象,这取决于对象的性质以及与之相适应的本质力量的性质"⑤,人的感觉器官以及相应的外部感知的能力不是给定的,而是伴随着人的自我生成的现实过程。"五官感觉的形成是迄今为止全部世界历史的产物"。作家对世界的体验,源自作家包括生活实践、艺术实践等各个方面的实践。马克思主义理论立基于唯物主义观念之上,给予这一问题以动力性的回答。优秀的格律诗是汉语"母语境界"的一种体现,格律"是一种由对天道或宇宙的整体领悟、对生理与心理的内在体验以及对语言符号的外在把握综合形成的审美习惯自然选择的结果"⑥。依马克思主义观点来看,格律诗中的这三个因素,都由"实践"而来。中国马克思主义文艺理论家胡风,便曾把文学创作的

---

① [苏]别林斯基:《别林斯基第二集》第二卷,满涛译,时代出版社1953年版,第429页。
② 《马克思恩格斯文集》第十卷,人民出版社2009年版,第570页。
③ [瑞士]荣格:《心理学与文学》,冯川、苏克译,译林出版社2014年版,第76页。
④ 《马克思恩格斯选集》第一卷,人民出版社2012年版,第135—136页。
⑤ 《马克思恩格斯文集》第一卷,人民出版社2009年版,第191页。
⑥ 葛兆光:《汉字的魔方:中国古典诗歌语言学札记》(第二版),复旦大学出版社2024年版,第112页。

过程比作作家与生活的"相生相克"的"肉博",把"实践"的意味讲得更加具有文学意味。

由此来论,当代诗词创作中许多问题也可得解决,如在用韵的问题上,有"平水韵""新声韵""中华通韵"(十六韵)"中华新韵"(十四韵)之争。从母语角度讲的声音、形象、意韵的完美结合这一角度来看,运用"中华新韵"更为合适,语言不断发展,用韵也应不断发展,这就把语言的语用功能充分发挥出来,也即是向母语境界进发。

母语是社会个体精神成长的根基,构成了国家文化的重要基础,在中华民族伟大复兴目标下,母语素养的提升显得格外重要。母语素养的提升,是个体的"语言人"终生的习作。研习声音、形象、意蕴完美结合的经典作品进行诗词创作,是提升母语素养的有效途径。当前业已产生了许多精彩的作品,如当代齐鲁诗人张栋的诗句"围炉煮酒沧桑忆,雪自童年下过来"(《老同学冬日域外归来相聚》),"童年多少调皮事,犹在老槐枝上摇"(《过村口老槐树》);如当代山东才女甄秀荣的诗句"夕阳一点如红豆,已把相思写满天"(《送别》),用新语写当代场景,诗意盎然,不失为"求正容变"的上乘之作。在关注当代诗词创作的大好环境下,这种坚持与探索显得尤为重要。

Improvement of Chinese Native Language Literacy and Contemporary Poetry Creation from the Perspective of "Second Integration"

Sun Shuwen

(School of Chinese Language and Literature, Shandong Normal University,
Jinan, Shandong 250014, China)

Abstract: The "second integration", which combines the basic principles of Marxism with excellent traditional Chinese culture, is a new thought liberation and has already formed a powerful "trend of the times", providing a new path for solving current literary and artistic problems. Excellent poetry works are a perfect combination of sound, image, and meaning, reflecting the unique sound, rhyme, and tone of Chinese characters, are a concentrated manifestation of the "native language stage" of Chinese language. The proposition of "rhetoric establishes sincerity" in traditional Chinese literary theory clarifies the creative path of excellent works that can reflect this stage, but fails to solve the problem of its dynamism, however Marx's theory of "practice" provides the answer. Within the perspective of the "second integration", paying attention to contemporary Chinese poetry creation will lead to many new achievements, the use of "Chinese new rhyme" will be more reasonable, and language will continue to develop, the goal is to fully utilize the pragmatic function of language, that is, to move towards the "native language stage".

Keywords: "Second integration"; native language literacy; contemporary poetry creation

"美刺"传统与马克思主义文艺伦理学践行路径

胡　海　林诗琪①

摘　要："美刺"是中国古代诗文发挥社会功用的两种主要方式，"美"即歌颂，通过歌颂功绩、美德及其他美好事物，正向鼓舞、激励人们；"刺"即讽刺，是通过揭示、暴露不当、不良言行，乃至恶行暴行，来劝谏上层统治者和大众止暴息恶、改过从善。歌颂与暴露，浪漫主义情怀和现实主义精神作为马克思主义文艺伦理学发挥实践作用的基本路径，与美刺传统一脉相承，马克思主义与中华优秀传统文化具有相契合的方面，此可以互释和互相激发。

关键词：美刺；文艺伦理学；歌颂与暴露；现实主义精神；传统文化

"文艺伦理学"作为一个学科，曾耀农曾主编出版了《文艺伦理学》，后又发表专文概述该学科的特征，认为它是文艺学与伦理学相结合的新兴学科，主要研究对象是文艺与道德的关系问题；应以马克思主义美学观点与历史观点相结合的批评方法为指导，吸收其他进步的或有益的方法②。乔山《文艺伦理学初探》指出，文艺作品中的审美关系与道德关系是相互渗透、相辅相成的，作为道德驱动力的优秀文艺作品能推动社会道德的建设、促进社会道德风气优化和人的伦理道德素质的提高，同时也要辩证吸纳继承中国古代文以载道传统中包含的道德功利主义原则③。

曹连观立足西方文论与美学梳理了文艺伦理思想的不同取向与发展轨迹，即鲍姆加通创立美学是文艺伦理学建构的基础，康德美学确立了文艺独立性，黑格尔描述了伦

---

* 项目基金：河北大学研究生教育教学改革研究项目"基于问题导向和目标导向的中国文论史教学改革"（批准号：YJGYB2301）；教育部、国家语委"中华思想文化术语传播工程"成果。
① **作者简介**：胡海，文艺学博士，河北大学文学院教授，主要从事古代文艺学研究；林诗琪，河北大学文学院2023级文艺学研究生，主要从事文艺伦理理论研究。
② 见曾耀农：《文艺伦理学》，百花洲文艺出版社1992年版，第12页；见《文艺伦理学学科特征》，《新疆教育学院学报》1998年第3期；又见《文艺伦理学论纲》，《黄山学刊》1998年第3期，内容基本相同。
③ 参见乔山：《文艺伦理学初探》，高等教育出版社1997年版，第11页。

理道德审美化的现象,尼采反拨了理性主义文艺伦理思想。他关注了文艺批评可能用道德苛责文艺和文艺创作可能摆脱道德束缚的难题①。聂珍钊则将"文学伦理学"作为一种批评方法来研究②,他认为"文学伦理学批评"是从伦理视角认识文学的伦理本质和教诲功能、分析和阐释作品,从起源上把文学视作道德的产物及特定历史阶段人类社会的伦理表达形式,从本质上将文学看作关于伦理的艺术,并指出文学伦理主要指文学作品中虚构的人与人之间以及社会中存在的伦理关系及道德秩序。文学的任务就是描写人与人、人与社会以及人与自然之间形成的被接受和认可的伦理关系,以及在这种关系的基础上形成的道德秩序和维系这种秩序的各种规范,这种伦理关系和道德秩序的变化及其引发的各种问题和导致的不同结果,为人类文明进步提供经验和教诲③。

  费小平指出,马克思主义伦理学是文学伦理学批评的基础,文学伦理学批评以辩证唯物主义和历史唯物主义为指导,聚焦马克思主义伦理学的研究对象,切实履行马克思主义伦理学的任务、目标,以高度的政治站位和强烈的责任担当,最大限度地挖掘中外文学中的伦理(道德)资源,弘扬主旋律,特别弘扬那些在中国已经成为道德象征的艺术形象所传达出来的英雄主义精神④。高旭东、陈睿琦指出,立足于文学的伦理道德价值,探讨文学的伦理特征与道德内涵的文学伦理学批评,其渊源要追溯到中国文化传统之中⑤。中国文化蕴含的伦理精神滋养着文学伦理学批评,可以从广度与深度上拓展这一理论方法,进而以文化自信的姿态构建既有普遍意义又具有中国特色的文学伦理学批评的理论话语。文学伦理学和文艺伦理学批评研究更多注重理论建构,较少关注践行路径与方法问题。李占伟新近探讨文学伦理学建构的问题,认为文学伦理学学科体系基本由学科特性、研究内容、研究形态、基本概念、研究方法构成⑥。在倡导马克思主义中国化的当下,"马克思主义文艺伦理学"更强调与文学、文艺理论、文化发展的时代要求相结合,强调马克思主义与优秀传统文化相结合,故本文一方面讨论文艺伦理学践行路径问题,一方面在这一具体问题领域呈现马克思主义与中华优秀传统文化本身的契合性,从而呈现马克思主义文艺伦理学注重历史站位和社会使命的特色。

---

① 参见曹连观:《文艺伦理学的发展逻辑和学科生成》,《南京工业大学学报》(社会科学版)2003年第4期。
② 参见聂珍钊:《文学伦理学批评:文学批评方法新探索》,《外国文学研究》2004年第5期;《关于文学伦理学批评》,《外国文学研究》2005年第1期。王宁:《文学的环境伦理学:生态批评的意义》,乔国强:《"文学伦理学批评"之管见》,邹建军:《文学伦理学批评的三维指向》等,都将文学伦理学作为批评方法(三文皆刊于《外国文学研究》2005年第1期)。
③ 聂珍钊:《文学伦理学批评导论》,北京大学出版社2014年版,第13页。
④ 参见费小平:《文学伦理学批评的马克思主义伦理学基础》,《外国文学研究》2018年第6期。
⑤ 参见高旭东、陈睿琦:《从古典到现代:文学伦理学的中国资源》,《华中师范大学学报》(人文社会科学版)2022年第4期。
⑥ 参见李占伟:《"文学伦理学"建构刍论》,《学习与探索》2019年第9期。

一 "美刺"说缘起及其理论内涵

郑玄在《诗谱序》提出了"美刺"说,"论功颂德,所以将顺其美;则刺过讥失,所以匡救其恶。"①"美"即歌颂、褒扬帝王的功绩,"刺"是居下位者以委婉方式对居上位者进行劝谏、讽刺。郑玄"美刺"说主要强调发挥诗歌的政教作用,突出了诗歌"歌颂"和"批判"的社会功能。他在注《周礼》"六诗"时贯彻了同样的意图:"赋之言铺,直铺陈今之政教善恶。比,见今之失,不敢斥言,取比类以言之。兴,见今之美,嫌于媚谀,取善事以喻劝之。"②在郑玄看来,"比"和"兴"是实现委婉"美刺"主旨的两种方式。程廷祚《青溪集·诗论十三·再论刺诗》说:"汉儒言诗,不过美刺两端。"③汉儒从美刺两端解释《诗经》,围绕着教化民众、儒家正统的目标,美刺也就成为解释文学经典的主要方向和文学创作的重要价值尺度。

《毛诗故训传》及郑玄笺中,"美"字出现 298 次,"刺"字出现 205 字,"颂""歌""怨""谏"等相关字眼也多次出现。《毛诗序》继承儒家诗教传统,认为教化的核心在于美颂刺讽,论诗非讽即颂,"(诗者)故正得失,动天地,感鬼神,莫近于诗。先王以是经夫妇,成孝敬,厚人伦,美教化,移风俗。"又说"上以风化下、下以风刺上。主文而谲谏,言之者无罪,闻之者足以戒,故曰风。"④诗歌的作用在于统治者通过诗歌感化人民,人民也能通过诗歌讽谏执政者,从而利于执政者更好地吸纳民意,强调了《诗经》的自上而下的美刺教化作用,从社会教化的角度来阐释《诗经》。

汉儒在儒家诗教传统的基础上对"美刺"的大力阐释和发扬,对当时文学创作影响巨大,《汉书·艺文志》说:"古有采诗之官,王者所以观风俗,知得失,自考正也。""自孝武立乐府而采歌谣,于是有代、赵之讴,秦、楚之风;皆感于哀乐,缘事而发;亦可以观风俗、知薄厚云"⑤。汉乐府采诗观风,一方面表现为采诗之乐官通过歌诗使君王了解民俗风土,另一方面则表现为乐官通过这些歌诗使君王知道执政得失,提供借鉴,以达到"知得失,自考正"的目的。汉赋的创作受到儒家诗教传统和"比兴美刺"说的影响,围绕着"直铺陈今之政教善恶"的目标,继承《诗经》"颂"的传统,大量铺叙皇帝宫苑之华丽、田猎之盛大等场景,如司马相如《上林赋》《子虚赋》、扬雄《甘泉赋》《河东赋》《羽猎赋》、班固的

---

① (汉)毛公传、(汉)郑玄笺、(唐)孔颖达等正义:《〈十三经注疏〉之三黄侃经文句读〈毛诗正义〉(附校勘记)》,上海古籍出版社 1990 年版,第 3 页。
② 李学勤主编:《十三经注疏(周礼注疏)》,北京大学出版社 1997 年版,第 610 页。
③ (清)程廷祚撰、宋效永校点:《青溪集》,黄山书社 2004 年版,第 38 页。
④ 《十三经注疏》整理委员会:《毛诗正义(十三经注疏)》,北京大学出版社 2000 年版,第 15 页。
⑤ (汉)班固:《汉书》,上海古籍出版社 2003 年版,第 1179 页、第 1211 页。

《两都赋》等，皆描写了王朝大一统的盛况。班固《两都赋序》："或曰：'赋者，古诗之流也。'昔成、康没而颂声寝，王泽竭而诗不作……或以抒下情而通讽谕，或以宣上德而尽忠孝。雍容揄扬，著于后嗣，抑亦雅颂之亚也。"①在班固眼里，汉赋可以"宣上德而尽忠孝"，"抒下情而通讽谕"。司马迁在《史记·司马相如列传》里说："《大雅》言王公大人而德逮黎庶，《小雅》讥小人之得失，其流及上。所以言虽外殊，其合德一也。相如虽多虚词滥说，然其要归引之节俭，此与《诗》之风谏何异。"②《汉书·王褒传》载汉宣帝言："辞赋大者与古诗同义，小者辩丽可喜，譬如女工有绮縠，音乐有郑卫，今世俗犹皆以此娱悦耳目，辞赋比之，尚有有仁义风谕、鸟兽草木多闻之观，贤于倡优博弈远矣。"③一方面强调辞赋的讽喻作用，另一方面也肯定其辩丽的审美作用。当然，由于辞赋家注重遵循"温柔敦厚"的诗教传统，以颂美为主，没有过于激烈直接的"刺"，故而作品呈现"劝百讽一"的特点。

《文心雕龙·颂赞》："颂者，容也。所以美盛德而述形容也。……晋舆之称原田，鲁民之刺裘鞸，直言不咏，短辞以讽，丘明、子顺，并谓为诵，斯则野诵之变体，浸被乎人事矣。及三闾《橘颂》，情采芬芳，比类寓意，又覃及细物矣。"④屈原在继承《诗经》传统的基础上独树骚体特色，多姿多彩的物象传递着诗人的种种意绪，也激发了他的无限情思。颂美不限于美德善政，大好河山的一切细微事物都是歌咏对象。这里的"细物"，是相对于伟大人物与事迹而言，不仅是指鸟兽草木这些细小事物，也是指普通人的种种无关大义的思想感情。颂美由指向德行，转化为以美好事物来寄托美好情意，着落于内容感人而文采夺目的书写。由《文心雕龙》推崇颂体，拓展颂美对象范围，可以认识到，一切人、事、物、景都可以成为表现对象，一切书写都可能包含颂美劝谏意味，故而笔触几乎无所不及。美刺固然是以政教为中心，但并不制约文学对多方面价值和意义的追求，消解了审美与颂德的冲突。

《文心雕龙》从美刺角度论诸文体，如《铭箴》篇指出，铭文、箴文褒扬美德而突出教化意义，前者记功颂德，后者警示劝诫，二者都承续美刺传统。又如《谐隐》篇，肯定谐辞隐语的主流是有趣、有益、有用的通俗文艺，但从内容到表达方式都不合雅正标准，故其末流是迎合人们低俗趣味的游戏文字；主张谐隐结合，寓教于乐，让讽谏教化主旨及各种思想道理借助人们喜闻乐见的通俗方式广泛传播。铭文、箴文、谐辞、隐语都不属于诗

---

① [梁]萧统辑、[唐]李善注：《文选》卷一，清嘉庆重刻本，第180页。
② （西汉）司马迁撰、（宋）裴骃集解、（唐）司马贞索隐、（唐）张守节正义：《史记卷一百一十七·司马相如列传第五十七》，百衲本，第46—47页。
③ [东汉]班固撰、[唐]颜师古注：《汉书·严朱吾丘主父徐严终王贾传第三十四下》，卷六十四下，清乾隆四年刻本，第4312页。
④ 詹锳：《文心雕龙义证》（上），河北教育出版社2016年版，第235页、第240页、第241页。

歌,但在《文心雕龙》中,美刺已经由特定的诗教命题拓展为一般的文学价值功用论。

二 美刺两端传扬批判现实主义精神

唐代的"美刺"理论进一步发展,以"美刺"为诗旨的文学创作也十分丰富。杜甫的诗歌创作自觉继承了儒家的"美刺"诗教传统,他在《奉赠韦左丞丈二十二韵》中提出了"致君尧舜上,再使风俗淳"①的政治理想,"三吏三别"则深刻揭露了兵连祸结中普通百姓的不幸和痛苦,控诉了战争给百姓带来的流离失所和家庭破碎。其诗歌创作以强烈的现实主义精神,描绘了当时的政治斗争下的战争,关注了广大劳动群众的不幸和苦难,并在诗歌中流露出了强烈的情感色彩,既是对儒家"美刺"传统的继承,又突破了委婉含蓄、不动声色地讽刺说教的"温柔敦厚"原则。韩愈继承了孔子"诗可以怨"和司马迁"发愤著书"的观念,在《送孟东野序》中说"大凡物不得其平则鸣"②,认为文学作品是诗人在遭遇不公后抒发内心的愤懑和忧怨的寄托。又如新乐府运动,以张籍、王建为先声,以元稹、白居易为主力,继承诗经以来的比兴和汉儒的美刺传统,主张发挥诗歌"裨时补阙"的作用。张籍、王建以"俗言俗事"入诗,诗风平淡尚实,寄寓着对世风民俗的关注,符合儒家"美刺"的诗教传统。白居易提出"文章合为时而著,歌诗合为事而作",主张即事为诗,以歌诗讽喻时事。其《与元九书》中说:"洎周衰秦兴,采诗官废,上不以诗补察时政,下不以歌泄导人情。用至于谄成之风动,救失之道缺。"③认为作诗应发扬《诗经》美刺传统,强调了诗"补察时政""泄导人情"的社会功用。其《读张籍古乐府》道:"读君学仙诗,可讽放佚君。读君董公诗,可诲贪暴臣。读君商女诗,可感悍妇仁。读君勤齐诗,可劝薄夫敦。上可裨教化,舒之济万民。下可理情性,卷之善一身。"④认为诗歌上可劝谏君主、教化民众,下可修身养性、提升境界。在这样的创作理念下,白居易创作了大量的讽喻诗,以达到"惟歌生民病,愿得天子知"的"美刺"功用。元稹在《乐府古题序》说,"况自《风》《雅》,至于乐流,莫非讽兴当时之事,以贻后代之人。沿袭古题,唱和重复,于文或有短长,于义咸为赘剩。尚不如寓意古题,刺美见事,犹有诗人引古以讽之义焉。"⑤元稹提倡以"刺美见事"的方式来创作诗歌,强调诗歌要反映社会现实,达到讽谏怨刺的目的。在《唐故工部员外郎杜君墓系铭并序》中说:"秦汉已还,采诗之官即废,天下俗谣民讴,歌颂讽赋,曲

---

① [唐]杜甫:《杜甫诗集》上卷,上海古籍出版社2021年版,第1页。
② [唐]韩愈、柳宗元:《中国古代十大文豪全集 韩愈 柳宗元全集》,中国文史出版社1999年版,第136页。
③ [唐]白居易:《白居易文集校注》第八卷,中华书局2011年版,第324页、第323页。
④ [唐]白居易:《白居易诗集校注》第一卷,中华书局2006年版,第8页。
⑤ [唐]元稹:《元稹集》,中华书局1982年版,第255页。

度嬉戏之词,亦随时间作。"①元稹要求诗歌创作要关心社会现实,实现"救济人病,裨补时缺"的社会功能。

就诗歌之外的文学体裁而言,唐传奇、宋话本、笔记等虽没有刻意强调美刺意义,不过其折射现实的特点及写实性的特点,都一定程度上歌颂和批判着现实。关于戏剧,钟嗣成《录鬼簿》显然是肯定了戏剧的社会意义。李渔在《闲情偶寄·凡例七则》中对戏曲的社会功能提出"四期"说,即期待戏曲能够点缀太平、歌颂功德;传达俭朴美德;归正风俗,暴露和抨击罪过、恶行;警戒人心,保持心正行端。李渔认为,"风俗之靡,犹于人心之坏,正俗必先正心",指出社会风俗败坏源自人心的堕落,要纠正社会风俗就要先端正人心,以戏曲这一大众通俗化的表现形式来表现劝诫之意,在潜移默化中端正人心,改善社会风气。"因愚夫愚妇识字知书者少,劝使为善,诫使勿恶,其道无由,故设此种文词,借优人说法,与大众齐听。谓善者如此收场,不善者如此结果,使人知所趋避,是药人寿世之方,救苦弭灾之具也。"②李渔将诗教传统延伸到戏曲这一通俗文体中来,让普通大众也能受到戏曲"劝善惩恶"的影响,以娱乐的方式来实现戏曲的教化功能。

晚清讽刺小说和谴责小说体现了"美刺"精神。鲁迅在《中国小说史略》指出:"(讽刺小说)若较胜之作,描写时亦刻深,讥刺之切,或逾锋刃,而《西游补》之外,每似集中于一人或一家,则又疑私怀怨毒,乃逞恶言,非于世事有不平,因抽毫而抨击矣。……其文又戚而能谐,婉而多讽:于是说部中乃始有足称讽刺之书。(《儒林外史》)""戊戌变政既不成,越二年即庚子岁而有义和团之变,群乃知政府不足与图治,顿有掊击之意矣。其在小说,则揭发伏藏,显其弊恶,而于时政,严加纠弹,或更扩充,并及风俗。虽命意在于匡世,似与讽刺小说同伦,而辞气浮露,笔无藏锋,甚且过甚其辞,以合时人嗜好,则其度量技术之相去亦远矣,故别谓之谴责小说。"③从鲁迅的论述来看,讽刺小说和谴责小说都以讥讽的方式揭露、抨击了世之弊恶,意在警醒世人、移风化俗、匡扶世道,前者"戚而能谐,婉而多讽",后者语言更加激切。讽刺小说《儒林外史》揭露了科举制度的腐朽和备受科举制度摧残的士子们不幸的命运,批判了科举制度的弊端和虚伪的礼教,代表着古典讽刺文学的最高峰,四大谴责小说继承了《儒林外史》的批判精神,《官场现形记》揭露了晚清封建社会官场的黑暗,《二十年目睹之怪现状》描写了晚清即将倾覆无法挽回的社会风貌,《老残游记》表达作者对社会、国家危亡的忧患意识,《孽海花》体现了作者反对封建专制,支持民族民主革命的爱国救亡的思想。晚清的讽刺小说和谴责小说都承袭了"美刺"精神,带有"怨刺""讽喻""劝谏"的特征。阿英在《略谈晚清小说》中说,"当时文艺观念的

---

① [唐]元稹:《元稹集》,中华书局1982年版,第600页。
② [清]李渔著,杜书瀛译注:《闲情偶寄》,中华书局1982年版,第40页。
③ 鲁迅:《中国小说史略》,上海古籍出版社2006年版,第142页、第187页。

改变,对小说认识的提高——战斗武器。他们怎样的战斗呢?也很明白地可以看出,主要的是抨击、讽刺、暴露,读者最欢迎的也是这一类。"①

维新派领袖梁启超看重小说的启蒙作用,在《论小说与群治的关系》中提出"熏浸刺提"说②,与美刺意旨内在相通:"熏"是制作陶器的方法,"浸"是染布的工艺,这两种特殊而高妙的方法可以制造出人们喜欢的、有价值的产品;由此看文学,凡是颂美的作品,都可以陶铸性情,涵养健康美好的情绪;"刺"是"刺激""激发","提"是提点、提醒,都有劝善抑恶的意味。由此实现了美刺传统的现代承接。

"美刺"两端在发展过程中突出了现实主义精神,尤其是通过批判现实而改造现实的实践要求。至于说赞美人物、讴歌事迹、吟咏自然风光、歌颂美好生活等,在创作中不胜枚举,理论上则难以超出美刺传统,总的来说,批判现实主义似乎更具有伦理价值。

三 革命战争年代的"歌颂与暴露"

中国古代"美刺"传统是在儒家立场下提出的,始终维护封建社会的道德伦理和封建君主的社会教化。清王朝覆灭后,一批仁人志士投身于国民革命,揭露社会的黑暗和腐败不堪,承袭着中国古代儒家"美刺"传统精神。例如鲁迅的作品以辛辣的笔尖深刻揭露了国民的愚昧性和礼教的虚伪性,暴露了清民之交社会动荡时期人们思想的落后和被压迫的不幸命运。其《破恶声论》批判了当时社会上的一些不良声音,即那些歪曲事实、混淆视听的言论,暴露了社会上的不正之风,并歌颂了那些坚持真理、不畏强权的人们。鲁迅的矛头直指国人不敢正视鲜血淋漓真相的劣根性,批判粉饰太平、一味歌颂赞美的歌舞升平之作,倡导文艺作品"必须敢于正视,这才可望敢想、敢说、敢作、敢当。"③

马克思主义文艺伦理学发源于外忧内患时代,包括对封建传统的反思与批判,鲁迅小说及杂文的歌颂与暴露,与美刺既有一脉相承的一面,也有大变革时代的特点。鲁迅倡导揭露是为了更好地歌颂光明,让文艺作品起到促使世人觉醒、肃清错误认知的作用。在《拿来主义》中,鲁迅批判了闭关主义和送去主义的错误文化倾向,歌颂赞美了文化自主的立场态度。鲁迅的歌颂与暴露观念还贯彻在其文学写作实践中。《药》以华老栓夫妇为儿子小栓买人血馒头治病的过程为主线,揭示了封建社会下层人民思想的麻木和愚昧状态;其中穿插着夏瑜被杀害的暗线,歌颂了革命者们英勇无畏的革命精神。许杰说:"鲁迅的《药》,是暴露黑暗,表现光明的,作者用两个对比的方法,一面写原始的

---

① 阿英:《阿英说小说》,上海古籍出版社2000年版,第91页。
② 参见梁启超:《论小说与群治的关系》,《梁启超全集》第二卷,北京出版社1999年版,第885页。
③ 鲁迅:《鲁迅全集》第一卷,人民文学出版社2005年版,第254—255页、第251页。

愚昧,吃人血的故事,一面却写出光明的牺牲的故事。"①《记念刘和珍君》揭露了段祺瑞政府在"三一八"惨案中对无辜青年学生的暴行和迫害,歌颂了以刘和珍为代表的青年学生的英勇无畏的牺牲精神。鲁迅在《我怎么做起小说来》中说:"我的取材,多采自病态社会的不幸的人们中,意思是在揭出病苦,引起疗救的注意。"②鲁迅在小说的社会功用上,和梁启超持有相同的态度,以"为人生"、"改良人生"旨归,希望发挥小说的社会教化作用,起到改造国民思想的效果。鲁迅的杂文和小说作品以歌颂和暴露并存的方式,揭露社会的病苦,唤醒人们的良知,引发人们深思,堪称文艺发挥教化功能的典范,也是现实主义精神的体现。

关于暴露,以蒋光慈和钱杏邨为首的太阳社对鲁迅发起了反对,蒋光慈在《关于革命文学》中说,"(如果)仅仅只反对旧的,而不能认识出新的出路,不能追随着革命的前进,或消极地抱着悲观态度,那么这个作家只是虚无主义的作家,他的作品只是虚无主义的,而不是革命的文学"③,旁敲侧击地指责鲁迅的作品是"非革命文学的势力"。钱杏邨在《死去了的阿Q时代》中指责鲁迅只知道暴露黑暗,提出了自己对于"写光明与写黑暗"创作的观点:

> 我们反对鲁迅,并不是反对他描写黑暗,这是自诩太高,精神过敏。我们始终不反对社会黑暗面的曝露。这里略论黑暗的曝露。我们态度是很显明的,我们认定健全的革命文艺是要能够代表这个时代的精神的。我们要曝露社会的黑暗,同时还要创造社会的未来的光明。文学作家不应该专走消极的路,如冬芬所说:"却不知道他底厌弃人生,真是他的渴慕人生之反一面的表白。"文学不但要认识生活,还要创造生活,文学是有它的社会的使命的。但是鲁迅笔下的光明在哪里呢?没有光明,只是"呐喊""彷徨""鲁迅先生",光明不是从天上掉下来的,是创造的,文学也有它的创造光明的责任。所以我们并不反对曝露社会的黑暗面。在许多的革命文学的刊物上,曝露社会黑暗的创作却也不少。④

"歌颂与暴露"和"写光明与写黑暗"的论争在20年代并未达成共识,但为以后的讨论奠定了基础。

---

① 许杰:《鲁迅小说讲话》,陕西人民出版社1981年版,第54页。
② 鲁迅:《鲁迅全集》第四卷,人民文学出版社2005年版,第526页。
③ 蒋光慈著,马德俊、方铭主编:《蒋光慈全集》第六卷,合肥工业大学出版社2017年版,第75页。
④ 北京大学等中文系中国现代文学教研室主编:《中国现代文学史参考资料 文学运动史料选》第二册,上海教育出版社1979年版,第69页。

抗日战争期间,关于"歌颂与暴露"的论争以张天翼为开端。他发表在《文艺阵地》上的《华威先生》以讽刺的手法,塑造了一个典型的官僚主义分子形象。华威先生自诩为民众服务却破坏民众利益,以人民公仆自居却过着老爷生活,名义上为抗日积极奔走,实际上却忙于争权夺利,欺软怕硬,暴露了抗日统一战线内部的复杂和丑恶。作品发表后引起巨大争议。反对者认为这种暴露会影响人们对于抗战的信心,赞成者认为这种暴露深刻反思了现实问题,暴露黑暗、鞭挞黑暗的作品有利于抗战斗争。时任《文艺阵地》主编的茅盾对质疑《华威先生》的声音提出了批评,他在《暴露与讽刺》中说:

> 现在我们仍旧需要"暴露"与"讽刺"。
>
> 暴露的对象应该是贪污土劣,以及隐藏在各式各样的伪装下的汉奸——民族的罪人。……
>
> 讽刺的对象应该是一些醉生梦死,冥顽麻木的富豪、公子、小姐,一些风头主义的"救国专家",报销主义的"抗战官","做戏主义"的公务员,……
>
> 对于丑恶没有强烈的憎恨的人,也不会对于美善有强烈的执着;他不能写出真正的暴露作品。同样,没有一颗温暖的心的,也不能讽刺。悲观者只能诅咒,只在生活中找寻丑恶;这不是暴露,也不是讽刺。没有使人悲观的讽刺与暴露。①

茅盾指出了"暴露"和"讽刺"在抗日战争时代的重要性,确定了"暴露"和"讽刺"的对象,"暴露"和"讽刺"的最终目的是为了有利于战争,夺取抗战的胜利,具有鲜明的政治立场。

1942年,毛泽东《在延安文艺座谈会上的讲话》(以下简称毛《讲话》)指出革命文艺家的基本任务是"一切危害人民群众的黑暗势力必须暴露之,一切人民群众的革命斗争必须歌颂之"②。讲话分析和阐明了文艺的"歌颂与暴露"原则:一是文艺作品既要"写光明"也要"写黑暗",歌颂光明不等于粉饰太平,暴露黑暗不等于自揭短处,而是为了更好的歌颂光明;二是文艺作品中的"歌颂与暴露"应该始终围绕人民群众的立场。毛《讲话》关于"歌颂与暴露"的论断紧紧围绕着政治实践,围绕着劳动人民大众的立场,这是马克思主义文艺伦理学的理论主题与理论特征,是用辩证唯物主义和历史唯物主义来分析文艺问题,是让文艺作品发挥伦理功能、起到宣传教育作用,服务人民大众的基本路径。此后,"歌颂与暴露"作为文艺方针,对文艺创作产生了重大影响。

对照美刺两端和"歌颂与暴露"原则,可以看到其区别:一是歌颂是价值旨归与引

---

① 北京大学等中文系中国现代文学教研室主编:《中国现代文学史参考资料 文学运动史料选》第四册,上海教育出版社1979年版,第70页。
② 参见《毛泽东选集》第三卷,人民出版社1991年版,第871页。

领,暴露与之相反相成;"刺"可能是客观写实的暴露,也可能是诗歌的直陈其事、直抒其情、直指其过;暴露在批判性上的绝对程度超过"刺"。二是歌颂立足现实,要在平凡对象中发现美好;暴露基于美好意愿和理想情怀,需要区分对象。三是歌颂与暴露都要通过情节、场景、形象、意象、意境等自然呈现,戒除浮夸、矫饰和影射。

四 新时代的现实主义精神和浪漫主义情怀

20世纪80年代我国文艺进入多元发展阶段,歌颂与暴露是一些作品中自然呈现的内容。譬如风行一时的"新写实主义",在零度介入的理念下,会有更深刻的暴露力量,或者更感人的颂美效果。适应文艺实践的变化,习近平《在文艺工作座谈会上的讲话》(以下简称习《讲话》)在论及"歌颂与暴露"课题时,倡导"现实主义精神和浪漫主义情怀",这是一个更具有包容性的提法:

> 当然,生活中并非到处都是莺歌燕舞、花团锦簇,社会上还有许多不如人意之处、还存在一些丑恶现象。对这些现象不是不要反映,而是要解决好如何反映的问题。古人云,"乐而不淫,哀而不伤","发乎情,止乎礼义"。文艺创作如果只是单纯记述现状、原始展示丑恶,而没有对光明的歌颂、对理想的抒发、对道德的引导,就不能鼓舞人民前进。应该用现实主义精神和浪漫主义情怀观照现实生活,用光明驱散黑暗,用美善战胜丑恶,让人们看到美好、看到希望、看到梦想就在前方。①

"现实主义精神和浪漫主义情怀"延续了中国古代的"美刺"精神和现代以来的"歌颂与暴露"原则。毛泽东早就论述了现实主义与浪漫主义结合的问题,1938年《在鲁迅艺术学院的讲话》中说:"我们主张艺术上的现实主义,但这并不是那种一味模仿自然的记流水账式的'写实'主义者,因为艺术不能只是自然的简单再现。至于艺术上的浪漫主义,并不是完全没有道理的。它有各种不同的情况,有积极的、革命的浪漫主义,也有消极的、复古的浪漫主义。有些人每每望文生义,鄙视浪漫主义,以为浪漫主义就是风花雪月哥哥妹妹的东西。殊不知积极浪漫主义的主要精神是不满现状,用一种革命的热情憧憬将来,这种思潮在历史上曾发生过进步作用。一种艺术作品如果只是单纯地记述现状,而没有对将来的理想的追求,就不能鼓舞人们前进。在现状中看出缺点,同时看出将来的光明和希望,这才是革命的精神,马克思主义者必须有这样的精神。"②1939年毛

---

① 参见《在文艺工作座谈会上的讲话》,人民出版社2015年版,第13—14页。
② 中共中央文献研究室编:《毛泽东文集》第二卷,人民出版社2004年版,第121页。

泽东给延安鲁迅艺术学院的题词说,"抗日的现实主义,革命的浪漫主义"①。1958年3月,毛泽东同志在关于诗歌发展方向问题的谈话中提出"(新诗)形式是民族的形式,内容应该是现实主义与浪漫主义的对立统一"②。1958年6月,周扬在《红旗》创刊号上发表的《新民歌开拓了诗歌的新道路》将毛泽东提倡的文学归纳为"革命的现实主义和革命的浪漫主义的结合"③,文艺界人士纷纷响应。革命的浪漫主义是昂扬向上的精神,是"美""颂""赞"在革命战争年代和社会主义建设时代的延续;革命的现实主义是敢于暴露的批判精神,是"刺""怨""讽"在革命战争年代和社会主义建设时代的传承。习《讲话》突出了"情怀",马克思主义文艺伦理学讲家国情怀,讲人民情怀,讲使命意识,讲共同理想,这是一般文艺伦理学可以涵盖但不一定专门关注和讨论的课题。"浪漫主义情怀"要求文艺作品追求真善美,达到打动人心的艺术最高境界,传递向上向善的价值观,引导人们增强道德判断力和道德荣誉感,得到灵魂上的洗礼。中华民族几千年来有着无数高尚的伟大情怀,有崇仁爱、重民本、守诚信、讲辩证、尚和合、求大同等思想,有自强不息、敬业乐群、扶正扬善、扶危济困、见义勇为、孝老爱亲等传统美德,文艺作品要弘扬这种真善美,但并不是只描写真善美,而是坚持"歌颂与暴露"并存的创作方法,借鉴雨果提出的"美丑对照"的原则,在真和假的对比中凸显真,在善和恶的比较重发扬善,在美和丑的对照中发现美。

"美刺"说是中国古代文论的重要传统,体现着文学的道德伦理和社会教化功能。在不同的历史环境背景下,文学都始终发挥着道德伦理和社会教化功能,这也是马克思主义文艺伦理学的目标。尽管不同时代的伦理道德有所区别,但践行道德教化功能的基本路径是一脉相承的。马克思主义文艺伦理学要求文艺发挥立德树人作用,如何实现的路径问题应该进入专门的理论探讨视野。古代诗教、乐教认为美和艺术具有涵养道德、不教而行的作用;梁启超"熏浸刺提"说认为文艺作品创造的形象能触动人心深处的情感,具有强大的艺术感染力,让读者的思想和行为在潜移默化中发生变化,也就是古希腊亚里士多德《诗学》中所说的净化作用。我们认为,"美"和"刺"是文学发挥社会作用的两种主要方式,"美"即赞美人物、歌颂事迹、表现美好情感和景观,培育美德,引导善行;"刺"是通过呈现不正确、不道德的言行及其后果,"主文而谲谏"地劝阻错误行为和恶行,这两种方式都是为了造就和谐社会与和谐心灵,成就各项事业,可谓殊途同归。"美刺"大略相当于《在延安文艺座谈会上的讲话》中的"歌颂与暴露",只不过"暴露"在针对恶势力时不是温柔敦厚的,而可能是暴风骤雨式的。在新时代提倡"现实主义精神和浪

---

① 中共中央文献研究室编:《毛泽东文集》第二卷,人民出版社2004年版,第19页。
② 参见《在成都会议上的讲话提纲》,《建国以来毛泽东文稿》第七册,中央文献出版社1992年版,第124页。
③ 周扬:《新民歌开拓了诗歌的新道路》,《红旗》1958年第1期。

漫主义情怀",也是接续这一传统的。可以说,两个讲话关于马克思主义文艺伦理学重要践行路径的论述,可以从美刺传统中找到思想资源。

2023年《求是》刊登《在文化传承发展座谈会上的讲话》指出:"在五千多年中华文明深厚基础上开辟和发展中国特色社会主义,把马克思主义基本原理同中国具体实际、同中华优秀传统文化相结合是必由之路。"[①]并且强调"结合"的前提是彼此契合,"马克思主义和中华优秀传统文化来源不同,但彼此存在高度的契合性"。本文疏通美刺传统、"歌颂与暴露"、"现实主义精神与浪漫主义情怀"的关系,试图在一个具体领域借此探索建构当代特色文论话语的初步路径。

The Tradition of "Beauty Thorn" and the Path of Practicing Marxist Literary Ethics

Hu Hai[1]　Lin Shiqi[2]

(1. College of Literature, Hebei University, Baoding, Hebei 071002, China;
2. College of Literature, Hebei University, Baoding, Hebei 071002, China)

Abstract: "Beauty thorn" are the two main ways in which ancient literature played a social role, "praise" is to positively inspire and motivate people by praising achievements, virtues, and other beautiful things; "thorn" is a way to persuade upper-level rulers and the public to stop violence, eliminate evil, and turn to good by revealing and exposing inappropriate words, deeds, and even atrocities. Praise and exposure, the spirit of realism and romanticism are the basic paths for the practical role of Marxist literary ethics, which are in line with the tradition of beauty thorn. The sorting and explanation of this specific field shows that Marxism and excellent traditional Chinese culture have aspects that are compatible and can mutually interpret and inspire each other.

Keywords: beauty thorn; literary ethics; praise and exposure; the spirit of realism; traditional culture

---

① 参见《在文化传承发展座谈会上的讲话》,《求是》2023年第17期。

新媒介书写与
伦理批评

XIN MEIJIE SHUXIE YU
LUNLI PIPING

偃师与康德

——人工智能文学写作的伦理挑战

贺玉高 王鹭芳①

摘 要：人工智能带来的冲击日益表现为一种价值恐慌。它对人类现有价值观的挑战主要来自人类与机器边界的模糊。边界模糊带来的伦理焦虑在历史上以想象的形式在《列子》的偃师故事里被首次表达出来。现代社会的伦理价值体系是以人文主义为底色的。以康德哲学为代表，文学艺术在现代人文主义中起着沟通科学与伦理，证明人类自由尊严的关键作用，而人工智能写作却挑战了文学的这一角色。审视人工智能带来的具体伦理难题，无论是天才—作者问题、版权问题，还是情感问题和具身问题，都体现了以重申康德的思路来解决偃师故事所表达的焦虑，但同时也暴露了康德思路本身的危机。如何调用其他思想资源，保证人类在科技发展的同时保持人类伦理秩序的稳固，成为我们必须面对的任务。

关键词：人工智能写作；康德；偃师；伦理；希望

一 新科技恐慌

人工智能（AI）已经越来越成为日常生活的一部分。它给人们带来了各种担忧，其中最直接的担忧是对于原有白领工作的替代带来的恐慌。一些现代社会最受尊重的、高度职业化的职位，比如律师、外科医生、教师、程序员、新闻记者，甚至作家和艺术家，如果被替代，会不会造成大规模失业？更大的担心是，如果它们都能被替代，那么还有什么人类职业不能被替代？因此这不是对某些人下岗的担心，而是隐含着对几乎所有可替代职业下岗的担心。

机器替代人类这种可能性所造成的恐慌早在工业革命时代已经凸显。在19世纪的

---

① 作者简介：贺玉高，郑州大学文学院教授，主要从事当代文艺理论思潮，特别是后殖民主义批评方面的研究；王鹭芳，郑州大学文学院文艺学在读硕士，主要从事文艺理论研究。

英国诺丁汉,机器生产逐渐排斥手工劳动使大批手工业者破产,工人失业和工资下跌。当时制袜工人把机器视为贫困的根源,用捣毁机器作为反对企业主、争取改善劳动条件的手段。英国政府最后需要动用包括绞刑在内的极端手段才把这场捣毁机器运动镇压下去。

然而,机器对人类社会的影响,对传统职业的冲击只是其最直接和外在的部分。它长远和深层的影响在于对我们既有的支撑社会秩序稳定的价值体系所产生的革命性/破坏性影响。每个社会都有基本的价值体系,它们不但能够塑造公共的道德、法律、政治,还能塑造人们日常生活中最私密的情感与感觉。马克思在1848年《共产党宣言》中,对资本主义(同时也是对大机器生产)的价值冲击是这样描述的:

> 资产阶级在它已经取得了统治的地方把一切封建的、宗法的和田园诗般的关系都破坏了。它无情地斩断了把人们束缚于天然尊长的形形色色的封建羁绊,它使人和人之间除了赤裸裸的利害关系,除了冷酷无情的"现金交易",就再也没有任何别的联系了。它把宗教的虔诚、骑士的热忱、小市民的伤感这些情感的神圣激发,淹没在利己主义打算的冰水之中。它把人的尊严变成了交换价值,用一种没有良心的贸易自由代替了无数特许的和自力挣得的自由。总而言之,它用公开的、无耻的、直接的、露骨的剥削代替了由宗教幻想和政治幻想掩盖着的剥削。
>
> 资产阶级抹去了一切向来受人尊崇和令人敬畏的职业的神圣光环。它把医生、律师、教士、诗人和学者变成了它出钱招雇的雇佣劳动者。
>
> 资产阶级撕下了罩在家庭关系上的温情脉脉的面纱,把这种关系变成了纯粹的金钱关系。①

在这里,马克思论述生产力发展的影响时,从经济关系开始,继而是社会关系,最后是伦理价值。这也符合马、恩对于社会结构的唯物主义描述,经济是基础,政治是上层建筑,而文学、艺术、宗教、道德是"远离经济基础的""更高地漂浮于空中的"②,它们离经济基础远,因而比经济领域和政治领域更稳定、更具独立性。反过来说,它们一旦成形,将是一个影响经济、社会与政治的强劲力量,进而塑造我们每一个人的生活。由此,我们也就不难理解,为什么科技伦理学研究及其与其他学科的交叉研究会成了当前学术思想界关注的焦点之一。

---

① 《马克思恩格斯选集第一卷》,人民出版社1972年版,第253—254页。
② 韦建桦:《恩格斯论历史唯物主义书信选编》,人民出版社2021年版,第19页。

二 从偃师的故事看人工智能技术的特殊性

尽管新科技总是会对人类价值产生新的冲击，然而人工智能技术，特别是人工智能的文学写作所带来的价值冲击却是前所未有和无与伦比的，是因为它独特的性质，对人类智力功能的模仿。它可以被归入广义的机器人技术，机器人技术不断挑战人机边界，不可避免地给人类带来无穷的焦虑与不安。

刘禾用2000多年前《列子》中所讲的偃师的故事来对比说明机器人技术带来的特殊不安：

> 周穆王西巡狩，越昆仑，不至弇山。反还，未及中国，道有献工人名偃师。穆王荐之，问曰："若有何能？"偃师曰："臣唯命所试。然臣已有所造，愿王先观之。"穆王曰："日以俱来，吾与若俱观之。"越日偃师谒见王。王荐之，曰："若与偕来者何人邪？"对曰："臣之所造能倡者。"穆王惊视之，趋步俯仰，信人也。巧夫鎮其颐，则歌合律；捧其手，则舞应节。千变万化，惟意所适。王以为实人也，与盛姬内御并观之。技将终，倡者瞬其目而招王之左右侍妾。王大怒，立欲诛偃师。偃师大慑，立剖散倡者以示王，皆傅会革、木、胶、漆、白、黑、丹、青之所为。王谛料之，内则肝胆、心肺、脾肾、肠胃，外则筋骨、支节、皮毛、齿发，皆假物也，而无不毕具者。合会复如初见。王试废其心，则口不能言；废其肝，则目不能视；废其肾，则足不能步。穆王始悦而叹曰："人之巧乃可与造化者同功乎？"诏贰车载之以归。①

刘禾指出，我们与两千多年前的周穆王焦虑是一致的，即人机界限的模糊②。这个故事中，当假物仅仅是在功能的层面上——合律的"歌"与应节的"舞"——模仿人类时，周穆王不以为忤；只有当假物表现出"情感"，即以眼神挑逗侍妾时，才惹得周穆王大怒，这一时刻周穆王将假物视为真的人，一个狂妄的情敌。偃师辩解的方式，是将假物还原，他"剖散"了假物，证明这假物如同牵线木偶，其行为不是"自由"的，也就不可能具备自由主体才具有的情感，这一点说服了周穆王③。

这个故事非常清晰地展示了工业革命与人工智能革命给人们带来的不同焦虑。19

---

① 杨伯峻：《列子集释》，中华书局1979年版，第179—181页。
② Lydia H. Liu, The Freudian Robot: Digital Media and the Future of the Unconscious. Chicago: University of Chicago Press, p.245.
③ 黄平：《人学是文学：人工智能写作与算法治理》，《小说评论》2020年第5期，第19页。

世纪诺丁汉制袜工人对工厂中的制袜机的捣毁是人对新工具导致生计上挤压的焦虑。虽然工人对制袜机充满仇恨,但制袜机也是机器,是被人控制的工具,他们并不把制袜机看成是伦理的威胁。人工智能革命带来的焦虑与周穆王的"大怒"情形有相似,它直接来自伦理焦虑:一个机器人的行为逾越社会伦理规范从本能与直觉上就会让人感受到冒犯,更不用说它的行为对其他人的恶劣的示范作用。当偃师出场再次划清"人机"边界之后,让它重新回到纯粹的假物位置之后,周王的愤怒就消失了,甚至重新"悦"了起来。因为作为纯粹假物的机器人无知也无识,它不可能对他的侍妾有任何意识与情感,而它的非人身份让它的行为也不具有了对其他人的示范性。于是人伦与权力的威胁消除之后,周穆王反而能够欣赏偃师的设计之巧妙。在道德直觉上,当代人与周穆王的反应并无太大变化,我们可以欣赏第一和第二次工业革命为人类带来的巨大力量和诸多便利,却对模糊人机边界的人工智能充满伦理焦虑:无法辨别的人与机器的逾越行为无疑将打乱人类的社会与道德秩序。

相比之下,缺乏对人工智能违规行为的预防手段问题(人类伦理道德对人类实际行为发挥预防作用诸多手段,比如信仰、情感、教育、惩罚、敬畏等对机器明显失效),只是从属性的问题。因为只有先确认了一个行为主体是人还是机器,才能对这个行为进行适当的评价和正确应对。无法有效区分人和机器则意味着无法评价,更不用说正确应对了。如果能够有效区分人和机器,那么人的问题仍然由现有的伦理法则来解决,而机器的伦理问题则仍然由设计算法的人来负责。比如算法代替价值、信息茧房、算法偏见、讯息内爆、虚假信息等[1]这些问题都可以依靠对算法设计者的伦理追责机制得到解决。只要这些问题与人机边界的消失关系不那么直接,它们对我们社会的伦理基础的冲击就有限。如果我们说伦理是关于人行为的价值标准,那么,它不得不先要定义人。因此,任何一个时代,人的边界都会涉及伦理的核心。这就是人工智能引发伦理焦虑的根本原因。

三 现代伦理的人文主义底色

现代主流伦理中对人的定义是:拥有普遍的理性能力、单一而独特的自我和自由意志的个体。现代社会的伦理是建立在人文主义(humanism,也可译为"人道主义"或"人类主义")特别是自由人文主义基础之上的。与前现代社会中以宗教神学教条为权威或者以传统教条为权威不同,人文主义以人为本,尊重个体的价值。它尊重个人的经验感

---

[1] 金皓月、李艳:《国内人工智能写作的研究现状分析及启示》,《现代远距离教育》2023年第2期,第26页。

觉、情感、意志，尊重个人的理性判断、审美判断和价值判断。

伽利略通过个人的经验感觉，并十分强调感觉经验在科学认识中的重要性，从而达到了理性主义与实验主义相结合的科学精神。因为尊重个人的情感判断，出现了马丁·路德的宗教改革，宗教改革确立的主体性原则又最终孕育了笛卡尔的理性主体性原则，赋予每个人都拥有的理性（因此这理性是普遍的）以空前的权威[1]。现代哲学被称为主体性哲学。尽管在主体性原则的框架内，现代科学、道德、审美各自有其特殊的规定，但都是对主体性原则的延伸运用。

在为生活赋予意义的伦理领域，独特的自我的内在体验代替神成为意义的决断者。于是，在现代社会，我们才听到各种口号让你"要聆听自己内心的声音""对自己真诚""相信自己""追随自己的心，做让自己快乐的事情""找到自我""面对真正的自己""真正做自己"等。每个人都有一个独特的自我，找到这个真正的自我，听从这个真正自我的召唤，人们把自己的感受作为判断事物的标准之一。

以人为本在科学领域体现了对人的自由意志的尊重，他的行为不是遵循趋利避害生物本能，他遵循的是社会制定的道德责任和法律。在艺术领域，现代艺术家试图表达的是自己的内心感受，由此，像杜尚将小便池视为艺术，在现实政治领域，民主投票体现的是对每一个人自由意志的尊重，而不是由血统、地位与神圣性来决定一切。在经济领域，市场经济遵循市场规律，并最终决定各种生产资源的配置。在教育领域，教育理念在于培养有批判性思维（critical thinking）的人才，每个人用自己的理性来独立判断思考[2]——笛卡尔的口号。

四　文学的位置：艺术、天才与理想的人性的三位一体

实证的、理性的科学与伦理价值领域之间矛盾十分尖锐，伦理是人群合作的基础，也是文明的根基之一，但是它的原则却迥异于科学的实证原则，伦理的基础是情感，而不是事实[3]。休谟在《人性论》中有力地证明了从客观的实然无法推论出道德价值的应然。因此，尽管各种伦理价值努力把自己妆扮，但它最终不是一种实证的真理，而是一种虚构。在前现代时期，这种虚构通过神学的和世俗的力量可能无可置疑地笼罩一切的权威，事实和真理在这个权威之下被分类、评价。违反这种虚构的事实和真理被排斥为

---

[1] 吴树博：《从马丁·路德到笛卡尔——论"因信称义"与近代主体性哲学兴起的关系》，《复旦学报（社会科学版）》2005年第4期，第96—103页。
[2] ［以］尤瓦尔·赫拉利著：《未来简史：从智人到神人》，林俊宏译，中信出版社2017年版，第206—214页。
[3] 刘隽：《"休谟问题"与休谟道德哲学的关系》，《哲学动态》2008年第3期，第74—76页。

虚假。这明显与现代科学的经验主义、实证主义的精神是相冲突的,科学理性与实证主义使前现代那种与自然的神学解释相绑定的所有的道德价值都受到了极大的威胁与瓦解。

现代社会对此冲突的临时解决方式是对价值领域进行界定与划分,借此使二者的合理性都得到了保存。现代社会明确把科学与道德分开,把实然与应然分开。在科学和经济领域,遵守功利的、实证的、效率的原则,可以统称为理性原则。而在意义、价值、信仰领域,则遵守应然的、理想的、虚构的原则,我们可以统称为伦理原则。这种价值的分化现在已经成为现实①。

康德依照传统区分了人的知、意、情三种独立的心理活动,认为这三者是各自独立的,分别对应科学、伦理学和美学的不同学科。他的三大批判是对这三个领域的批判性研究,目标是探索理性的、自由的、有尊严的人是什么样的。他的第一大批判"纯粹理性批判"研究人的认识能力;第二大批判"实践理性批判"研究人的道德能力。康德完成这两大批判之后发现这两个领域似乎中间隔着不可逾越的鸿沟,它们构成的人性也是不完整。他的第三大批判"判断力批判"用美学来填补这一空缺。在他看来,人的审美一方面联系着必然的、自然世界,另一方面又联系着人的主体尊严,自由意志的主观世界,道德世界。它有必然的一面,又有自由的一面。因此,审美可以成为沟通自然世界到道德世界,必然到自由,科学认识与道德价值之间的桥梁②。

马克思主义认为文化是建立在经济基础之上,文化的发展具有相对的独立性,因此文化的反作用可以促进社会经济发展并为之服务。现代文化(文学艺术)为经济基础服务的同时越来越尊重个人的自由意志与情感尊严,康德在第一批判意识到情感的自我确认,即合目的性,康德意识到合目的性对于扩展人类知识体系的重要作用,将审美作为理性启蒙的入门。以其艺术论和天才论思想而言,罕见的天才能力无法以学习获得,也无法明确传达,可以通过艺术创作来呈现。此审美论证打开了审美理念与现实的中介途径,美从形而上的理念联结了现实世界。

文学艺术伦理功能可以表现得很直接,文艺因为其形象性和情感性特征,在基于人的共情力和共通感基础上,传递一种普遍性的伦理价值。但按照康德的看法,这不是它实现伦理功能的主要方式。艺术应该是自由的和无功利的,不但超越现实物质方面的功利强制,也要超越道德的强制。道德不能用功利作为解释的基础,它必须是一种自由意志基础上的绝对命令。如果用功利来解释它就很容易受到外部的干扰而瓦解。自由意志的根基就在于审美状态中人的完全的自由。因此文学艺术直接宣传伦理的作用是

---

① 参见[美]丹尼尔·贝尔:《资本主义的文化矛盾》,赵一凡译,三联书店1989年版。
② 朱光潜:《西方美学史》,人民文学出版社1981年版,第353—354页。

次要的,它最终被聚焦在形式本身的天然合主观目的性,形式本身无关物质功利和道德。人类的情感在此是自由的和愉快的,人借此逐渐认识到整个宇宙的和谐,并被引导认识绝对律令,成为一个道德的人。

文学艺术的崇高地位来自它被当作人类自由与尊严的象征和完满人性的守护者。但归根结底,文学艺术的地位来自作为完美人性之代表的艺术家。文学与完美人性的这种关系在近代浪漫主义的"作家观"上得到了集中的体现,这种作家观又以康德的"天才说"最为典型。康德认为"美的艺术必然要看作出自天才的艺术""天才是替艺术定规则的一种才能(天然资禀),是作为艺术家的天生的创造功能。才能本身是属于自然的,所以我们也可以说,天才就是一种天生的心理的能力,通过这种能力,自然替艺术定规则。"[①]康德的天才观是他的美学理论的必然推论。在他看来,游戏的人才是真正的人,因为游戏是超功利的、自由的活动。审美就是游戏,一个真正的人是自由的人,也就是审美的人。这样天才艺术家,一个游戏的人,就成为完美人性的代表。

完美的人不但是审美的,也是道德的。因此,天才不但为艺术立法,也为道德立法。我们可以从现代文学的诸多作品中看到这种观念的具体化。这些作品把天才艺术家作为主人公,无论他们的行为多么出格,也仍然受到作品的同情与辩护。比如毛姆的《月亮与六便士》、罗曼·罗兰的《约翰·克利斯朵夫》等作品中,主人公明显的违反道德的行为都由于他们的天才艺术家身份而受到辩护。天才(作家、艺术家等)在艺术中的特征,如康德重申"美的艺术是天才的艺术","天才就是给艺术提供规则的才能(禀赋)"[②],天才给艺术制定规则,不仅符合自然规律,还是创造、自由的,美的艺术只有通过天才得以创造出来。

五 文学与人性保卫战

艺术由人来创造,当人工智能"小冰"或"九歌"写出一首人机难辨的现代诗或七言绝句时,人们在恐慌什么?当人工智能表现出一种信息处理能力,它最多是处在康德的"纯粹理性"范围,即科学知识的领域。这是一种工具理性,并不使人害怕。但是,当它开始创作文学、音乐和视觉艺术的时候,它就入侵了人类的审美领域。如果机器可以生产出真假难辨的文学作品,天才可以由机器替代,那么文学作为描写人性的艺术,天才又作为艺术的创造者这个链条就受到人工智能的挑战。人们有理由怀疑,文学也只是一种机械算法,受到一种算法的控制,而不是天才们自由意志、自然情感、天然禀赋的自由发

---
① 朱光潜:《西方美学史》,人民文学出版社1981年版,第386页。
② 康德:《判断力批判》,邓晓芒译,人民出版社2002年版,第151页。

挥。因此,对 AI 文学写作的恐慌,其实是一种人性的恐慌和伦理的恐慌。学者们的第一反应就是"现在,我们需要在技术进步的'人文逆境'中表现和证明文学与人文价值的不可取代性。"①"21 世纪在算法治理面前予以抵抗的,是文学。……'人学是文学':是文学想象,而不是算法的计算,守卫我们对'人'的理解与信仰。"②

韩少功《当机器人成立作家协会》是较早也较有代表性的一篇文章,他把人工智能简称为机器人。他表示,机器人虽然能写出真假难辨的文学作品,但是它们在价值领域(他列举了几个类似于"电车难题"那样的伦理难题)是"力不从心"的。原因是,人类的价值观因人而异,差异很大,难有一定之规。而价值观正是人类的核心特征,"就是这个价、值、观划分了简单事务与复杂事务、机器行为与社会行为、低阶智能与高阶智能,让最新版本的人类定义得以彰显"。文学恰恰就"长于传导价值观。好作家之所以区别于一般'文匠',就在于前者总是能突破常规俗见,创造性地发现真善美,守护人间的情与义"。韩少功认为,人工智能科技试图把人类的感情、性格、伦理、文化等都数据化,但这是不可能的。因为人类的契悟、直觉、意会、灵感、下意识、跳跃性思维、利用"错误"和兼容"悖谬"的能力等都是非逻辑、非程式、非确定的,而机器人只能逻辑地思考问题。人类行为与文化有很多微妙的、心领神会的东西,这是人类生命与文化长期的隐秘蕴积。机器人很难把握这些微妙的东西,而文学却最擅长此道。"文学最擅长表现名无常名、道无常道、因是因非、相克相生的百态万象,最擅长心有灵犀一点通"。他的结论是,机器人写作是"一种高效的仿造手段,一种基于数据库和样本量的寄生性系列,机器人相对于文学的前沿探索而言,总是有慢一步的性质,低一档的性质,'二梯队'里跟踪者和复制者的性质"。机器人能替代的是低负载、低含量、低难度,即缺少创造力的写作,如大部分"类型化"写作和"装×族"的写作。"不过是像蒸汽机、电动机一样实现人力替代,由一种低效率和手工化的方式,转变为一种高产能和机器化的方式,……倒也不值得奇怪"。机器人作家团队"恐不易出现新一代屈原、杜甫、莎士比亚、托尔斯泰、曹雪芹、卡夫卡等巨人的身影"③。

韩少功的观点涉及以下几方面:1. 人类有价值观,而机器人没有价值观,也无力把握理解模仿人类的价值观。价值观是人机区别的核心;2. 文学长于传导价值观,创造性地发现真善美;3. 人类的生理、心理、行为、文化许多是非理性的和微妙的,无法被编写成机器的算法与程序,而探索这些微妙的东西却是文学的擅长;4. 人工智能写作对于人类高级的原创文学来说,是滞后的、寄生的、复制的、跟踪的、低档的、二手的写作;5. 机

---

① 吴俊、李杨:《媒介之变与文学变局》,《上海文化》2023 年第 8 期,第 18 页。
② 黄平:《人学是文学:人工智能写作与算法治理》,《小说评论》2020 年第 5 期,第 27 页。
③ 韩少功:《当机器人成立作家协会》,《读书》2017 年第 6 期,第 7—12 页。

器人只能取代人类中二、三流的文匠与写手,无法取代天才作家。

韩少功的这些观点,特别是第四点,得到了文学理论界的极大回响,被人以各种方式不断重复。比如有学者说,人工智能的文学写作"仅仅将已有的人类材料(作家作品)进行分解、重组和变形,未免显得生硬而且缺乏创造性。……人工智能写作的'过程'与其说是'创造',不如被看作是一次编程规定内的'仿制'活动,其批量产出的成果更应当被视为'产品'而不是'作品'"。"面对实际生活的千差万别和千变万化,超越成规、创造新意,对于目前的人工智能写作,还是'心有余而力不足',……文学作品的模式化程度越强,越有可能人工智能化"[1]。还有学者说,"即使计算机大大地超越人的许多能力,可是在人文思想、情感方面,却似乎难以凭借计算机而大显神威。以己之昏昏使人之昭昭,造就一个机器人的康德、尼采或莎士比亚、托尔斯泰,此种可能性微乎其微——尤其机器尚未拥有人所拥有的神经中枢。因此,机器人不可能拥有自由意志、主观情思及个体意识。故而,机器人的道德、伦理和审美判断等,尚付阙如,伟大的哲学家、文学家和艺术家也断不可能从计算机里诞生。"[2]

以上观点容易让人想起2000多年前偃师面对周穆王的愤怒时的场景。他们都极力让人相信,机器就是机器,它不可能有自己的意志或人类微妙的道德与情感。这几乎是人类在面临这类问题时的本能反应。所不同的是,这里的机器人所作的是文学创作,而不只是机械动作。关于文学与伦理的关系,韩少功强调文学艺术对于伦理价值的中介作用,认为文学长于传达和发现伦理价值,守护人间的情与义。更重要的是关于文学传达伦理价值的方式,他说,"价值观的心理潮涌,倒不一定表现为文学中的直白说教——那样做也太笨了——而是更多分泌和闪烁于新的口吻、新的修辞、新的氛围、新的意境、新的故事和结构。"[3]这正是上文谈到的康德认为审美通过形式本身的天然合主观目的性沟通科学与伦理的方式。

我国人文学界对于AI文学写作问题的反应大部分都是采取与韩少功类似的方式,认为机器没有自由意志以及在此基础上的伦理价值观,机器也很难把文化、心理中一些微妙的东西数字化,因此,机器写作无法真正取代人类中一流的天才的创作。他们实际上重新肯定了人类的道德立法权,捍卫了人类的自由意志和道德尊严。这实际上是对偃师的问题的一种康德式解答。

---

[1] 白亮:《技术生产、审美创造与未来写作——基于人工智能写作的思考》,《南方文坛》2019年第6期,第42页。
[2] 汪春泓:《人工智能与文学创作三思》,《华南师范大学学报(社会科学版)》2019年第5期,第174页。
[3] 韩少功:《当机器人成立作家协会》,《读书》2017年第6期,第10页。

六 天才作者之死与版权问题

在坚持人类创作不可能被代替的论述中，人们普遍认为机器也许可以替代模式化的、通俗的文学，但机器写作不能替代一流天才的原创作品。如前所述，在现代思想文化中，天才艺术家是是人类自由、自主的主体性的象征。因此，捍卫天才其实就是在捍卫人类的主体性。

现代哲学被认为是主体性哲学（现代性的哲学话语）。在现代性思想中，主体性哲学本来是个理想与愿景，但是随着它在现实中的展开，它走向了它的反面。人们一方面得到了现代性的好处，人类社会实现了前所未有自由、平等、繁荣，但另一方面也造成了贫富分化、环境危机、殖民主义、精神危机。于是质疑和反思现代性方案的人越来越多，并在20世纪中叶成为一种普遍的哲学思潮。反思的焦点正是现代性的主体性哲学，而作者问题，实际上也就是人类的天才艺术家问题，则成为焦点中的焦点。

开始的时候，像T.S.艾略特对传统的强调，韦姆萨物和比尔兹利的"意图谬误"，形式主义和新批评强调文本的惯例等还是比较纯粹的文学理论问题，到了20世纪60年代克里斯蒂娃的"互文性"、罗兰·巴特的"作者之死"和福柯的"什么是作者"时，这些理论家秉持反权威、反中心的激进立场，认为作者（天才艺术家）问题，在现实中与资本主义私有制结合在一起，与社会权力结合在一起。如果作者是作品意义的本源，那只要能掌控对作者的解释，就能够掌控对文本的解释。这让一切批判性的解读无从生成。因此，必须解除作者的权威与神话。他们强调文本的世界是无边无际、无始无终、互相勾连的海洋，作者在其中只是占有了一个非常被动的、语言代言者的位置。它只是语言为了实现自身而创造的一个位置。不是作者创造了文本，而是文本创造了作者。"说话的是语言，不是作者。写作的我是一种陈述行为的主体，是语言中预设的一个位置，而不是人。因此，这个主体能够将各种不同的写作方式置于彼此对立之中，而唯独不能'表达自己'，因为那被视作是其最独特、最隐秘的东西，是一本字典"①。通过消除作者的权威，他们把解释文本的权力交给了"读者"。

在关于AI文学写作问题的讨论中，很多论文都注意到与克里斯蒂娃、巴特、福柯等相关联的"作者之死"的问题与当下AI文学写作所带来的作者问题的联系。他们都发现，"作者之死"的问题原来纯粹是一个激进的理论问题，但在当下的AI文学中却似乎得到了实现。

---

① 转引自［德］彼得·毕尔格：《主体的退隐：从蒙田到巴特间的主体性历史》，陈良梅、夏清译，南京大学出版社2004年版，第187—188页。

人工智能文学创作似乎是巴特"作者之死"理论宣言的最佳例证。人工智能文学创作的作者既不是设计程序的工程师,也不是数据库中的无数作者,更不是人工智能的电脑程序本身。人工智能文学创作实现了巴特的"作者之死"的断言。人工智能写诗程序是运用电脑程序语言,设计制定信息收集、处理的具体规程,这些规程类似于语言学中的句法、语法和现代诗的形式规则等,庞大的数据库就是巴特所谓的文学文本的无限的文化源头,电脑程序在文本的海洋中抽取关键意象(词语),按照程序设定的句法、规则完成文本之间的"嬉戏""模仿"和"争执",形成新的文学文本。所有这些文本最终汇聚到作为读者的人类身上。①

但这种实现似乎并不是什么好事,理论家们"原本的设想是反资本主义、反实用的和诗学的,寻求的是诗歌语言的革命。而今天的人工智能则是在资本和现实功用的加持下一路狂奔,是工业技术的产物。"②"当主体中心被解构后,我们并没有达致自由,相反是机器人填补了主体的位置,在这个意义上,解构主义和信息资本主义的关系饶有意味"。"人的心智如果被当作一种功能结构并"可以被模拟,'人'的独特性将丧失殆尽。"③与现代性的命运相似,后现代的、解构主义的"作者之死"作为一个理论蓝图在现实展开的过程中转到了自己的反面。

在讨论 AI 文学写作的问题时,与作者和主体性相关的一个非常重要的现实问题是版权问题。对此,法学领域有人在探讨,但是对这个涉及写作伦理的问题在文学理论界却没有广泛和深入的讨论。但是,我们仍然可以借助社会学者研究网络文学时对此议题的讨论,意识到版权问题背后的政治、经济、文化的深远背景与意义。储卉娟的研究发现,中国网络文学中抄袭与原创的问题比较复杂。作为一种商业、大众、类型化文学,中国网络文学每种类型都有一些固定的情节、背景设定,各个作品之间有较大相似度。如果按照传统的版权与原创概念,这些无疑是抄袭行为。但是如果站在大众文化的实际参与者(作者是和读者粉丝)的角度,这些行为却是可以原谅的甚至是必须的。关于创新,他们有自己的标准。在现有的文学类型内外部设定中,读者与作者的互动中,设法穷尽特定类型的各种可能性,并逐渐促成类型的融合与发展。这种在类型内部的固有设定中探索该类型的新的可能性的行为就叫创新。而对于该类型其他文本的借鉴则是正常的游戏规则。在这种观念里,单个作者没有了,单个的文本也没有了。因此,储卉娟对这种情况持一种同情的态度。因此,对于作者的著作权的保护制度出现了,作为财产权

---

① 毕日生、宋时磊:《人工智能文学写作"作者"问题之思》,《写作》2020 年第 3 期,第 73—74 页。
② 钱翰:《在人工智能时代重审对话性与互文性概念》,《社会科学战线》2024 年第 1 期,第 186 页。
③ 黄平:《人学是文学:人工智能写作与算法治理》,《小说评论》2020 年第 5 期,第 21—22 页。

的著作权的明确划分成为必需。原创成为讨论作者地位和权利的核心概念,而后来的天才崇拜其实也就是对作者的原创性的强调与崇拜。作者(author)就变成了作家(genius-author,即天才作者)。同时,由于读者群体的扩大,职业作家成为可能,天才作家的原创性精神生产,才是"文学"生产本身。储卉娟认为,要打破当前主流文学界对原创性的、天才的、个人主义的"作家"以及文本风格、文笔、情节或人物的核心关注,变为以读者和读者之间的互动为中心,才能正确解释和评价网络文学现象。在此基础上,她提出,中国网络文学的繁荣在某种意义上正是建立在对"抄袭"的相对宽容基础上,而商业化IP,其实也就是文化私有制,可能对网络文学的发展起到阻碍作用①。

商业网络文学之所以与AI文学相关,不仅是因为网文作家早就利用AI进行辅助写作,还因为它的类型化创作、文本间关系都与AI写作相似,借此我们可以思考,那么AI文学的版权问题是一种无创新的模仿与抄袭,还是新质的、解放文学生产力的作者或其他人享受的权利?答案恐怕目前还并不那么肯定,还需要我们继续不断深入探讨。

七 情感、具身与主体哲学的挑战

在AI文学写作的讨论中,情感是另一个焦点。面对AI文学写作挑战时,我们同样看到几乎所有学者都从情感对于文学的重要性方面来捍卫人类文学。比如,汪春泓从中国古典文论中崇尚"为情而造文"的传统出发,指出人类文学是人类天然情感的抒发,而机器的写作只是"为文而造情"的技巧堆积,因此难于焕发摄魂夺魄的艺术魅力②。陶锋也是从中国古代讲究"文心"的传统出发,指出表达情感是人类创作的根本目的之一,饱含情感是人类文学的根本特征。计算机只是模拟人类情感,没有人类文学由"心"生发的神思过程、性情寄托,这些决定了当前人工智能文学的劣势③。白亮认为,人工智能写作"难以逾越的限阈正是主体情感的缺乏",人工智能的情感是一种算法而非真切的生命体验。它在文学写作过程中并不知道自己在做什么,也无法成为积极能动的审美创造④。刘朝谦在讨论微软人工智能小冰的现代诗写作时提出,"诗情主要在人的体验中涌动,在人的审美体验中,情感从来不是知识。……灵感作为诗人的创作心理现象,它天生拒绝科学理性,是科学无力进入的领域,它不可能通过科技工作者对EQ的计算而生

---

① 参见储卉娟:《说书人与梦工厂:技术、法律与网络文学生产》,社会科学文献出版社2019年版。
② 汪春泓:《人工智能与文学创作三思》,《华南师范大学学报(社会科学版)》2019年第5期,第173页。
③ 陶锋、刘嘉敏:《文心与机芯:中国古代文论视阈下的人工智能文学》,《文艺争鸣》2020年第7期,第94—99页。
④ 白亮:《技术生产、审美创造与未来写作——基于人工智能写作的思考》,《南方文坛》2019年第6期,第43页。

产出来。"①

以情感有无来区分人与机器创作有两种不同论证思路。一种是像韩少功和刘朝谦那样说情感或灵感很复杂、微妙、非理性,因而是不可言说的,无法被科学掌握,实现完全数据化的。另一种则是像白亮所说那样,情感是有肉体的生命在现实生活中产生的生命体验基础上产生的,机器从根本上是无法自主产生这些东西的,哪怕是模拟掌握了人类情感的算法也不行。第一种论证并不牢靠,有人就反驳说,"人的情感被把握在语言中,凡是现实的情感和价值都能够通过语言表达出来,那些不能被语言表达的情感和价值,实际上还是一个潜在状态,还不是一种现实的情感和价值。也就是说,写作中的情感、价值、目的等,必然要在语言中得以实现,人工智能通过对语言的计算就能够加以把握。所以,作家作为写作的主体,在技术和情感等层面,都必然受到人工智能写作的挑战。"②在被结构主义洗礼过的时代,语言与精神世界的关系已经被人所熟知,因此这是很容易想到的、很有力的,并且也不易被驳倒的论证。第二种论证则强调了具身性,把我们能感知与身体联系在一起,强调我们的身体及体验是无法被机器替代的人类的本质。关于无身认知和具身认知,以及身心二元论的问题是笛卡尔以来现代哲学内部的一个重要问题。20世纪海德格尔,特别是梅洛-庞蒂等现象学家日益强调身体与认识的不可区分。这些资源必然成为人机界限与关系的重要思想背景。黄文虎指出,"计算主义思路下'机器智能'最根本的缺陷在于切断了思维、身体与世界之间的有机联系,它仅仅将智能视为一种'离身性'的孤立于周遭环境之上的'算法式存在'。""由于机器诗人或机器作家是一种去历史化、去社会化、去身体化的'算法式存在',它无法像真实的人类一样感知和体验生命,也无法通过日常生活实践获得常识和经验,因此这种'机器写作'只是将文学写作降格成了一种由高级算法所搭建的符号组合游戏,所以它仅仅只是一种交互性的写作工具,不具备任何主体性。"③

为人性的不可替代性辩护的具身主义,实际上接近生物科学对人类的立场。但在科学看来,人类是一种受自然规律控制的生物物种。这些自然规律,包括人的情感与灵感等,都是可以用科学方法研究和掌握,并且编成算法写入机器。在实证的现代科学中,人类的超越自然因果关系的自由意志终究是无处安身的。某个领域科学理性无法进入,无能为力的说法其实并不是一个事实判断,更多地只是表明说话人的一种态度,一

---

① 刘朝谦、杨帆:《人工智能软件"写诗"的文艺学思考》,《福建论坛(人文社会科学版)》2020年第2期,第163—164页。
② 张强:《人工智能时代的写作主体性位移》,《当代作家评论》2020年第5期,第43页。
③ 黄文虎:《"强人工智能"视野下"机器写作"的思想渊源、理论困境及发展进路探析》,《东吴学术》2021年第4期,第108页。

种价值判断。

康德的哲学体系非常努力地用美学（情）暂时调解了科学（真）与伦理（善）的关系。现在 AI 文学写作宣告科学真正侵入了审美的领域，那么康德的调解方案本身就面临着真正的、现实的危机。科技冲击人文的、伦理的价值从来没有停止过，但都可以在康德的方案内部得到某种自洽的解决。这一次 AI 文学写作却以现实的、无法回避的方式直接挑战了方案本身，因而以过去的话语来应对就经常显得捉襟见肘了。

如何在保留以康德为代表的人文主义的合理内核的基础上，面对 AI 写作这样的新科技的冲击，如何调用现代性的其他思想资源，来保证人类在科技发展的同时，保护人类伦理秩序的稳固，是未来人文学界需要认真思考的重要议题。

Yanshi and Kant: Ethical Challenges of Artificial Intelligence Literary Writing

He Yugao[1], Wang Lufang[2]

(1. School of Chinese Literature, Zhengzhou University, Zhengzhou, Henan 450001, China;
2. School of Chinese Literature, Zhengzhou University, Zhengzhou, Henan 450001, China)

Abstract: The impact brought by artificial intelligence is increasingly manifested as a value panic. Its challenge to existing human values mainly comes from the blurred boundary between humans and machines. The ethical anxiety caused by blurred boundaries was first expressed in the form of imagination in the Yanshi story of "Liezi" in history. The ethical value system of modern society is based on humanism. Represented by Kant's philosophy, literature and art play a crucial role in modern humanism, bridging science and ethics, and proving the dignity of human freedom. However, artificial intelligence writing challenges this role of literature. Examining the specific ethical dilemmas brought about by artificial intelligence, whether it is the genius author issue, copyright issue, emotional issue, or embodied issue, all reflect the use of reiterating Kant's ideas to address the anxiety expressed in the Yanshi story, but at the same time, it also exposes the danger of Kant's ideas themselves. How to mobilize other intellectual resources to ensure the stability of human ethical order while advancing technology has become a task we must face.

Keywords: artificial intelligence writing; Kant; Yanshi; ethics; hope

本体·伦理·问道:数媒时代文艺批评的困境及传统镜鉴

刘桂荣[①]

摘　要:数字媒介在为文艺批评带来一定发展契机的同时,也为后者制造出很多困惑,并使文艺批评陷入一种伦理困境中。由于"文艺""批评"等的内涵处于变动中,这使得文艺批评难以从本体论角度形成一种规范的批评话语;由于接受者的身份模糊不定,所以致使文艺批评难以拥有一种确定的伦理主体,从而影响了一种有效的伦理批评产生。对此,批评者可以借鉴传统文化,提高自身文学素养,凸显文学的人文关怀,从不同形式的文艺作品中探究出幸福契机。

关键词:数媒时代;文艺批评;伦理;传统文化;幸福

现在这个时代常被称为新媒介时代、融媒体时代、数媒(数字媒介)时代、数技(数字技术)时代、AI时代等,时代的诸多命名实则是此时代突出特质及其根本迁变的表征,以技术革命支撑的数字媒介变革正生成着当下社会、文化、生活等诸种新样态、新方式、新思维和新实践,也在造就着新新人类。可以说,当下的社会文化正经历着"媒介转向"及与"转向"后的"新媒介""数字媒介"共生的时代,呈现着传统与新变的三重型态:一是传统媒介所建构的世界依然强劲和柔韧;二是数媒的新变、创生所成就的"新媒""融媒""跨媒"的新世界扑面而来且无所不及、无所阻滞,新意、新奇正逐渐化为日常、平常,从而成为"数媒生存";三是二者的迭代胶着、间隔衔接、纠葛错位。如果从当代社会文化的宏观整体而言,所谓的"数媒时代"依然是"社会文化共生体",只不过是在"数媒"冲击甚至主宰下的"共生体","数媒"是驱动和症候,是冲撞和颠覆,是恐慌和无奈,也是惊喜和希冀,因此,"数媒"特质下的"共生体"呈现出多元性、复杂性、结构性、解构性、共生性。当下的文艺批评是此"社会文化共生体"的重要组成部分,其在此境域中生成并被传播、接受、消

[①] 作者简介:刘桂荣,中国艺术研究院艺术学研究所教授,博士生导师,主要从事艺术理论、中国艺术哲学等研究。

费和再造,凸显出种种问题和困境,需要反观、探索和拯救。

一 "文艺批评"自身的困境

传统纸媒的文艺批评在学术精英领域依然占据主导,主要在学术杂志,也延展到相应的学术网站,但"数媒"支撑下的文艺批评已经成为一种"日常",其在批评主体、受众、批评对象、批评形态方式、话语表达、交互性、公共性等诸多方面远远超出了传统的文艺批评。这无疑丰富拓展了文艺批评,将少数精英群体的学术性、专业性的文艺批评推进到更为广阔而常态化的公共和生活境域中,但同时,由此而被催生的文艺批评自身的困境也日益显明,因此,文艺批评自身层面的反省和救助则迫在眉睫。

文艺批评自身的困境首先在"本体"层面。文艺之学术体系的基本架构即"史论评",文艺批评是其中不可或缺的重要组成部分,同时也是此架构中最为重要的文艺实践活动,文艺创作的革新、传播的延拓、文化产业的推动等方面都得益于理论和实践一体的文艺批评活动,这其中文艺批评本体是最为重要的学理支撑。但当下的数媒时代,文艺批评本体以及由此建构的学理甚至框架都受到了巨大的冲击,例如:何谓"文学""艺术"?何谓"文艺"?何谓"批评"?何谓"评论"?批评主体、对象、标准、精神内核等问题均受到质疑和挑战,如此问题不明,"文艺批评"便无从谈起。然而现实文艺批评的困境增强即在于:"本体"不明,甚至"本体"缺失,批评照常进行,也就是说数媒语境下的大众批评可以不需要本体世界的归属,无需依凭于此。因而,学理不学理,明与不明都对数媒批评无效,这并不影响各种数媒批评的广度、强度增加,话题量、传播度、接受度、娱乐性的增强、增值。这直接导致了当下文艺批评的诸多问题,如理论知识的无知、孱弱,感性主导、理性退却,情绪化爽评增多、深度批评缺失,现象化评判多、本质性批评少,媒介化的即时性、流动性强化,心性精神的沉潜性、召唤性、根植性的批评稀缺无力,批评演变为自我的情感宣泄、产业的流量增值、社会话题的爆炸,不再是文艺的艺术价值的彰显,社会价值的提升,更不再是人生的明灯,生命意义的支撑。所以,文艺批评本体论的问题需要再次提上日程来深度追问、广度探索,这一根本问题在当下更为本根。

"文学"的本质追问一直存在,特别是 20 世纪以来,萨特提出的《什么是文学》,福柯的《论文学》,美国学者希利斯·米勒(J. Hillis Miller)的《文学死了吗》等,这些追问都伴随着文学、艺术创作和批评的变革从而反躬自身。而在艺术世界,对艺术本质的重新定义则是在现代之于古典、后现代之于现代的颠覆革新中生长的艺术理论最根本的哲学问题,以致"艺术定义"成为当代艺术理论的"大问题"。至于"文艺",目前学界从历史生成、学科建制、涵纳范围、行业分别等多有探究,但共识和分歧并存,并没有形成完全统一的理论认识。就其内容构成而言，基本可接受的有如下两种理解："文艺"是文学之艺，此偏向文学一域，指文学的艺术或以文学为主导的艺术；"文艺"是"文学"和"艺术"两个学科领域的相加，指整个文学和艺术的世界，此随着艺术学科的独立和强劲发展，以及事实性的行业构成与社会机制规约，以致成为一般性的"文艺"理解。依此可见，上述所谓学术性、专业性的本质话语既具有本根性、共识性，又具有历史的生成性、变革性和差异性，文艺批评在自身本体问题上就已有困境，而当代数媒语境下的文艺批评变革生产出诸多问题而需要其本体支撑时，困境更加强劲。

此困境之一便是无法判别一些新的形态和作品是否属于"文艺"，或难以判别其类型。就短视频而言，排除单纯的记录性、商业性、教育性的视频，如生活记录的吃播、家庭生活、旅游、消费、销售等，其他数媒视频可分为两大类：一类是文艺形态的视频，其中包括文艺创作、鉴赏、教育、传播、销售等各种艺术作品、活动、现象，或是与文学、艺术相关的诸多事件和现象；另一类便是难以判别和归类的视频，这又包括多种样态：其中生活记录层面的，如某人的生活记录，看似单纯记录实则有技术设计、团队策划、拍摄技艺、观念宣传引导；商业销售层面的，如服饰直播销售的艺术化呈现，包括服饰的选择、模特的语言表达、气质呈现，再如文艺和商业的结合，如教学、鉴赏、营销一体化的文艺器物类商品、文艺表演类课程；文艺加推介的短视频，如"真范大山"，其中会有完全文学化的样态呈现：或在和妻子卧谈中"侃评"文学，或与孩子互动读书讲故事，或在课堂上化为小说人物以自传叙事形式展现作品，但到最后又会以推介书的形式结束且真诚动人，如此等等。对于接受者来说，既是文艺的欣赏者又可能会是消费者，就范大山而言，既是文艺批评者，又是推介者，那如此形态，如何判别整体视频的文艺属性？如何归类？除了这些杂糅特质的视频，还有自然类视频，其中包括自然风景、动物生活、动物舞蹈、声音鸣唱等，自然呈现，美丽动人，但此种影像是纪录还是摄影艺术？要将其界定为文艺作品仍需进一步探究。

在目前的数媒语境中，最具争议也最难以确定的便是所谓"AI 文艺"。随着 AI 数字技术的普及，"AI 文学""AI 艺术"创作和作品也逐渐增多，人们在新奇的驱动中急切、欢愉地尝试着各种的文艺创作，并惊喜、醉心于 AI 成果，但是对生成的文字、图像、影像等多媒介文本及其各种殊异传统艺术的问题和现象却疏于反省，尚有待于进一步深入探究并取得基本共识。从目前来看，"AI 艺术"仍存在着本质归属的难题，最为本根性一点便是艺术之为艺术的"人为性"问题，此涵纳三个方面：其一，目前的"AI 艺术"虽是作为创作者的人的先期设定，但作品生成却是 AI，所以作品并非完全意义上的"人为性"；其二，对于生成式 AI 作品而言，"生成性"就意味着 AI 对人的控制的脱离，其自身能够独立创作，这已经构成对"人为性"的颠覆；其三，人工智能直接以"人"的形态进行创作，典型的就是微软的 AI"小冰",其成果有诗集、音乐和绘画,几乎是全能作者。基于此,一系列紧密相关的问题也应运而生:"谁是 AI 艺术的主体?"进而,其是否具备独创性?是否具有思想、情感?这直接触及传统艺术,包括现代后现代以致当代艺术的本质属性问题,再进一步便是其"数字媒介性",也就是说,"AI 艺术"是"数字艺术",也是"数字媒介艺术",数字媒介是其存在基础、形态和生成依据,这样,"数媒性"便成为新的成员加入"艺术家族"之中,但是真的可以吗?或者说现在探究这些为时尚早,时间会给出答案?抑或是如罗伯特·斯特克所提出的"试图界定艺术是否合理?"①本雅明在《摄影小史》中也曾论及:"人们耗费了不少精力钻牛角尖似的争论摄影到底算不算一门艺术,却没有先问问这项发明是否改变了艺术的普遍特性。"②无疑,对艺术本身的追问一直伴随着艺术的发展,艺术本体问题与艺术史进程从来都是相互促迫,像"AI 艺术""数媒艺术"这样的新型"艺态"已经与正在改变着艺术的普遍特性,这并不意味着艺术本体之问就不需要、不必要了,实则,本体之内向致思与非本质之敞开对艺术而言都不可或缺。总之,在数媒时代,新的艺术及其形态不断涌现,在热络的拥抱新奇之时,在情感充沛的狂欢之际,也同样需要有一颗哲学的心灵来净化迷茫困顿的生存。

文艺批评的自身困境还体现在"批评"范畴的理解。"批评"截至目前都还不是不言自明的,不同学者、不同教材都会有所区隔,在学术专业与行业、大众的不同视域中更是有间离。这就直接导致了当下数媒境域的文艺批评话语的混乱与自说自话。对于"批评"的界定,国内学界有基本共识,但在表达、用语侧重点上仍有差异,如杨恩寰、梅宝树的《艺术学》中认为"艺术批评"是"对艺术意象的理解、阐释和评判"③,"理解、阐释和评判"既是内涵三要素,又是批评展开的阶段过程;彭锋的《艺术学通论》中认为"艺术批评是建立在艺术理论和艺术史基础之上的关于艺术作品的话语实践,以增进对艺术作品的理解为目的",并指出艺术批评的要素和步骤为"描述(description)、分析(analysis)、解释(interpretation)和判断(judgment)"④。彭吉象将艺术批评作为"艺术创作与艺术鉴赏之间的桥梁"⑤。国内对文艺批评的界定和探究大多借鉴了西方的文艺批评理论,20 世纪的批评被美国文艺批评家韦勒克称作真正的"批评的时代",20 世纪以来西方的活跃的具有推动性的"文艺批评学"也建构着中国的文艺批评理论,知识性的生产一方面以共识性的面目在学界出场,主导着学术精英思想和批评观念、范式,同时自身的困顿、不明也制约着、局限着其影响和发展,特别是在当代数媒境域

---

① [美]诺埃尔·卡罗尔编著:《今日艺术理论》,南京大学出版社 2010 年版,第 56 页。
② [德]本雅明:《摄影小史》,许绮玲、林志明译,北京日报出版社 2022 年版,第 76 页。
③ 杨恩寰、梅宝树:《艺术学》,人民出版社 2001 年版,第 218 页。
④ 彭锋:《艺术学通论》,北京大学出版社 2016 年版,第 118 页。
⑤ 彭吉象:《艺术概论》,北京大学出版社 2019 年版,第 439 页。

中,当种种新的问题和挑战来临之时,自身的困境日益彰显。概而言之,呈现为如下样态:

其一,"批评"之关键要素的不统一、不明晰。如"理解""描述""分析",三种表达可谓互为条件、互为融通,虽然各有强调和侧重,但此种殊异似乎不利于对于大范畴"批评"的理解。当代数媒文艺批评存在着不同媒介之间、行业之间、学科之间、知识层次等多元差异交织混杂的情况,加之情感主导、"自我"傲娇俯视、虚拟主体现身、操控的批评范式,导致传统学术的批评观念和过程难以支撑当下的批评活动,如此等等,均会带来文艺批评的诸般困境。

其二,"批评"与"批判"、"批评"与"评论"、"批评"与"评判"的混淆混用。这种情况在具有知识话语权的学术领域也并不稀奇,在具有权威性的教材和学术著作文章中也不明晰,缺乏深入探究而达成共识,况且在公众群体之中。因此,导致正常的学术批评变成了批判;属于评论的内容经过判断演化为人格的攻击,脱离了学术话语场域;将批评等同于评论,这样跳过了理解、分析而直接评论,忽视或是无顾批评对象而以感性凌驾于理性,造成自说自话、自娱自乐。例如弹幕、公众号留言贴、短视频、自媒体、流媒体博主等具有即时性、符号性、娱乐性、话题性的一些快评、爽评。这些就是一种话语场,无关乎概念是否清晰准确、逻辑是否严密合理。

其三,文艺批评对象问题。现有理论的批评对象是以"作品"为核心,不管是用"艺术意象"还是作品"文本",都是指向作品,如在艾布拉姆斯的文艺批评四要素中,"作品"即是整个艺术世界的核心。虽然在文艺批评中艺术家、接受者、艺术现象、活动等也都会成为批评对象,但基本是围绕作品而各有侧重的。但在数媒批评中,批评对象可以指向艺术作品及其相关世界的全部领域,尤其是作品反而被弱化,如在影视、短剧等批评中,粉丝的狂热追捧、饭圈之间的对立争忿、各种平台的商业化操控,生产者的导引式营销,致使批评远离了作品的创作、审美、价值等问题的探讨,而是转向了"明星"为中心,明星的服装、颜值、人品、私生活,以及团队、粉丝等成为"话题"。如在中西绘画、器物、民间艺术等批评中,以故事代替作品,以探秘、猎奇替代审美和价值思考。如果说这些还有着"对象"存在,那么在一些数媒批评中,"对象"消失,找不到明确的对象,或是对象随意转换,或是借作品而完全变成自我的言说,这种现象一方面是知识和能力的欠缺,一方面是批评主体不自觉的情绪泛滥,再就是对新文艺形式的不置可否、无可把捉,这样只能是陷入在新奇、刺激、迷蒙中的"自失"而"自是"状态。此也可见数媒时代人们的生存状态:新媒体魅惑、控制下的"沉沦""迷醉""狂妄","在"即"不在"。

二　文艺批评的伦理困境

文艺批评具有伦理属性,伦理标准也是文艺批评标准之一,伦理向度和旨趣是文艺批评的常态化呈现。此伦理之视域基于但不局限于社会人伦维度,而是从人之所在的世界立足,是一种"大伦理"的视域。批评是人之个体的文化精神活动,批评主体通过批评对象——或是一种与之发生关联的媒介(物、事、现象、关系等)与世界连接、通会,世界也直接或间接对之作用,因此,这种批评活动也是主体与世界双向同构、圆向共生的过程。其间的媒介链接生成为一个显性与隐性、实在与虚拟共在共生的网络,伦理的关系、向度便基于此而生成,如此伦理视域涵纳广泛,且以向世界开放的结构存在,包括人—物、人—人、人—社会之间的伦理,如人与自然、人与物的自然伦理、环境伦理、生态伦理,人与人、人与社会之间的道德伦理、社会政治伦理、宗教伦理;还包括人类社会创生的生活、文化、行为、机制等世界的伦理层面,如生活伦理、行为伦理、批评伦理、媒介伦理等。基于这种伦理观念,伦理不仅是"关系",更是"存在","伦理"是要阐明一个"理":即人在世界中何以在、如何在的问题。以此反观当下数媒时代的文艺批评,伦理困境是一个层次多维、范围广大、现实复杂、理论艰深的大问题。

其一,文艺批评的伦理主体困境。文艺批评是一种艺术行为或活动,行为主体及其主体性是文艺批评得以展开的根本要素,因此,数媒时代文艺批评的伦理主体困境便是主体自身的困境,即:究竟谁是伦理主体?当下的数媒时代造就了人人可为批评主体,当人们在各种数媒的支撑下肆意、欢腾地畅达自我,当数媒上滚动着浓烈的伦理意识流、充斥着激情澎湃的伦理话语之时,"主体"个个挺立鲜活、实在立体,但这终究是在媒介世界,当我们与媒介保持距离,或关闭屏幕、放下媒介之时,主体又何在、主体又为谁?数媒屏幕世界的主体狂欢却终究是虚无和幻象。我们不禁要问:虚拟主体、AI主体可为主体吗?可否具备伦理主体性,能承担伦理责任吗?短视频当中的才女儿童可为伦理主体吗?"弹幕族""饭圈"等屏幕上的道德话语可为主体的真实情思吗?拉康的"我思非我在,我在非我思"恐怕也是当今批评主体的存在现状吧。因此,究竟如何在虚拟世界和现实世界中判析识别真实主体,如何依此探明文艺批评的主体性及其批评旨趣?这恐怕是最难破解的文艺批评的伦理困境。

其二,批评伦理的公共性困境。当代的数媒世界就是一公共领域,生存其中的每一个体的私密隐性空间都可在万物互联、人人互通中转为公共性的存在,传统的实存的个体间性变革为数码符号的差别,由此,数媒时代的公共领域既是公开共同的共享空间、交互融通的自由空间,也是虚拟的、混杂的媒介特质的公共性空间。文艺批评在如此公共空间的显现源于共同的批评对象，并非源自批评主体的观念、话语、价值标准的同一，因此，各种伦理问题纷至沓来、交错缠绕，甚至爆裂震荡，几乎每种批评形态、每个批评环节、层面都会产生冲击公共伦理的现象。

批评话语是文艺批评最为显性的层面，数媒批评话语的生产与纸媒时代不同，其不是从心灵深处、精神基底处理性的沉思的"书写"，而是被随性的情绪推动在键盘敲打"抛出"，话语的混杂不净、语义不清、情绪挞伐等现象成为常态，公共空间的语言环境、存在境域成为嘈杂聒噪甚至人人互怼逼迫的境地。在批评形态方面，弹幕、短视频、公众号等批评空间成为数媒文艺批评的新形态，如弹幕，既是观看又是批评，在形式上大量的弹幕流占据了公共视觉空间，遮蔽了观看，从内容而言，其中的散点简评、即时快评以及互怼式评论，则影响了作品的艺术表达、效果呈现，对公众则构成了超时空的"干涉"，破坏了独立自由的视觉感受。在批评标准上，标准多元但并不相互理解和接纳，而是针锋相对，显然与批评本身的意旨大相径庭。总之，这种自由而自我的批评不仅是批评自身难以"伦理"，且解构了公共道德和公共精神。

数媒公共空间的"理解"难题日益加剧，"间性""撕裂"渐趋扩展。"理解"是批评得以成就的前提和必然要素，也是批评的目的和意义之一。文艺批评的"理解"立基于以作品为核心的批评对象，依此建构起对艺术家、表现世界、艺术语言观念等整体的艺术世界的理解，并推进到批评主体与他者的生命世界的理解，此"他者"包括自我之外的一切物、事、人、公共领域等，这也是公共理性、公共伦理建构的过程。但在当下的数媒文艺批评中存在着"理解"缺失的现象，在批评主体自身、主体之间、批评对象、批评话语、批评境域、公共世界等诸多方面都有"理解"的缺位，如批评过程中随意拆分、转换批评对象，批评者情绪话语强势滚动弥漫，自我意识流肆意淹没他者，如"独行侠"的快意恩仇，或如贾科梅蒂的"独行人"冷漠无情，在公共世界聚合但不能生成一个"理解域"，公共学术探讨变成公共舆论和圈层派系争吵，如此难以生成真正的交互和理解，公共伦理的成就自然陷入困境。

其三，文艺批评的技术伦理困境。数媒时代文艺批评的特质便是数字技术的介入和操控，其中的伦理困境也由此生成。其中AI批评的技术伦理困境应该是最新也是最难的，根本还是AI的"非人化"问题，这体现在批评主体、批评对象、批评标准、批评方式等诸方面：如在主体方面，用AI生成的苏格拉底、尼采、福柯、安迪·沃霍尔，他们对文艺作品、现象进行阐释和评论，虽然人的形象、气质和观念是"本真"呈现，而就存在而言是AI，这些批评"主体"可谓是"非人的人化"，也可以说是"人的非人化"；再如AI以真人身份虚拟出场或充当水军，如在最近的电影《红楼梦之金玉良缘》的评论中，大部分的抨击者和少数的支持者形成对峙，双方都有质疑对方的真人身份，一些评论者就特别强调自己是真人而非 AI，而当 AI 充当水军加入批评行列中时，其非人化、虚拟化、利益化更是对批评伦理的巨大挑战。在批评对象方面的困境有三：一是由于现有的一些作品难以断定是"人为"还是"人—机"抑或是 AI 自我生成而造成的困境，如一些图像、短视频等，这样就会产生"何为批评对象"的问题，如同德国摄影艺术家鲍里斯·埃尔达格森提交的作品《虚妄记忆：电工》，在获得索尼世界摄影奖后才告知此是 AI 生成图像，因而他拒绝领奖，这直接冲击了人类对艺术的认知和评判；二是如果批评主体也是 AI 或水军 AI，甚至是如此批评主体作为批评对象那又如何？三是批评对象是 AI 复制品或是知识产权的侵犯品，则会导致批评的混乱、非真、意义解构等难题；在批评方式和过程方面，AI 的生成性也会生成批评及批评的再生成。上述诸种情况，都可能造成文艺批评在各个层面的困境，直接挑战批评的主体性、真实性和意义性。

数媒文艺批评困境多源于背后的技术操控，前文所言水军介入批评便是利益各方操控技术后的病态呈现。互联技术、算法技术与多种"数据库"导引、推荐，操控批评话题、价值导向，制造批评景观、伦理霸凌等，这在影视剧、网络短剧、短视频、公众号跟帖中较为常见，在文学、美术、当代艺术中也有出现。如电视剧《玫瑰的故事》曾火爆充斥于各个数媒平台，话题由剧中"玫瑰"的评价转换为演员本人的评价，且大多聚焦热衷于其"形貌"而非"演艺"，剧中主题由女性爱情观转换到现实生活，这种话题热度迅速提升了流量，但却暴露出对艺术伦理的无知、无视。短视频中的影视解说博主，使用碎片化、剪辑化、拼贴化的技术改编了原作，虽然丰富了大众的日常生活、提升了作品的流量和关注度，但也对原创造成侵害、曲解，无益于作品的传播和艺术价值的实现。当数据、技术已经成为"看不见的手"在隐性地操控批评者的观看模式和审美取向，左右着其批评态度和价值标准，引流着传播渠道和范围之时，那么，文艺批评的语言、话语、观念、方式、传播、意义都会被整合到数据模型中，此时文艺伦理也许已经不是人类自我自觉的观念和行为。

其四，文艺批评的媒介伦理困境。这种困境一是源于各种媒介本身的技术控制、机制模式和管理运营等领域的知识匮乏及其快速的更新迭代；二是源于多种媒介的同时在线、互融整合，其复杂多元和新变；三是诸种媒介的文艺批评即生产即传播、即流动即消逝的多类型模态、多层次间隔、多网络链接等。致使文艺批评的媒介伦理问题滋生纵溢，充斥于作为批评载体的媒介、作为传播空间的媒介和作为互联互通、融合媒态、共生共存的"全媒介"。

当代的各种数字媒介是技术的产物，技术即媒介，媒介是数字技术的生产者也是操控者，技术是把双刃剑，媒介亦如是，且二者双剑合一之后，对文艺批评的大众化、公共化、自由化等巨大推动的同时诸多伦理问题更难以解决。比如批评语言、批评主体和内容的真实性、批评对立和极端偏向、批评对象的文艺溢出、公共舆论制造、人身攻击和隐私侵犯、伦理强制、批评身份的歧视等,这就需要数字媒体自身从技术设计源头、传播调控、管理督导等进行"自律"或"自治"。同时,也亟需"他律"的监管和融入,主要体现在社会伦理责任的担当,文艺批评知识的传播、素养的提升,对艺术创作的推动等文艺生态的良性发展与公共价值的实现。但目前从技术和媒介机制、外部环境等方面对伦理问题都缺乏基本的认知和担当精神,有些领域不仅没能调控治理,反而在滋生蔓延。

数媒时代也是新媒体、融媒体或全媒体的时代,媒介载体飞速更新创变的同时,媒体之间的融合链接也更加紧密,可以说,媒介世界也是"文化共生体",而文艺批评的媒介生态伦理则是在媒介世界基础上加之文艺批评,建构起多元网络交织共在共生的文化整体,其中涵纳着数媒间性伦理、文艺与数媒间性、数媒中的文艺批评间性,也就是"文化共生体"诸要素的间性伦理。此是基于共生体内部而言,同时还包括数媒和传统媒介之间,这关涉到精英群体和大众的媒介分层和间隔,媒介系统与商业资本、技术系统、社会管理机制之间的间性伦理,这决定着批评媒介的自由独立性、公开真实性、批评的价值有效性等,依此避免技术、资本的操控,娱乐、利益的王道,道德的偏狭、绑架等诸多伦理的混乱与畸变。麦克卢汉曾言:"任何的新媒介都是一个进化的过程,一个生物裂变的过程,它为人类打开了通向感知和新型活动领域的大门。"[1]文艺批评的媒介生态伦理是一个新生的课题,困境重重,亟需面对,应尽快探索其中天然应然与当然必然之文化生命的健康样态。

三 寻根索源、问道来路

值此种种困境之际,在求索于当代、未来之时,仍需回溯传统,问道来时路。黑格尔曾言:"我们之所以是我们,乃是由于我们有历史……所以构成我们现在的,那个有共同性和永久性的成分,与我们的历史性也是不可分离地结合着的。我们在现世界所具有的自觉的理性,并不是一下子得来的,也不只是从现在的基础上生长起来的,而是本质上原来就具有的一种遗产,确切点说,乃是一种工作的成果——人类所有过去各时代工作的成果。"[2]历史的遗产并非收藏于博物馆,而是现在的源头活水,是当下和未来的生命血脉,古今问题永远是个问题,但"古今"意味着古今生命的相邀与融会。刘勰在《文心雕龙》的《序志》中曾批评彼时的文论"未能振叶以寻根,观澜而索源。不述先哲之诰,无

---

[1] [加]马歇尔·麦克卢汉:《理解媒介:论人的延伸》,何道宽译,商务印书馆2000年版,第27页。
[2] [德]黑格尔:《哲学史讲演录》第1卷,贺麟、王太庆译,商务印书馆1981年版,第7—8页。

益后生之虑。"①所以他有《原道》,认为"道沿圣以垂文,圣因文而明道"。在中国传统文化中,"道"是本根,其本体性、生生性根植了人的生命存在,建构着其意义世界,即便在当代数字技术主导的世界中,对"道"的认知、体认、理解、阐释和建构仍是本根之途,也是解决文艺批评困境的基本理路。

"道"是中国哲学的最高范畴,《老子》的"道生一,一生二,二生三,三生万物",《庄子》之"道"的"神鬼神帝,生天生地",孔子的"志于道,据于德,依于仁,游于艺",慧能《坛经》的远离迷执、除却迷妄、"自悟佛道成",马祖道一的"道不用修""平常心是道",虽各家思想殊异,但同归于宇宙之本源、存在之依据、理想之归宿的"道"。中国文艺根植于中国哲学,"道"自然成为其本体,无论是创作、鉴赏批评还是艺术生活都是大道之彰显,贯通于诗文书画、琴棋乐舞、戏曲园林、器物礼仪等文艺世界,"文道"摄涵"艺道"而归于天地之大道。从先秦时期的"技进于道""志道、游艺",到唐韩愈、柳宗元及其弟子的"文以明道""文以贯道",宋周敦颐的"文以载道",欧阳修的"执道为本"、苏轼的"文与道俱",朱熹的"文便是道""文道合一",直到清代刘熙载《艺概》中的"艺者道之形"的观念,文艺之"道体"统摄着中国艺术的生命整体,决定着其精神特质和意义旨趣。由此"道"而来的中国文艺具有生生性、自然性、创生性和伦理性。宗白华曾阐发"艺道"认为:"中国哲学是就'生命本身'体悟'道'的节奏。'道'具象于生活、礼乐制度。道尤表象于'艺'。灿烂的'艺'赋予'道'以形象和生命,'道'给予'艺'以深度和灵魂。"②此之"道"便是文艺之灵魂。当下的数媒时代无论技术如何变革颠覆,媒介如何新异丛生,文艺批评之形态如何多元复杂,但其艺术生命的灵魂依然是意义支撑。如此,超越时代与诸种区隔,在当代仍能生发其根本价值。

其一,"道"之本体的再生。古代的"道"并非随着新时代的到来而止步,亦非被当代人按了"停止"键而消亡,当文艺批评自身的本体产生问题并陷入困境的时候,"道体"便亟需出场。当我们追问"文学""艺术""文艺"是什么之时,思维和立基点是在西方、在学科、在知识,而中国古代的"道""文""艺"是在宇宙万物、在生命、在存在。"文"涵纳天地万物的纹理之文、文饰之文、社会之文、文德之文、文章文辞之文,"艺"属于"文",是天地人三才的生命之文,是"道"的显现和归属。基于此本体认识,再反观当下的批评对象、批评标准、批评价值便自然清晰,问题的症结便可显现。

其二,生生之大德文艺伦理及其当代觉悟。当代文艺批评的伦理困境体现在批评主体之间、主体和对象之间、批评媒介之间、人机之间等诸多方面。从形而上的维度来

---

① [南朝梁]刘勰著:《文心雕龙》,王志彬译注,中华书局2012年版,第575页。
② 宗白华:《美学散步》,上海人民出版社1981年版,第80页。

说,困境的解决亟需省思对伦理本身的认知,伦理并非局限于人人社会的范围,并非和真、美切割,并非只局限于批评主体,亦非局限有限的时空,也就是说,中国当下文艺批评的伦理视域虽是批评实践的重头,但从基本理论和实践而言,都缺乏对中国传统伦理思想的认知和根植。

中国古代的伦理观念具有"大生命"特质,是涵纳着天地、人物、人人、身心之生命的广大精微,非仅限于儒家,而是儒释道殊途同归的宇宙生命伦理,具有生生性、自然性,是真善美合一的美德伦理;此种伦理虽然也体现为"间性"关系,但其根本则是源于宇宙天地万物之本根生命之"一",换言之,即"天道""天""大""天理"等,这就使得伦理价值实现具有了形而上依据和现实之可能,而不是两种"物"科学意义上的"间性"。老子由"道"而生万物,管子由"气"而论"万物以生,万物以成,命之曰道",孔子以"仁道"言天人,《易传》之"天地之大德曰生"将"生生"作为宇宙存在之"至德",以至宋代的"人与天地一物也""天地与人一理也"的天理、生理,这种"德"是"得"之于宇宙天地,因此,需从"大生命"的"一"之本根处识得其伦理气质。

觉悟于此,文艺批评中各个层面,包括 AI 的人—机层面都可在理解的基础上进行阐释和评论,从而避免网络暴力、道德绑架、意识形态拘辖、文艺世界偏离等现象,这样在充分保有批评的主体性、自由性、多元性的同时,又可客观有效地推进批评的广度和深度,提升批评质量,焕发公共理性和精神,实现批评世界的良性生态和意义的建构。

其三,"成人"及其当代价值。中国古代哲学和文学艺术都贯穿着"成人"的理念,周孔之诗书礼乐的"为己之学",庄子的独与天地相往来的"逍遥",屈骚"天问"下的"香草美人",禅宗的"自心自性",都是在追问着"人之为人"中求索着"成人"之道。在中国"天地人"的"三才"宇宙体系中,"人"居中,俯仰天地,参天地、赞化育,成为"天地万物之心"。《礼记·中庸》言:"诚者,非自成己而已也,所以成物也。成己,仁也;成物,知也。性之德也,合内外之道也。"《中庸》"成己、成物"是"人—物"宇宙生命整体之必然和当然。中国传统文化所成之人就成为文人士子的一种理想追求,一种民众的仰慕和期许,就如苏轼所倡导的"胸中士气":既有独立高洁、至大至刚的浩然之气,萧散高蹈、超然自适的逍遥之气,也有疏淡空灵、清明纯净的静净之气,胸中廓朗平宁、超逸清净。因此,中国古代艺术的"主体"要从"人之为人"处识取。

基于此,反观文艺批评这种艺术活动,其终极旨趣是以艺术品及其世界为媒介,通过"人—物"之关联而臻达"成己成物成人",因此,当下数媒时代的文艺批评之种种困境可依此疏解。一是"修身成己",夯实批评主体及接受者自身的知识基础,提升自身的文艺素养,"观看"批评对象之前先"求诸己",修养自我之身心、性情、神思;二是"虚己成物",真正的"成己"也是"虚己"而立,此是人之本然,因为人之存在境域是天地之"中",人是"天地万物之心",人有充实之光辉而又虚纳万物,新儒家徐复观曾将庄子的"虚静之心"作为中国艺术的主体,实则指出了艺术主体应是"大其心"者,如此,当主体面对着批评对象,观之、纳之、体之、审之、问之,从而"成之",这既是"成己"也是"成物",否则,很难做到文艺批评所谓理解、阐释和评论,难以实现批评的价值和意义;三是"泯物我",即超越分别。这里的"物"既包括实在之万物,也包括人类诸般事物,世界的美好是源自万事万物各自的缤纷绽放,但因这绽放而感受到的美好却是超越了各自的分别,而"我"亦在这万物之中,"我"不是对这世界的观看,而是"放下身来与万物一例看"。

当下的数媒文艺批评中,过度膨胀了恣肆了那个"自我",却无视了迷失了"自我"之境,导致批评变成了情绪发泄,逞口舌之快,短暂的娱乐至死;批评主体演化为道德的裁判,多元的批评分化为一众"敌人";数媒技术的革新、媒介的创变升级为资本操盘、利益至上。数媒时代本应是文艺批评色彩纷呈、美妙绝伦的时代,娱乐至死、批评即死的时代,摆脱当下困境,困境终会在发展中破冰。把握马克思主义文艺伦理方向,借鉴传统文化,提高文学素养,从不同形式的文艺作品中探究文学的人文关怀,从而形成一种有效的伦理批评。

Ontology, Ethics, and Questions: In the Digital Media Era The Dilemma of Literary Criticism and Traditional Mirror

Liu Guirong

(Institute of Art Studies, Chinese National Academy of Arts, Beijing 100029, China)

Abstract: While digital media has brought certain development opportunities for literary criticism, it has also caused many confusions for the latter and plunged literary criticism into an ethical dilemma. Due to the changing connotations of "literature" and "criticism", it is difficult for literary criticism to form a standardized critical discourse from an ontological perspective; due to the ambiguous identity of the recipient, it is difficult for literary criticism to have a definite ethical subject, which affects the emergence of an effective ethical criticism. Critics can learn from traditional culture, improving their literary quality, highlighting the humanistic care of literature, and exploring opportunities of happiness from different forms of literary works.

Keywords: digital media era; literary criticism; ethics; traditional culture; happiness

20世纪80年代形式批评的生成契缘、关注要点与社会意味

魏建亮①

摘 要：促动中国20世纪80年代形式批评生成的要素不是西方形式理论，而是注重语言、结构、叙事等形式要素的本土创作实践。80年代形式批评的关注点较多，技巧、模式、叙事、语言、结构等要素都被讨论，但人们只是对它们进行介绍和模仿性批评实践，并未进行深入挖掘，且批评者所论技巧、语言、模式等并不具有自足的本体意义，在其背后还有一个永远走不出的"社会大文本"。这种状况的出现，与80年代"融入社会"的理想主义文化语境有关，与中国文化传统中注重实用理性的倾向有关。

关键词：20世纪80年代；形式批评；社会意味

一 生成契缘再探

对于中国20世纪80年代形式批评的生成，学界已有较多研究。概言之，一是认为它与西方的"语言论转向"及在其影响下产生的形式主义、新批评、结构主义、叙事学等批评理论的引进有关；二是认为在上述批评理论影响下，当代文学创作出现注重语言、结构、叙事等形式要素的潮流，故亟需新的，以语言、结构、叙事等为关键词的批评模式来应对；三是从形式批评的"科学性"和"革命性"入手，认为它可以解决中国传统批评的感性有余而理性不足之弊，并去除机械反映论和庸俗社会历史批评的"遗毒"②。

以上说法均有道理。但稍一深入，就会发现其中的一些疑问，最明显的是搞错了西

---

① 作者简介：魏建亮，河北大学文学院教授，主要从事当代文学批评。
② 关于这个问题的相关论述有很多，如陶东风：《当代中国文艺学研究》，中国社会科学出版社2011年版；高建平：《当代中国文艺理论研究》，中国社会科学出版社2011年版；黄曼君：《中国20世纪文学理论批评史》，中国文联出版社2002年版，等等。

方形式理论和本土文学创作的逻辑关系,把作家对语言、结构、形式等的重视看成是西方形式批评理论引进的结果。西方形式理论对当代中国文学创作转向"深层结构"、追求语言至上和编织叙述圈套有重要影响,但它不是创作转向"形式主义"的主因。80年代中期的创作之转向"形式",很大程度上是受当时引进的西方文学作品的影响。因此,形式批评的产生与上述两个因素之间的关系是这样的:作家受到注重形式的西方文学作品的影响,创作出注重形式的作品,如王蒙的意识流小说,残雪的现代派小说,余华的先锋小说就是在这样的背景下产生的。面对这些作品,当时的批评理论界尚无合适的"武器"对其做出评判,而恰好西方的形式理论又被引进,它们能较好地呼应和回答这些作品提出的问题,于是批评者就开始用这些理论来研究。在研究和批评这些作品的过程中,中国的形式批评得以产生。故而,80年代形式批评出现的主要原因不在于西方形式批评理论的引进,而是当时创作实践的推动,是它提供了形式批评得以出现的契机和土壤。

当代文学创作之注重"形式",与80年代初期的作品在语言、结构、叙述等方面依然因循守旧,公式化概念化倾向突出有关。这导致当时的文坛表面活跃,内里实则变化不大——依然围绕着现实主义进行喋喋不休地线性叙事,部分作家和读者对此很不满意。事实上,他们当时迫切需要的作品不仅仅是对"四人帮"进行控诉,重召现实主义的创作方法,还有个人情绪和情感的宣泄和表达。如何宣泄,怎样表达?旧的语言和形式显然已不能满足此种需要,于是人们开始尝试使用新的语言、新的技巧,朦胧诗就是在此种契机下出现的。徐敬亚注意到,无论是在舒婷、北岛,还是顾城、欧阳江河的作品里,之前那种线性的叙述,明了的意象刻画和直白的情感表现大都已褪去,活跃在诗歌中的只有腾挪跌宕的思维,千奇百怪的韵律,似是而非的意象和朦胧晦涩的象征[①]。在这些"形式"背后,表达的正是作者企图打破外在束缚,追求自我的自由高歌。

中国古代文论对"言"和"文"的阐述,以及"审美论"在当时的出现对其生成也起到一定推动作用。中国古代文论对形式的关注,一贯讲究"文以载道""得意忘言",它将语言和形式放到从属的地位,因此,与以新批评为代表的西方形式理论是根本异质的[②],对"言"和"文"等形式问题的强调和阐发,构成了丰富的形式批评的理论资源。比如,"言之无文,行而不远",南北朝骈文是一种注重形式的典型文体,宋初的"西昆体"也注重讲究音调、辞藻、声律的形式美特征。王弼论述"言象意"关系:"夫象者,出意者也。言者,明象者也。尽意莫若象,尽象莫若言。言生于象,故可寻言以观象;象生于意,故可寻象以

---

① 徐敬亚:《崛起的诗群》,《当代文艺思潮》1983年第1期。
② 姜飞:《从"淡入"到"淡出":英美新批评在中国的传播历程简述》,《社会科学研究》1999年第1期。

观意。意以象尽，象以言著。"①从中不难看出，王弼的解释"象"以言著，"言"对"象"有描述和解释作用。"意以象尽"，"意"的表达要靠"象"显示出来，有"象"才能达"意"，而象的生成则要靠"言"得以明示，以言立象，所以他说"尽意莫若象，尽象莫若言"。由此，"言—象—意"三者之间就形成了严密的相互承接和依次递进的关系。在这个关系中，"言"无疑是最基础和最重要的，因其事关"象"的生成和"意"的表达。既如此，王弼"得意忘言"如何解释？有人认为王弼是想以此消除两汉时期"繁琐注易、解易的象数之风"，或突破外在的象数形式束缚，通达义理②。由此来看，王弼的"得意忘言"并不是不注重言，更不是强调在进行文学创作和批评时不关注语言形式的意义，只把它当成工具。

80年代"审美论"的出现对形式批评的生成也起到了一定推动作用。当时的审美论者大多借鉴康德的审美无功利思想，认为文学属于"美的领域""情感的领域"，只是长期以来，这个领域被政治判断和社会分析占据和取代③，因此，文学应回归到"审美本体"地位，秉持无功利的、自由的创作心态。"只有以审美为核心，多元检视文艺的性质和特点，才能建立起真正科学的文艺学"④，"审美"应当成为"文学研究的主视角"⑤。当康德意义上的无功利的、无目的、自由的"审美"被如此确证为文学的重要属性，甚至被看成文学的本质后，人们自然会去寻找组成这个本质的各个构件。在这个过程中，情感、体验、感受、想象、形式、语言、结构等因素被顺势提出，当作"审美"的具体构件而被研究、被关注，那些与政治意识形态、阶级斗争、历史总体性等有关的内容则被慢慢遗忘。当然，80年代的"审美论"还不是形式批评理论，但它对形式的审美性探求，对强加于其上的政治判断与社会分析的拒斥，无疑推动着批评理论向"形式"迈进。

二 形式批评的关注要点

中国20世纪80年代的形式批评没有对技巧、模式、叙事、语言、结构、修辞等要素进行深入挖掘，只是对其中的一些要素进行了粗浅介绍和模仿性批评实践。这种批评不仅不能与90年代以来的形式批评相比，更无法与西方的形式批评相提并论。然而，当把它放置到80年代的文化语境中时，就会发现，正是它对多个形式要素的介绍和分析，才引起学界的关注，有了批评理论的"形式"转向。

---

① ［魏］王弼著，楼宇烈校释：《王弼集校释》，中华书局1980年版，第609页。
② 董春：《论王弼"得象忘言、得意忘象"的易学诠释路径》，《周易研究》2016年第3期。
③ 鲁枢元：《文学："美的领域"》，《上海文学》1981年第6期。
④ 杜书瀛：《文艺与审美及其他》，《学习与探索》1987年第2期。
⑤ 童庆炳：《文学研究的主视角》，《批评家》1988年第2期。

(一)技巧

长久以来,人们认为创作技巧就是"怎么写",它是形而下的,远不及"道",即"写什么"重要。"雕虫小技""奇技淫巧""熟能生巧"等就是对"技巧"的"判词"。这影响到在文学创作中,人们不怎么关注"技巧",因为那是"伪",而艺术的最高境界是"真"。在此背景下,出现于1981年的《现代小说技巧初探》不仅正面介绍了语言、叙事、人称、结构、时空距离、意识流、象征、怪诞、非理性等现代小说的创作方式和技巧,而且阐述了它们之于文学艺术的积极意义。此举推动了人们对现代小说新形式的了解,成为80年代形式批评的先声。

其后,学界对技巧的关注渐增,南帆是当时对其予以深入阐发的学者之一。在《小说技巧十年》中,一方面南帆从理论上界定和分析技巧的内涵、地位和意义。他认为,技巧是"借助文字语言的组织而赋予想象、激情、艺术思维与审美经验以内在的规范与秩序",在审美活动中具有"基础性"地位。"在相当长的时间内,小说艺术对于技巧的意义估计不足。我们缺少强调技巧的传统。大多数人认为,技巧不过一种外表的修饰和润色,纯粹地伺弄技巧总是难以出息"[1]。那么,技巧在小说创作中有何意义?"(它能)将尚处于作家个人体验之中的形象体系井然地投影于语言系统之中……在终极的意义上,小说技巧的探索在于为主体跨向客体架设新的桥梁。……活跃于作家内心的形象体系逐步在语言系统中明朗化、清晰化以至最终完成。所以,小说技巧直接限定了作家创造形象的深度与范围"[2]。另一方面,南帆又对《从森林里来的孩子》《受戒》《大淖记事》《剪辑错了的故事》《夜的眼》《风筝飘带》等作品的技巧运用进行具体分析,认为它们在叙述语言、叙事观点与叙述模式上有较大创新和变化。语言的变化表现为在行使描述和叙述功能的同时,它还饱蘸情感,显现了作家的心绪、情绪和态度,故突破了简单的交际功能而有了情感性和诗性。"张承志那汹涌的长句后面是否躁动着一片灼热的情感?阿城那不动声色的长话短说是否隐含了些许人生的超脱旷达?李杭育那揶揄、戏谑、幽默后面是否着意突出葛川江文化中的乐天气质?或者,王安忆的语调从少女式的清纯转到《舞台小世界》《小鲍庄》那种随意甚至大智若愚,这是否使人们感到一种世事洞明与人情练达呢?"[3]

叙述模式的变化最明显,它通过意识流、象征、并置等多种手法的使用使小说"走出"传统情节模式。意识流小说是最早出现的超越"情节模式"的作品。在这样的小说中,无数的形象片段自由地聚散离合,赋予现实一道心理秩序,进而超越现实的羁绊。体现在

---

[1] 南帆:《小说技巧十年——1976—1986年中、短篇小说的一个侧面》,《文艺理论研究》1986年第3期。
[2] 同上。
[3] 南帆:《论小说艺术模式》,《文艺研究》1987年第1期。

语言上,则是明显削弱了言语之间的逻辑关系,使得"语句更像一些解散的散兵游勇"①。散文化小说,如孙犁的《荷花淀》,汪曾祺的《大淖记事》的最大特点不在于呈现人物的冲突,而在于事件的展开过程所触发的情绪,读者的感受与体验也由惊险刺激转化为一个个富有诗情画意的场景。感觉化小说的叙述模式也超越了"情节模式",如莫言的《透明的红萝卜》《红高粱》等的突出特点即最大限度地发散感觉能量,而情节不过是感觉的载体而已。

南帆对"技巧"的分析和"正名",既让学界注意到它的存在,提高了它在文学活动中的地位,也让作家意识到在当代小说创作中,他们对技巧的运用已达何种程度,怎样才能更熟练地运用技巧,写出更加优秀的作品。

(二) 叙事

80年代的学界常从三个方面谈论叙事:一是对西方叙事理论的介绍;二是利用西方叙事理论对中国文学作品进行解读;三是对西方叙事理论予以一定改造,再用它分析作品。

在80年代中后期,挪用西方叙事理论批评中国作品比较盛行。比如,1987年程德培出版《小说本体思考录》(上海文艺出版社1987年版),对王安忆、贾平凹、莫言、苏童等人的作品从"叙事"角度进行详细分析;1989年孟繁华出版《叙事的艺术》(中国文联出版公司1989年版),从叙事视角、叙事时间以及叙事语言等方面对当代小说进行批评。一时间,叙事视角、叙述者、叙述动作、叙述时间等充斥于学界,成为谈论文学作品时的时髦用语。在当时的众多批评中,最有影响的当属吴亮的《马原的叙述圈套》。吴亮提出了一个在当时、甚至后来都产生很大影响的概念"叙述圈套",即马原"讲故事"的特殊方式:叙述者与作者的身份出现了含混、叙述视角在文本中不断变幻与游移、叙述过程中出现了断裂、叙述中还套有新的小叙述②,等等。由此开始,"叙事"成为中国当代小说创作,尤其是后新潮小说写作的一种极致性追求。那么,后新潮小说的叙事呈现出一种什么样的极致性呢?陈晓明认为,在后新潮小说中,各种叙事元素得到了全面开发,它们不仅扩张了马原的"叙述圈套",而且把意识流的叙述技巧、魔幻现实主义的写作技能以及互文性创造性地运用到小说叙事中,大大开阔了叙述视界,叙述成为写作的最终目的,作品成为验证叙事技巧的欢乐的海洋。"在扰乱我们的习惯视野时,却也开拓了新的视界,叙述彻底开放了:因为'叙事时间'意识的确立,叙述与故事分离而获得二元对位的协奏关系;由于感觉的敞开,真实与幻觉获得双向转换的自由;双重本文的叙述变奏无疑促

---

① 南帆:《论小说的心理—情绪模式》,《文学评论》1987年第4期。
② 吴亮:《马原的叙述圈套》,《当代作家评论》1987年第3期。

使本文开放,'复数本文'的观念却又使叙述进入疑难重重的领域。显然,开放的叙述视界打破了作品孤立自足的封闭状态,小说被推到无所不能、无所不包的极限境地,叙述获得了从未有过的自由"①。

用改造后的西方叙事理论进行批评在 80 年代的形式批评中也占一定比例,陈平原是较早对西方叙事理论进行改造的学者。在《中国小说叙事模式的转变》中,陈平原对西方叙事理论采取了"取其大略,用以构造本文所必需的理论框架"②的态度,并从叙事时间、叙事角度、叙事结构等方面运用新框架研究了中国小说叙事模式的特点和变迁。通过这种创造性运用,陈平原建立起了个人化的、进行小说叙事分析的基本范式,并对中国小说进行了独特的"形式"研究。比如,他发现在西方传统的叙事理论框架之外,中国文学的"史传"传统和"诗骚"传统是制约中国小说形式发展的两大因素,传统文体中的诸种"次文类",如笑话、轶闻、游记、日记、书信等在 20 世纪初期中国小说中有过全面渗透。他还提出了叙事者的表现角度的概念,认为它具有将时代的表现意识明确起来的"表现史"的性格等等全新的叙事理论命题。也正是因此,该书被称为现代文学研究中的"第一部艺术形式发展史"③。陈平原的开创性研究,掀起了国内学者对中国文学中的叙事进行研究的热情,很多人纷纷从中国古代文学中发掘叙事因素,建构中国文学的叙事传统。

(三)语言

语言是 20 世纪 80 年代形式批评的又一重要关注点。人们在论述文学作品的形式、技巧、文体等问题时,都会涉及语言,而且最终的落脚点也是语言④。

谭学纯对语言的理论阐述在当时的形式批评中别具一格。他的专业是语言学,但他没有仅从语言学角度展开论述,而是从语言学与文学的结合中研究新时期以来小说的语言新变。在与唐跃合作的《语言功能:表现+呈现+发现》一文中,谭学纯从逻辑性和逻辑前提两方面有力质疑了"语言是文学的表现工具说",认为语言不仅具有表现功能,还有呈现和发现功能。"无论是对一个时期的文学思潮和文学态势的宏观鸟瞰,还是对一批作家的文学流派、一位作家的文学风格、或一部作品的文学结构的微观剖析,主要都建立在文学文本的基础之上。因之,离开了文学语言的呈现功能,文学批评便无从下手,也不可思议"⑤。语言的发现功能也具有重要意义,"文学作品以语言排列的形式

---

① 陈晓明:《后新潮小说的叙事变奏》,《上海文学》1989 年第 7 期。
② 陈平原:《中国小说叙事模式的转变》,北京大学出版社 2010 年版,第 59 页。
③ 刘俊:《研究的背后——读陈平原〈中国小说叙事模式的转变〉》,《南京大学学报》1989 年第 6 期。
④ 如南帆论述小说技巧时,专门从叙述语言和小说结构着手来阐明小说结构的演变与审美语言的变化之间的对应关系。即使到了 90 年代中期,魏天无在论述文体时也指出,文体问题首先是语言问题。魏天无:《论文学批评中的文体分析》,《华中师范大学学报》1996 年第 6 期。
⑤ 唐跃、谭学纯:《语言功能:表现+呈现+发现》,《文艺争鸣》1987 年第 5 期。

面向读者,读者必须具有相应的语言能力,包括理解言语意义和语言组合方式的能力,才能阅读作品。因之,文学语言的发现功能,是读者从文学作品中发现独特意味的基本条件"①。如此一来,语言自然就突破了单纯的"表现"范围。在当时关于文学语言的文章中,谭学纯还论述了语言情绪、语言距离、语言节奏、语言表现及语言能力等多个范畴,并结合具体作品对它们进行了详细讨论②。这些关于"语言"的新范畴和新论述让人耳目一新,比照搬西方语言理论进行的批评更有说服力。

李劼关于语言的理论阐述和批评文章也极有特色。在《试论文学的形式的本体意味》中,李劼从"写什么"和"怎么写"的提问入手,转入对语言的本体讨论。他认为语言的本体地位主要通过"语感外化"和"程序编配"体现出来。语感外化指作家把他对语言的敏感程度通过语言体现出来,包括文字性语感与文学性语感。程序编配指"整部作品的语言系统的生成过程"。正如语感是文学语言的生成基因一样,"编配将语感基因诉诸一个特定的有序系统。语感的具体性决定了文学语言的个性化,编配的特定性决定了具体作品的独特性"③。也就是说,语感外化是无意识的,程序编配是有意识的,它通过语感外化了的语言组织文本,并让由此组织起来的文本的结构和形式变得有意味。基于此,李劼说:"所谓文学,在其本体意义上,首先是文学语言的创造,然后才可能带来其他别的什么。由于文学语言之于文学的这种本质性,形式结构的构成也就具有了本体性的意义。"④从语言角度定义文学不是李劼的首创,在20世纪80年代这是一种潮流,但是,把语言之于文学的作用看成是生成性的,却是李劼的创新。在《论小说语言的故事功能》《论中国当代新潮小说的语言结构》中,李劼从上述认识出发,对刘索拉、马原、阿城、孙甘露等人的"新潮小说"进行了语言批评。尤其是他对马原《虚构》首句"我就是那个叫马原的汉人"的细读,更是凸显了语言批评的魅力。

> 我就是那个叫马原的汉人。这三重限定都带有对"我"的特指意味。但问题是,"那个叫马原的汉人"却并不就是"我"。因为宾语可以走对主语的限定,但宾语不可以在限定主语的同时限定自身。然而按照该句式的语法逻辑,宾语对主语的限定恰好又是宾语对宾语自身的限定。这种自我限定无意中推翻了原有的对主语的限

---

① 唐跃、谭学纯:《语言功能:表现+呈现+发现》,《文艺争鸣》1987年第5期。
② 相关文章有:《语言情绪:小说艺术世界的一个层面》,《文艺研究》1986年第6期;《语言能力在文学创作中的用途与类型》,《江淮论坛》1988年第6期;《新时期小说语言变异的功能拓展》,《文艺理论研究》1988年第2期;《语言表现:创造性外化活动》,《文学自由谈》1988年第1期;《语言节奏:小说文本分析的一个视角》,《上海文学》1988年第9期;《语言情绪的空间宽度》,《当代文坛》1989年第1期;《语言距离:小说文本分析的另一个视角》,《文艺理论研究》1989年第5期,等等。
③ 李劼:《试论文学形式的本体意味》,《上海文学》1987年第4期。
④ 同上。

定。主语是宾语,宾语是主语,宾语是宾语,主语是主语,结果却导致宾语什么都不是、主语也什么都不是的结论。在此,"我"是先验的,"我是什么"也是先验的。"我"通过自我证明确认"我是什么",结果这种确认在事实上具有虚构的意味。也就是说,"我"用撒谎的方式说了关于"我"的事实。①

这种分析睿智深刻,富有智慧,与吴亮对马原的"叙述圈套"的分析有异曲同工之妙。可惜的是,这样的分析在当时,包括后来都很少见。

三 走不出的"社会大文本"

20世纪80年代的形式批评让学界意识到形式之于文学的意义。但批评者所论技巧、语言、模式等形式要素并不具有纯粹的本体意义,在其背后,还有历史、文化、审美、现实等多种意涵。换言之,在这些形式要素身上,有一股浓重的"社会意味"。比如,从南帆论述小说技巧和模式的文章中,我们可感觉到他在形式身上倾注的社会期待。他说,小说技巧的发展与重大改变"无宁溯源于这一点:作家对于世界的观照、体验、感受、想象和思索这些审美把握的方式、意向与过程发生了重大改变。"②与此相似,李劼在《试论文学形式的本体意味》末尾说:"作品的语言形式构成其基本功能,从而显示文学的本体性:作品的语言形式所呈示的物象和意象构成其转换功能,从而生发出作品的历史内容、美学内容以及文化心理内容等等的审美功能。"③程文超也饶有意味地说:"'范式'革命为批评家打开了一个广阔的艺术天地。那里有道不尽的语言、道不尽的结构、道不尽的文本。而在中国80年代的批评家那里同时有一个永远走不出的大文本:时代、社会、历史。"④

那么,为何80年代的形式批评永远走不出"社会大文本",形式总要去承载一定的历史内容、社会意味而不是仅仅表征其自身?

在最直接的层面上,这与社会文化语境有关。其时,国家主导思想解放运动,知识界掀起新启蒙运动,这两个运动结合在一起,声势浩大,影响深远。它不仅让国人从之前的思想禁锢中走出,生发出再次"被解放"了的欢乐达观,而且"向四个现代化进军"的蓝图还让每个人感觉到可以"大有作为"。于是,理想主义情怀、社会参与意识、使命感责任感

---

① 李劼:《论中国当代新潮小说的语言结构》,《文学评论》1988年第5期。
② 南帆:《小说技巧十年——1976—1986年中、短篇小说的一个侧面》,《文艺理论研究》1986年第3期。
③ 李劼:《试论文学形式的本体意味》,《上海文学》1987年第3期。
④ 程文超:《意义的诱惑》,中国社会科学出版社2009年版,第94页。

在国人身上空前高涨,他们纷纷以"天下兴亡、匹夫有责""舍我其谁"的主人翁姿态投身到改革开放和四个现代化建设的洪流中。在这种氛围影响下,包括文学批评者在内的知识分子,大多无法静居一隅而使其活动不与"社会"发生广泛联系。这是一个"思想突出"、"为国家为社会而生活"的集体主义精神高涨的年代。在这样的年代里,如何才能在日常生活中更好地回报社会、回应社会关切是每一个人关注的重心,形式批评者的思考自然也脱离不了这种大环境的影响。因此,即使他们研究的是理论上与时代、历史、社会等关系不那么密切的技巧、结构、模式等"形式"范畴,实践中他们也总会让其与时代、历史、社会等发生联系。从这个角度说,形式批评者的"形式"离不开"社会大文本"是在当时"融入社会"浪潮裹挟下,他们不自觉做出的惯性抉择。同时,这又是他们自觉做出的策略性选择。受之前一些文艺运动的影响,80年代的批评者在谈论文学中的社会历史问题时,内心不免还有些顾虑,但受到当时流行的"融入社会"浪潮的冲击和新启蒙思潮的聒噪,他们禁不住又要关注"社会"并投入为"四个现代化"服务的社会建设中。那么,怎样才能从容谈论"社会问题"同时又是"学术"的呢?这时他们发现,在80年代引进的西方形式批评理论中,文学艺术的形式是客观中立的,就像什克洛夫斯基说的那样,"艺术永远是独立于生活的,它的颜色从不反映飘扬在城堡上空的旗帜的颜色"①。这给中国的形式批评者以很大启发,让他们找到了谈论社会历史的方法:努力在正面谈论文学形式,因其与社会历史无关;但又可以以"形式"为掩护,把自己对社会、对历史的看法楔入其中。对他们来说,此举可谓"一箭双雕"——既学术性地谈论了形式,又解决了他们谈论社会历史的"渴望"。还有一个因素也促使形式批评者要涉及社会历史内容,而不是像西方形式批评者那样谈论纯粹的形式,这就是,在中国的文化传统中,"为形式而形式""为艺术而艺术"的研究和创作倾向一直是被反对的,理论家和创作者必须从形式中找到一定的社会历史内容依托,赋予它们一定的意义才行,否则,离开内容谈形式就要受到批判。比如,康德的"游戏说"之所以遭到我国学术界的长期指责,在于它"将艺术简单化地等同于无意义的游戏,忽视了艺术作品的内容,陷入了形式主义泥潭。"②

从最根本的层面来说,这种状况的出现与中国注重实用理性的传统思想有关。关于实用理性的产生与特点,李泽厚曾有精湛阐述,实用理性"是中国传统思想在自身性格上所具有的特色",其产生主要与"涉及极为广泛的社会民众性和生死攸关的严重实用性"的兵、农、医、艺四大实用文化有关,故其执着于"人间世道的实用探求"。他还认为,"历史意识的发达是中国实用理性的重要内容与特征",它使得中华民族获得了一种

---

① [俄]什克洛夫斯基:《文艺散论·沉思和分析》,载《俄国形式主义文论选·前言》,方珊等译,生活·读书·新知三联书店1989年版,第11页。
② 孟庆枢、杨守森:《西方文论》,高等教育出版社2007年版,第120页。

中庸心理:"不狂暴,不玄想,贵领悟,轻逻辑,重经验,好历史,以服务于现实生活……"①结合李泽厚的相关论述,我们很容易发现形式批评离不开时代、社会、历史这个"社会大文本"的原因:相比较有故事、有思想的注重实用且有历史蕴含的内容,文学作品的形式无论怎样铺排,怎样华丽,它也显得"虚"和"轻",没有"生死攸关的严重实用性";无论形式怎样有"意味",也离不开历史和社会的意义赋予,也就是说,形式的根基依然是社会生活。这就导致 20 世纪 80 年代的形式批评者在关注文学的语言和形式时,不像西方形式主义者那样脱离内容,只关注形式自身,而是力图从形式中发现一些有意义的、有实用价值的社会内涵。文学创作也是如此:进行纯粹的语言演练或"玩弄"形式的创作延续的时间并不长——80 年代的"先锋小说"之所以很快就从语言、形式的游戏中遁入现实主义的"古道",与此种思想观念的影响不无关系。

The genesis, Focus, and Social Implications of Formal Criticism in the 1980s

Wei Jianliang

(College of Literature, Hebei University, Baoding, Hebei 071002, China)

Abstract: It is not the western formal theory that prompted the formation of China's formal criticism in the 1980s, but the local creative practice focusing on language, structure, narrative and other formal elements. The exposition of "language" and "literature" in ancient Chinese literary theory, as well as the emergence of "aesthetic theory" at that time, also played a certain role in its generation. In the 1980s, there were many focuses on formal criticism, including techniques, modes, narrative, language, structure, and other elements that were discussed. However, people only introduced and imitated them in critical practice, without delving deeply into them. Moreover, the techniques, language, and modes discussed by critics did not have sufficient ontological significance, and behind them was an eternal "social text". The emergence of this situation is related to the idealistic cultural context of "integration into society" in the 1980s, and fundamentally, it is related to the tendency of practical rationality in Chinese cultural tradition.

Keywords: 1980s; formal criticism; social implications

---

① 李泽厚:《中国古代思想史论》,人民出版社 1986 年版,第 303—306 页。

艺术自律与
断片诗学

YISHU ZILU YU DUANPIAN
SHIXUE

论席勒美学中作为自律象征的悲剧

迪莫西·斯托尔(Timothy Stoll),阴志科、罗仕淋译①

摘　要：作为席勒美学重要的组成部分,悲剧被席勒赋予了较高的审美价值和伦理作用。斯托尔指出：在席勒看来,观众通过欣赏悲剧,可以提升自身自律的要求,可以主动培养自由意识；悲剧还可以给予我们认识先验自由的途径。通过论证席勒悲剧自律观,斯托尔提高了我们对悲剧在当代道德发展上的重要性,也促进了我们对艺术伦理作用的认识。从中我们看到崇高精神和英雄情结的不过时,自我成长是一个持久的话题。

关键词：席勒；悲剧；自律；崇高；英雄

通过与康德的自律(autonomy)概念建立联系,席勒有关悲剧的文章试图论证悲剧经验具有伦理价值。常见的解释认为,这种联系的基础在于悲剧刻画了人物(主要是英雄)自律训练(exercising autonomy)的事实。通过吸收康德对审美"象征"的讨论,席勒认为,观众对悲剧的经验与实践理性的自律行动之间具有同构关系。唯有如此才能理解席勒的观点,即悲剧在它的观众中主动地培养了自由。此外,在对本体知识保持着康德式限制的同时,席勒还宣称悲剧为我们提供了认识先验自由的方式。

一　引　言

1792 年至 1803 年,弗里德里希·席勒撰写了一系列论及悲剧哲学的惊世之

---

① **作者简介**：迪莫西·斯托尔(Timothy Stoll),任教于英国伦敦大学伯贝克学院(Birkbeck College, University of London, UK)；译者：阴志科,文学博士,温州大学人文学院教授,主要研究方向：西方美学与文论；罗仕淋,温州大学人文学院硕士研究生,主要研究方向：西方美学与文论。

作①。这些文章着手回答两个经典问题。第一,是什么让我们在悲剧中获得了貌似"无法解释的愉悦"②?这种愉悦看似无法解释,是因为它明显依赖于情感反应——同情、恐惧、焦虑等等,且这些情感在本质上是令人不愉快的。第二,(如果有的话)怎样解释我们为这种愉悦所赋予的价值?这一问题的紧迫性要归因于柏拉图在《理想国》第十章(595a-607c)中的讨论,即为戏剧诗投入的情感篡夺了理性的统治,进而破坏了美德的必要条件③。席勒同时回答了这两个问题,关键他在悲剧和自律之间建立起其所希望的联系——后者在更宽泛的意义上为康德式的理解。笔者的目的是想弄清楚这一关联的细节,并探讨席勒回答上述问题的方法。

根据盛行的或最直接的解读,席勒的观点仅仅在于,悲剧刻画了——主要是悲剧英雄的——自律行动(例如 Gellrich 1998,第 251—255 页;Beiser 2005,第 238—262 页;Guyer 2014,第 476—477 页;Hughes 2015)④。毫无疑问,这种解读有其正确的一面:席勒的确认为,悲剧英雄是按照(在重要意义上)他自己所认为的本原来决定自己成为什么样的人;他也坚信,我们从悲剧中获得的愉悦,至少部分地源于我们对这类人物的尊崇。此外,他还认为,只有我们假定所有的观众普遍尊崇道德律,这种愉悦才能得到解释(例如 NA 20:156)。然而,这不是他的全部观点。因为这种解读不能充分解释席勒在普遍意义上赋予艺术,特别是悲剧的那种极其宏大的功能。在 1803 年关于"歌队"的文章中,他告诉我们,"真正的艺术不仅有意将人置入短暂的自由之梦,而且还能切切实实地让他变得自由"(NA 10:8)。但是,仅仅欣赏对自由主体的描写就让人切实地(*actually and in fact*)变得自由,就如同观赏爱德华·马奈的《隆桑的赛马》(*The Races at Longchamp*)让人化身为骑师一样,实现的可能性微乎其微。席勒的观点不仅是要确立悲剧性愉悦依赖于人对自律角色的仰慕;同时还想表明,享受悲剧在某种意义上有助于把人教化成自由的行动主体。不仅如此,他似乎认为悲剧——或者在更宽泛意义上的崇高感——能够为人提供一种对自身先验自由的知识(例如 NA 21:42);不过,艺术描绘几乎不适合去再现某种超感性能力,更不必说去认识它了。

从这些要点出发,对席勒理论流行的解读应作如下补充:席勒的观点是不仅悲剧刻

---

① 这些文章包括《论对悲剧对象产生愉悦的基础》(*On the Ground of the Enjoyment of Tragic Objects*,1792,NA 20:133-147);《论悲剧艺术》(*On Tragic Art*,1792,NA 20:148-170);《论崇高》(*On the Sublime*,1793,NA 20:171-195);《论悲悯》(*On the Pathetic*,1793,NA 20:196-221);《论崇高》(*Concerning the Sublime*,1801,NA 21:38-54)以及《论悲剧中歌队的运用》(*On the Use of the Chorus in Tragedy*,1803,NA 10:7-15)。尽管其中三篇文章相比而言主要专注于崇高感,但席勒显然是在其悲剧理论的视野下写作的。席勒作品的引文来源于《席勒文集:国家版》(*Schillers Werke: Nationalausgabe*),按卷和页标识,并由笔者翻译。
② 此言出自休谟的《论悲剧》(*Of Tragedy*,1994,p.216)。
③ 参见 NA 21:69:"既然道德要求自律,我们该如何应对趣味因物质作用而扭曲道德所带来的挑战?"
④ Gardner(2003, p.232)似乎也这样认为,尽管这一观点在他那里并不清晰。

画了运用自律(exercising autonomy)的人物,还进一步主张悲剧引发的经验本身就包含了运用——或者,更恰当地说,是对自律的模仿(emulation)。更恰当地说,席勒认为,悲剧鉴赏要求观众在智识层面上对剧本内容的情感反应"拉开距离"。他采用康德符号性表象(symbolic representation)的观念①,坚持"拉开距离"与借助实践而改变的个人意志即自主决定之间存在关键的结构相似性。悲剧经验凭借这种方式同时起到了培化和展现某种能力的作用,这种能力是美德的必要条件。我们也会看到,这种方式赋予了悲剧经验一种特殊的知识类型地位,即康德所谓的"类比认识"(cognition by analogy)。

上述席勒理论,仅在他最后一篇讨论悲剧的文章中才完全显现出来,这意味着席勒的悲剧经验概念从1790年中期到1803年展现出了某种重大进展。我们发现,这一进展是自然而然地生成于贯穿他思想中的两个相互抵牾的许诺之间。一方面,席勒接受了康德的非功利性审美鉴赏概念。另一方面,他又与传统观点厮守终生;某些情感反应部分地构成了悲剧性愉悦厮守终生。对这两个许诺之间张力的解决,要求席勒假设一种复杂的审美反应模式,需要在情感的同化和冷静的反思之间作出调整。将悲剧性愉悦和对源自意志的道德力量的尊崇联系起来,席勒对自律英雄的阐述是否能够充分解释悲剧性的愉悦,需要以全新的目光来看待席勒悲剧鉴赏的心理学概念、它的价值以及它在席勒宏大美学体系中的位置。

二 席勒悲剧理论的基础

席勒美学立场是无限忠诚于康德的美学命题,即审美鉴赏不能基于审美对象的利害关系(例如 NA 20:380,404 - 405;21:67),最主要的是情感投入。康德声称"纯粹的审美判断"是"魅力和情感[Reiz und Rührung]对其本身没有影响的"判断(AA5:223)②,同时,席勒也赞同"美的本质作用就是摆脱激情"(NA 20:382)。审美对象的利害性与对审美对象的感知,和我们对其作出情感反应的倾向密切相关(AA5:207, 209 - 210;NA 20:380)。审美鉴赏关注一个对象的纯粹形式而不是它的内容或主题(NA 20:382;26:216)。席勒认为悲剧的一个根本目的在于激起观众的怜悯与恐惧(NA 20:

---

① Guyer(1993, p. 119 - 120)和Frank(2018)也强调了席勒对康德象征理论的借用,不过他们是在席勒美的理论而非崇高理论的语境中讨论的,后者是本文的重点。
② 除《纯粹理性批判》(KrV)外,对康德文本的引用按照Akademie Ausgabe版本的卷和页码排列[AA 卷:第 X 页]。对KrV的引用遵循第一和第二[A/B]版本的页码。引文由笔者翻译。

166;cf. *Poetics* 1449b25-30)①,他追随休谟(1994:216-217)从悲剧中获得愉悦的程度直接与这两种情感反应的强度成正比(NA 20:150)的观点。在《审美教育书简》(*Aesthetic Letters*)中席勒认为:"观众和听众的心灵必须是始终完全自由和不受侵犯的……诸如悲剧这样的情感影响艺术对此并无异议:首先,这些艺术并不是完全自由的艺术,因为它们为一个特定的目的(即悲悯 pathos)服务"(NA 20:382)。席勒解决这一关系的初步策略是借助康德对"自由美"和"依存美"的区分②。但这一策略并不能令人满意,因为(a)这一区分的结果尚不能准确知晓③,以及(b)如果对依存美的评判违反了这类审美判断的某一必要原则时,这个解决方案也不大可能符合席勒的心意,因为它严重低估了席勒对最为重要的、来自于艺术形式的审美价值④。

席勒进一步认为:"更甚而言,即便心灵处于最强烈的情感风暴中,这类作品越能确保心灵的自由,它们就越完美。源于激情的美的艺术是存在的;但一个既美又充满激情的艺术是矛盾的"(NA 20:382)。席勒认为对一部作品能够做出情感上的反应,同时相对于独特的审美态度(即非功利性),又保持了至关重要的"心灵自由",但他并未解释这种方式如何成为可能。上述观点在席勒早期的美学论著中就已经出现了(尽管两者不完善,例如 NA 20:163)。

席勒美学基本立场的另一个特征是与18世纪理性主义美学中的自然主义正统学说完全对立。这一传统⑤认为艺术应当锚定与经验现实对等的感知物。对这种立场的常见解释是:艺术幻象越是扣人心弦,我们对作品的情感反应就越是与我们去描绘的对象的情感反应相似,因而,我们对作品的兴趣也就越浓厚(例如 Sulzer,1793,224;Mendelssohn,2006,p.129)。席勒认可这一解释:情感反应的强度与幻象的逼真程度成正比(NA 20:193),再加上席勒对康德非功利性概念的热忱,席勒宣称他的目的是"向艺术中所有的自然主义宣战"(NA 10:11),同时轻蔑地认为"自然主义的粗俗概念彻底取消和否定了一切诗歌和艺术"(NA 10:10)。在《审美教育书简》的倒数第二封信中,席勒在这个问题上形成了著名的"审美假象"(*ästhetischen Schein*)概念。席勒主张,独特的审美假象——这种假象产生自美的艺术作品——是"用于区别现实和真理"的假

---

① 一些人(Beiser,2005:250;Moland,2017:12)认为,在《论悲剧艺术》之后的作品中,崇高感取代了怜悯。我认为,席勒对崇高的强调是对其怜悯论述的补充而非替代。不管怎样,随后的作品清楚地表明,怜悯(mitleid)对于"悲悯的崇高"(sublime of pathos)是不可或缺的——这种形式的崇高适合于悲剧(例如 NA 20:193)。
② 参见 AA 5:29:"[自由美]并不预设对象应当是什么的概念;[依存美]的确预设了这样一个概念以及根源于此的对象的完善性。"
③ 关于此处涉及的解释上的困难,请参见(Guyer,2005,p.129-140)。
④ 根据康德的说法,依存美"损害了[审美判断力]的纯洁性"(AA5:230)。
⑤ 或者,由此而来的某个突出的特征(例如 Breitinger,1740,p.63;Gottsched,1751,p.142-146;Wolff,1754,p.247;Sulzer,1794,p.514-516;Batteux,2015,p.7)。

象,同时"人们喜爱审美假象是因为它是假象,而不是把它当作什么更好的东西"(NA 20：399；cf. 20：413-414)①。

然而对于"审美假象"这个问题,席勒有时似乎也存在两种想法。例如,在早期一篇关于悲剧的文章中,席勒坚持认为,"对我们而言,他人的苦难使我们产生的情感状态陷入某种强制状态……并且,对同情来说十分必要的假象也很容易消失不见。因此,心灵必须被强制束缚于这一表象,必须剥夺其过早地从那假象中解脱出来的自由(NA 20：163)②。席勒认为悲剧的目的是使观众产生强烈的情感反应,唯有自然主义的假象才能实现这一目的,这个观点与他反对自然主义以及坚信悲剧在一定程度上培育了自律观众的观点不符。如席勒主张"情感状态"是心灵被动而非自发地发挥作用的状态,令观众处于这种状态就是要剥夺其自由。

三　审美象征的概念

席勒悲剧理论的一些核心原则有三个问题。一是悲剧的目的在于制造某种强烈的情感反应,二是对审美自然主义的摇摆态度,三是悲剧经验如何能培育追求自由的能力。当席勒在情感与被动接受性之间建立关联,而自律应当包含意志的纯粹自发性时,这一问题的解决方法很大程度上依赖于他对康德的另一个概念的挪用,即审美象征。康德这一理论③及其对席勒的思想有很大影响。康德在《判断力批判》第59节中引入了审美象征的概念,"对一个概念的间接—演示(*Darstellung*)"(AA 5：352),这一演示是间接的,因为它仅仅借助于"类比的方式……在类比中,判断力完成了双重的任务,一是将概念应用于一个感性直观的对象上,二是把那个直观反思的单纯原则应用到一个完全另外的对象上,前一个对象只是这个对象的象征"(AA 5：352)。在其他地方,康德更直接地把象征化(symbolization)定义为包含了"相同的关系……尽管对象本身完全不同类"(AA 20：280)。其基本思路可以概括如下：

> 当且仅当我们思考 x 的方式与我们思考 y 的方式具有相同的(isomorphic)形式时,x 是一个想象物的表象,y 是一个理性的概念(或观念)时,x 是 y 的一个象征④。

---

① 关于席勒假象概念的讨论,参见 Wilkinson(1955)和 Stoll(2019)。
② 参见 NA 20：159,"叙事再现通常使我们远离活动者的心灵状态,而把我们置于叙述者之中,这便就打破了怜悯所必需的幻觉。"
③ 关于康德理论更深入的讨论,参见(Chignell,2007)。
④ 为了保持这种被视作某种表象的象征关系的非对称性,后面这个条件是必要的。

康德在《判断力批判》第 59 节中的核心主张是"美是德性善的象征"(AA 5：353)。他坚称这种理性与反思美的对象、反思道德律之间具有同样的形式。尤其是每一种反思都满足于"直接性"和"不带有任何利害性",两者的愉快都取决于自由,两者的判断形式都要求普遍的同意(AA 5：353 - 354)。

康德主张的不仅是象征物表象了它所象征的东西,而且同样要以某种方式使得被象征的东西受到我们的喜爱。因此,作为(qua)道德之象征的美的事物"可以说,使从感性魅力向习惯性道德兴趣的过渡成为可能,而不须太猛烈的跳跃"(AA 5：354)。在欣赏美的过程中,把自身置入自由理性主体所处境地,从而在欣赏中获得理性声音转化成的感性语言。正如康德在其他地方所说,审美鉴赏有助于培育"一种性情……去热爱某些事物……但不包括任何利用它的想法"(AA 6：443;cf. 5：160 - 161)。尽管道德上的尊崇和对美的享受是针对不同客体的不同态度,但只要它们都涉及公正的和非工具性的旨趣,它们在大体上就是类似的。因此,反复不断地去接触美应该有助于把我们置于道德的尊崇感之下。

上述象征概念有四点需要探讨。一是感性的象征物通过类比的方式来表象其对象,或称其为间接性。二是严格来说,象征性类比并不是在两个客体之间所得到的东西,而在于我们反思这两者的方式。三是象征所表象的对象并非经验对象,而是本体的或"超感性的"对象(观念)。四是凭借让超感性的对象仿佛与感官进行对话,象征就让我们在其中强化了"习惯性的兴趣"。

席勒研究康德的象征,他自己的《判断力批判》复本包含了对第 59 节内容以及康德"审美理念"(aesthetic ideas/ästhetischer Ideen)相关讨论的大量批注(Kulenkampff, 2016, p. 140 - 143)①。席勒在 1792 年至 1793 年的美学讲座中也明确讨论了象征理论(NA 21：80 - 81)。同时,《论悲悯》(*On the Pathetic*)至少引发了对超感性审美象征观念的关注。席勒写道,"理念[*Ideen*]不能在严格意义上被肯定性地描绘出来[*darzustellen*],因为在直观中没有任何东西适合它们。相反,它们能够确切地以否定的并且间接的方式得到表现"(NA 20：202; cf. 20：353)。在 1797 年 12 月 29 日给歌德的一封信中,我们发现席勒试图提出一种想法:

> 人们必须从戏剧开始改革德国诗歌,通过压制对自然的庸俗模仿来为艺术提供空气和阳光。在我看来,抛开别的不说,最好的办法莫过于引入象征这一辅助工具[*symbolischer Behelfe*],它将替代不属于诗人之真正艺术世界的一切,因此,这一

---

① Allison(2001, 256 - 263)和 Chignell(2007)令人信服地证明,康德"审美理念"的概念(见 AA 5：313 - 320, 339 - 346)依赖于他的象征概念,尽管康德本人并没有明确说明这种联系。

世界只能被意指[bedeutet]，不应该得到描绘[dargestellt]。我依然不能充分地阐发这一诗歌中的象征概念，但我认为它已经包含了许多东西。(NA 29：179)

席勒继续建议一种令象征概念得以阐释并运用于艺术实践的方式：

> 一直以来，我对歌剧都持有一种确定的信念——悲剧会从歌剧中脱离而发展成一种更加高贵的形式，就如同它从古代酒神节的合唱中脱离一样。在歌剧中，人们真正地告别了对自然卑躬屈膝的模仿……借助音乐的力量，利用对感官更加自由的和谐的刺激，歌剧使得心灵与审美感受力[schönern Empfängnis]①调和一致；在这里，即便处在怜悯(pathos)状态下，自由游戏确实依然存在，因为音乐伴奏……必然会使人们对这一题材[Stoff]漠不关心。(NA 29：179)

上文观点显然是席勒1803年《论悲剧中歌队的运用》一文的主题，这篇文章也是席勒在美学理论方面的最后遗言。象征概念在席勒悲剧理论的最终形态中发挥着至关重要的作用。席勒指出，关注歌队有助于我们理解"即使处于怜悯状态下"，真正的、审美的"自由游戏"如何才能出现。

四　作为自律象征的合唱悲剧(Choral Tragedy)

《论悲剧中歌队的运用》汇集了目前所讨论的席勒美学的主要特点。席勒《墨西拿的新娘》(*Die Braut von Messina*)中使用了歌队这种古代公式化情节，《论悲剧中歌队的运用》这篇文章是揭开席勒悲剧理论复杂性的关键。

席勒开篇指出大众带有偏见，即戏剧的目的是令人愉快的消遣，而"逼真性"(Wahrscheinlichkeit)是实现这一目的的最好方法，它将观众吸引到虚构世界中，进而使他们忘掉日常俗务(NA 10：8)。歌队"打断了行动的进程"，它"扰动了幻觉，让观众回过了神"(NA 10：8)。恰恰相反，席勒想要表达这样一种事实，"[歌队]否定幻觉……实际上是其最大的作用；因为这种盲目的情感力量恰恰是真正的艺术家所应该避免的"(NA 10：14)。一般而言，艺术的目的特别是悲剧艺术的目的是培育观众的自主性能力(NA 10：8)。情感反应源自心灵受到被动影响的方式，这样的话，它就与艺术的目的产

---

① 从字面意义上来理解，是"更美的接受能力"。我在此把schöner粗略地理解为"更具审美性"，因为上下文表明席勒在使用形容词schön时，就像它在短语schöne Kunst("美的艺术"，即可产生独特审美反应的艺术作品)中一样。

生矛盾。由于逼真的幻觉与这类情感反应的强度直接相关,那么要实现艺术的主要目的就必须与幻觉进行斗争。

席勒没有放弃悲剧应该以引起同情为目的。为了解决《审美教育书简》中区分了"激情的美的艺术"和"源自激情的美的艺术",悲剧属于后者则满足审美标准,席勒在"歌队"这篇文章中作了说明,认为艺术家在无法完全抛弃情感的情况下,心灵的自由可以通过精心设计的"跌宕起伏"(*fluctuation*)来维持——就像两边用相同重量平衡的天平一样(NA 10:13)。以一种反思的、漠不关心的态度来反复地打断情感上的专注,他把这一功能赋予了歌队:

> 如果悲剧接连不断地打击着我们的心灵,未被中断的激情就会战胜行动。我们就会被悲剧弄得晕头转向,无法清醒。歌队将悲剧的各个部分区分开,并且让我们以平静的沉思介入(steps in)激情,这一事实让我们重获自由,否则我们将会迷失于情感的风暴之中。(NA 10:14)

通过打断和对行动进行评说,歌队让观众从对戏剧的沉浸状态中解脱了出来,观众才能明确地将戏剧视为一个纯粹的故事、模仿或者假象。观众将情感投入悲剧叙事,以独特审美做出反思,正如我们所见怜悯、恐惧及类似情感的产生,歌队对席勒致力于悲剧如何培育自由是有所助益的。

席勒赞同康德的解释,自由在于意志的自律能力[①],当基于意志的行为是由实践理性本身引起,而不是由"感官动机"或"偏好"(inclinations)引起时,意志就是自律的。这意味着,自由需要摆脱个人偏好,并且意志为行动提供不可抗辩的理由。席勒认识到,康德式自由仅仅需要根据实践理性的法则来决定自己的能力(capacity),而不是那种事实上由这种方式所规定的能力(NA 20:218)。他也承认,自律并不要求一个人的行动与其偏好相悖,只要他的行动不只由这些偏好决定(NA 21:29-30)。那么,训练自律能力的方式有两种:一是基于偏好与实践理性指令的共同基础来做出行动选择;二是基于与我们的偏好相悖的实践理性的前提来做出行动选择。然而,席勒声称,第一种情况与第二种情况——一个人只能根据偏好来选择——在认识上是无法区分的,只是前者恰巧符合实践理性的要求(NA 21:44)而已。因此,只有从第二种情况中我们才能可靠地得出主动自律的结论。正如席勒所解释的,"我们内心的自由原则只有通过它所施加的对于感情暴力的抵制才能得到确认"(NA 20:196)。

---

① 实际上,席勒有两个自由的概念:(1)由实践理性规定的自由;(2)理性与感性相和谐的自由(NA 20:373)。Beiser(2005,p.213-237)和 Bondeli(2020)对两者提出了不同的看法。在这里,我只关心第一点。

席勒宣称"真正的艺术"使（makes）我们自由，这是通过"在我们内部唤醒、训练和培养某种能力（power）实现的，这种能力把感性世界——否则它只会像初级原料一样压迫着我们，如同某种盲目的权势力量——推离至一个可以对象化的距离，进而将其转换成我们心灵的自由产物，再通过思想来掌握它们"（NA 10：8-9）。布洛的"心理距离"这个概念是审美态度的特征之一①，正如布洛说的"感受到[戏剧]与实际的需要和目的是相互脱节的"（Bullough, 1912, 91）。席勒歌队的作用是帮助观众情感疏离。象征主义理论认为，当经验对象和本体对象这二者与主体之间形成了适当的相似关系时，经验对象就成为本体对象的象征，正如圆满表演悲剧的经验包含着一种——介于强烈情感反应和情感脱钩或者疏离之间的摇摆不定，这反应来自对悲剧英雄的同情，而这疏离来自歌队。同样，自律行动需要远离感官偏好（inclination），并根据实践理性的需要来决定。因此，悲剧经验与自律训练之间是同构关系，即两者都在某种感观之物（偏好、情感）和某种理智之物（实践理性、反思性想象）之间，实现了一种间离关系（distance-relation）。

席勒的观点悲剧对观众来说具有重大的教化作用，感性的符号有助于为观众灌输某种对于超感性对象的"习惯性兴趣"，对悲剧的强烈情感反应中保持某种非功利性态度，可以间接地习得了某种更为普遍的能力（capacity），即"将感性世界……推至一个可以对象化的距离……并通过思想来掌控这一材料"（NA 10：8-9）。正如席勒在《论崇高》（*Concerning the Sublime*）中解释的那样，享受悲剧就如同吃糖，它能够帮助人们吞下道德戒律的苦果：因为悲剧性灾难——

> 仅仅是想象中的，我们心灵中的自律原则可以自由地肯定它自身的完全独立性。因此，精神愈是频繁地重申这种自我指导[*Selbstthätigkeit*]行为，它就愈是熟练于此……直至最后，当面对严肃重大并且不单单是人为的、想象中的不幸时，它才能够把这种不幸当作仿佛是人为的，进而……把实际的痛苦消解为另一种崇高的情感。（NA 21：51）

悲剧触发了我们情感的、非理性的一面，情感的介入恰恰为理智肯定其自身独立性提供了可能，对悲剧英雄的尊崇在席勒阐释悲剧性愉悦时起着至关重要的作用，但有时候似乎也把这种愉悦看作我们自己"趋向于行动"（drive for activity）（NA 20：152）或者"心灵自由"（NA 10：8）的结果。

席勒解释了坚持悲剧具有重要认识功能的观点。康德认为，认识（*Erkenntnis*）既需

---

① 距离的隐喻出现相当频繁，例如在 NA 20：165, 360, 382, 394；22：256；29：177。布洛对这一术语的选择，很可能部分来自他对席勒的阅读（Wilkinson 1957, p. xxxv）。

要概念,也需要与这些概念相符的直观(KrV A 50/B 74,B 146)。在通常情况下,这些直观要么直接是用来例证概念的对象,要么(就范畴而言)在康德所谓图型(schemata)的形式中具备先天性。对本体的理论性认识被排除在外,原因在于,直观这类对象是不可能的(KrV B 146-148,A 139/B 178)。然而,《判断力批判》认为象征与"判断力的处理方式与它在图型化中所观察到的东西"是类似的(AA 5:351)。在其他地方,康德甚至主张,"通过这种方式,我仍然可以借助类比来认识[Erkenntniß nach der Analogie]超感性事物。《判断力批判》表明,我们能够拥有符合理性兴趣的一些东西,即"这些观念……同样具有客观实在性,比如,大自然至少显露了"超感性事物影响的"某种痕迹,或者提供了某种暗示"(AA 5:300)①。席勒所谓一般意义上的"艺术最终目标",尤其是悲剧"是要表现超感性事物"(NA 20:196;cf. 10:10)。虽然悲剧不太可能按照严格意义来表现超感性事物,但它仍然相当于自律理念的一种"图型"。因此,在宽泛的意义上,悲剧可以作为认识自律的一种退而求其次的方式。悲剧给予自由信念的证据或辩护,类似于对这一能力的直接意识(awareness),虽然只是在抽象层面上,去假定这种能力的存在(cf. AA5:160-161)。悲剧满足了实践理性赋予自律理念之"客观实在性"的旨趣②。因此,尽管悲剧通过典型的方式处理理性和感性的冲突,它仍然要用一种更为间接的方式在现象世界和本体世界之间熔铸连接③。

五 对席勒悲剧理论的总结

席勒悲剧理论的异议主要有:(1)这个理论太过狭隘,因为它只适用于包含歌队的悲剧;(2)它又太宽泛,因为许多非悲剧的艺术形式也可以引起同样的心理反应;(3)该理论的阐释并没有足够重视基于流行解读的大量文本证据。

从第一点来说,席勒认为只有歌队自身才能产生用来象征自律所需要的心理距离作用。歌队的这种独特的作用不适用于诸多典范性悲剧——哪怕其中包括他自己的大部分戏剧以及莎士比亚的全部作品。席勒对悲剧鉴赏心理的一般性描述是合乎逻辑的,即模仿自律训练的悲剧经验,要通过激发观众的情感促使他们和这些情感拉开距离并做出反思。席勒的问题只是局限在了过于狭隘的戏剧手法上,而不是错误地解释悲剧功能。

---

① 更多有关象征的认识功能的讨论,请参阅(Chignell,2006;2010,p. 197-208)。
② 关于康德实践理性"兴趣"概念,特别参见 AA 5:120-121。Guyer(1993,p. 94-130;2014,p. 452-458)他对康德如何一以贯之地坚持非功利性的审美鉴赏服务于理性的兴趣,提供了一个普遍的解释。
③ Falduto(2020,p. 261-268)对席勒的伦理学进行了有趣的解读,这种伦理学尝试建立起这一联系。

从第二点来说,席勒对审美距离的描述可能看起来过于宽泛。审美距离是一种明显可以在理智和任意一种情感之间获得的关系,那么这种描述只适用于悲剧情感就不得而知了。在《论悲剧艺术》中,席勒尝试为悲剧提出一个严格的定义(见 NA 20:164),和在其他地方一样,席勒在那篇文章中以悲剧与自律之间的联系作为起点,解释我们为什么会在悲剧性的怜悯中产生愉悦,以及为什么这种经验是有价值的;然而他并没有把这一联系放进悲剧艺术的定义里。即他所谓的"悲悯的崇高"(*das Pathetischerhabene*)(例如 NA 20:195)。想要暗示悲剧中的崇高的表现方式只是为了回答他自设的核心问题。

从第三点来说,这个问题与如何阐释悲剧英雄这一角色有关。席勒强调英雄公开展示其自律能力这一事实,即悲剧如何能够积极地培养并让我们意识到自身的自由。《论悲剧中歌队的运用》中的理论与席勒早期文章中关于悲剧和崇高的观点可看作是互补的。当席勒的主要关注点是解释悲剧性愉悦时,他就倾向于强调我们对于英雄人物自我决定能力的钦佩。当他的兴趣是要论证悲剧的教化(*edifying*)作用时,他就强调道德自律与悲剧鉴赏心理之间的类比。悲剧或多或少地把英雄人物明确表现为它的目标(的一个例子),让我们觉得这仅仅是"英雄的特质(stuff)"。如果戏剧结构精妙合理,观众就会感到自己仿佛已经激活了某种类似的能力。

Tragedy as a Symbol of Autonomy in Schiller's Aesthetics

Timothy Stoll[1], Trans. Yin Zhike[2], Luo Shilin[3]

(1. Birkbeck College, University of London, London EC1V 0HB, UK;
2. School of Humanities, Wenzhou University, Wenzhou 325006, China;
3. School of Humanities, Wenzhou University, Wenzhou 325006, China)

Abstract: As an important component of Schiller's aesthetics, tragedy has been endowed with high aesthetic value and ethical significance by Schiller. Stoll pointed out that in Schiller's view, by appreciating tragedy, the audience can enhance their demand for autonomy and actively cultivate a sense of freedom; tragedy can also provide us with a way to understand transcendental freedom. By demonstrating Schiller's theory of tragic autonomy, Stoll has raised our awareness of the importance of tragedy in contemporary moral development and promoted our understanding of the role of artistic ethics. From this, we can see that the sublime spirit and hero complex are timeless, and self-development is a persistent topic.

Keywords: Schiller; tragedy; autonomy; Sublime; hero

诺瓦利斯浪漫主义诗学断片

张 靖①

摘 要：诺瓦利斯的大部分断片手记由其好友施莱格尔与蒂克保存，它们辗转多年后才得以出版。其中，诺瓦利斯重新追溯了哲学与文学的起源，他将友爱之吻视为人类的源初行动，并在这个新的开端上对文学知识学进行演绎。这是浪漫主义诗学对以往文学活动的一次重新命名，诗学成为让人类心灵与自然之道恢复连结的纽带。兹选取诺瓦利斯论述古典时期诗人与哲学家的辩证关系、"新纪元"中艺术家与诗人、哲学家的关系以及浪漫主义诗学等文献材料进行翻译和整理，这对文艺伦理学研究具有一定的参考价值。

关键词：诺瓦利斯；浪漫主义；文学知识学；书；诗意

本文译自 1945 年 Herrliberg-Zurich：Bühl Verlag 出版的 *Novalis: Gesammelte Werke* 五卷本文集，这一版本并未按照"哲学百科全书断片""费希特研究"等明确的标题编排文本，而是将其总体归类于"哲学断片"等标题之下，故翻译时根据古腾堡计划出版的电子本 *Novalis: Gesammelte Werke* 的编排序列进行归类整理后译出。其中，"（）"内的话为文献原文，"[ ]"内的话为译者为使译文通顺所加。"/"为分隔语句。

文献缩写：

Novalis Gesammelte Werke：Zweiter Band：ZB；
Novalis Gesammelte Werke：Dritter Band：DB；
Novalis Gesammelte Werke：Vierter Band：VB；
Novalis Gesammelte Werke：Fünfter Band：FB。

---

① **作者简介**：张靖，上海大学文学院在读博士生，主要从事文艺理论研究。

一 诗意哲学家与哲理诗人
(poetische Philosoph und philosophische Poet)

哲学是心灵之诗,是心灵给予自身的最高动力,是智力与想象力的统一。没有哲学,人在发挥其最本质的力量时仍然分裂——知识分子式的和诗人式的。

不进行哲学思考的诗人、思想家、法官是不完善的。(DB,22)

诗意哲学家是创造绝对的人/圆和三角形都是这样被创造出来的/对于它们而言,除了创造者所给予的东西,其余什么也没有。

我们必须始终牢记,在理想的,而非真实的历史中,至高者才会出现在较低的事物之前/因此,数学家是以一个诗意哲学家的身份来推导真理的。(VB,18)

逻辑学家以谓词为开端进行思考,数学家以主语为开端,哲学家以副词为开端,诗人以谓词和主语两者为开端,哲理诗人则同时以这三者为开端进行思考。(VB,18)

我们[现存的]哲学家处理的不是宇宙和神学的起源问题,而只是人类的起源问题。(DB,20)

最初的论辩思想家是学者,他们是神秘主义的微观论者,用原子的逻辑构建宇宙——摧毁一切自然生命力/以思想的幻象取而代之/目的在于创造一个永动机。与此相对的是最初的直觉诗人,他们是神秘主义的宏观论者,讨厌规则和固定的形式,[认为]自然界充满了狂野、暴力的生命,万物生机勃勃/没有法则,任意性和奇迹无处不在/[自然界]是运动着的。

因此,最初的哲学精神涌现在完全相异的人群当中。

在文明的第二阶段,人们开始相互接触,并且是从多个侧面进行接触。正如在无限、极端的结合中,会出现有限、普遍的事物,而今,不计其数的折衷主义者(Eklektiker)出现,开启了误解的时代/在这个阶段,最重要的是那些重视有限世界的人,他们是第二阶段最纯粹的哲学家/从严格意义上讲,这类人完全局限于现实、当下的世界/关注无限世界的学者蔑视这些关注有限世界的折衷主义者们/他们认为,这[现实、当下的世界]只是一小部分,因此什么也不是/针对有限世界的观点是软弱的结果,与真理不相符/相反,折衷主义者却对关注无限世界的学者表示同情,他们认为,对无限世界的热情是最荒谬的,甚至到了疯狂的地步。

如果将关注无限世界的学者分为学院派与炼金术士派,他们似乎完全对立,相比之下,折衷主义者却能合二为一/从相反的方面看,结果则全不一样。学者都以思考"绝对"为出发点,而折衷主义者在本质上自相矛盾,只能在推导中达成一致/这些判断都是从间接意义上得来的,即针对沉思的绝对自主性和趋向无限性。前者无限却单调,后者有限却多样。前者有天资,后者有技能。前者有理念,后者有方法。前者是缺少技术的天赋,后者是缺少天赋的技术。

文明的第三阶段由艺术家(Künstler)达成,他们源于并且高于折衷主义者,既有技术又有天赋,能够在未来创造综合的时代/根据文明阶段的划分,绝对哲学活动在起源处的分离是其自身存在更深层次的分离,这一分离的存在基础是"天赋"与"技术"之间所具有的中介、联系的可能/艺术家们发现,尽管这两种活动各不相同,但人能够随心所欲地从一种活动转换到另一种活动,使得它们变为自己的反面。因此,人们才意识到两者必须结合在一个共同的原则中,而曾经出现的"折衷主义"不过是不完整、有缺陷地让它们结合/这种不完整的根源是生产性想象的缺陷,它在天赋与技术的转化中,无法自我维持和自我思考/诗化哲学将天赋与技术相结合的行动提升为能够提供出精神生命真实完整表象的意识/如此就产生了有效的反思,经过精心训练,这种反思将会自行扩展为一个无限形成着的精神宇宙,即成为一个包罗万象的有机体的核心和萌芽/这是精神进行自我渗透的真正开端,它将永无止境。(DB,14—16)

意识的领域越是不可估量、多姿多彩,个体的伟大就越是消失殆尽,而人精神理性的伟大就越是明显地增长、彰显/整体越伟大、崇高,个体就越独异。

有限性会随着无限性的增长而增长。

对歌德式的哲学家或思想家而言,自由会随着其教养和技能的增长而增长,[最终使]自由与爱合二为一。

教育方法的多样性与日俱增——最终,思想家知道如何从每个人身上创造出一切,即,让哲学家成为诗人。

诗人是最高等级的思想家或直觉者。(DB,320)

哲学是去魅化、活化的行动/迄今为止,在哲学研究中,哲学自身总是首先被杀死,然后再被解剖和溶解。这使得人们相信,哲学具有与"死尸"相同的结构/然而,人们每一次还原或重组哲学的尝试总是失败/直至近代以后,人们才开始观察活着的哲学,并由此掌握了创造哲学的艺术。(DB,17)

哲学是有机体的高级类比项/有机体由哲学完成,反之亦然/两者相互象征。

知道什么是哲学的人也就知道什么是生命,反之亦然。(DB,316)

我希望我的读者在听到莫扎特的作品"Wenn die Liebe in deinen blauen Augen"(当你蓝色的眼睛闪耀着爱)①被深情演绎时,恰好预感到初吻,或是在读"哲学的开端是第一吻"这个句子/[这部作品应是]关于各种冥想、对话和朗读的音乐伴奏。(DB,34)

每个笼统、不确定的句子都有其音乐性。它们能激起人们的哲学幻想,却不表达任何特定的哲学思路或理念。(DB,305—306)

席勒、赫尔德和施莱格尔创作了大量的哲学音乐/歌德在《威廉·迈斯特》中也是如此/让·保罗使音乐的幻觉被诗化/蒂克的歌谣也具有音乐性。(DB,306)

二 浪漫主义文学研究
(Romantische Literaturwissenschaft)

诗的情感与神秘主义的情感有许多共通之处。它是对奇特的、个性的、未知的、神秘的、有待揭示的、必要或偶发事物的情感。它表现不可表现之物,看见不可见之物,感受不可感知之物,等等/诗歌批评是不可能的/[诗歌]很难判断,但唯一可判断的是,某物是否是诗/诗人确实没有意义,但一切[意义]都在他心中发生/在真正意义上,诗人所呈现的是主体与客体——心灵与世界/因此,一首好诗具有无限性和永恒性/诗的感觉与占卜、宗教以及预言的感觉密切相关/诗人布局、组合、选择、创造——他无法理解为什么是这样而不是那样。(VB,302)

诗在痛苦与欲望、愉悦与不快、谬误与真理、健康与疾病之间切换/诗将一切都混合在一起,以达到其伟大的目的——让人超越其自身。(DB,25)

只因我们的感官触及自我的能力薄弱,我们才没能在童话世界中看到自己/所有的童话故事都只是对那个无处不在、无时不有的原生世界的梦想/我们心中更高级别的力,终有一天会成就我们的天才意志/它此刻是缪斯女神,在这艰辛的旅程中为我们带来甜蜜的回忆。(DB,63)

---

① 此为莫扎特1787年创作的歌曲《致克罗埃》(An Chloë)的歌词。

天才的本质是诗意/天才诗意地发挥着自己的能力/真正有德性的人是诗人。(DB,27)

巫术师是诗人/预言家之于巫术师,如同鉴赏家之于诗人。①(DB,97)

真正的诗人无所不知/他是现实世界的缩影。(DB,98)

诗的本质是什么,无法确定/它无限而简单/优美、浪漫、和谐只表达出了诗本质的一部分。(VB,292—293)

最奇怪的是,我们的神圣历史与童话故事十分相似:最初是施魔法,然后是不可思议的和解,即咒语应验。
迷狂与魔法有许多共同之处/巫术师是迷狂的艺术家。(VB,267)

浪漫体②的写作风格并不连续/它应是一个能够划分不同时期的结构[模型]/每个断片都必须是独立的、有限的、自成一体的。(VB,217)

不要罪责任何人/万事万物都是好的,只是并非处处都好,时时都好,人人都好/批评也是如此。
在评诗时,要谨防批评的内容超出严格的范围,超出诗本身的实际弊端,及其各方面的不和谐/尽可能准确地为每首诗指定其所属的范围,这就足以批评作者的妄想/只有在这个范围内,诗才是可以批评的,无论它们所追求的是宽广还是狭窄、近处还是远处、黑暗还是光明、崇高还是卑微/因此,席勒为少数人写作,歌德为多数人写作/如今,人们很少注意指导读者如何读诗,指出阅读在何种状况下才是令人满意的/每首诗都处在与不同读者、不同环境的关联之中/它有自己的环境,自己的世界,自己的上帝。(ZB,192)

对于思想,我们所感兴趣的要么是其内容,即新颖、引人注目、适切的表达;要么是其起源、历史、环境、多种立场,或多元应用、功能、各种形式/如此,一个普通的想法就可以得到非常有趣的处理/虽然处理结果是空洞而贫乏的,但对于这种普通想法的思想化处理过程非常有趣/在这里,有趣和令人愉快的是方法——程序——过程/一个人越成熟,

---

① 诺瓦利斯用"Poet"表示作为概念的"诗人",用"Dichter"表示前苏格拉底时期的"诗人"。
② 诺瓦利斯用"Romans"表示浪漫体的写作,后被纳入"小说"文体。

他对思想过程的兴趣就越小,对新事物的兴趣也越弱,因为人们会更关注从外来事物中所创造出的东西/总之,一个人越是感悟到个体的无限性,就越会失去对多元性的愉悦/人们学会了用一种乐器完成数百种乐器才能完成的工作/并且相比于发明创造,人们普遍地对完成[一件事]更感兴趣。(DB,30)

表象是对内在状态、内在变化、内在客体的外化表达/外物通过自我发生变化,并在自我中形成概念,因而产生了直观/内在客体通过自我发生变化,并在自我中附着于躯体,因而产生了符号/曾经的客体是躯体,这里所说的客体是精神/普遍意识把客体与直观和符号与躯体混为一谈,因为其不懂得抽象,没有自我行动/只是必然的被动,只是意识的一半,而非全部。① (ZB,191—192)

一部美学作品确实必须由整体的理念来主导和修饰/即使在最异想天开的书籍中也是如此/维兰德、里希特和大多数喜剧演员都丢失了这一[整体理念的]踪迹/在他们的作品中,有太多令人震惊的多余和乏味的东西,甚至是"开胃菜"/他们的作品中很少有美学的计划和伟大的布局/他们只有审美而反讽的奇思妙想,而缺乏审美而反讽的意义或精神。(多元统一。)(ZB,188)

浪漫体必须是彻头彻尾的诗/诗与哲学一样,是我们心灵的一种和谐意境,在这种意境中,万物都得到了装点,万物都找到了自己合适的视角,万物都有了适宜自己的伴奏和环境/在一本充满诗意的书中,一切都显得那么自然,那么美妙/过往,你认为一切都没什么不同,仿佛你只是在这个世界上沉睡——直到现在,你才意识到这个世界的真正意义/所有的记忆和感知似乎都来源于此/同样,人在陷入幻觉的当下也是如此——这一刻,你仿佛置身于所有被凝视着的客体中,感受到无限的、难以理解的、同步发生的、连贯的多重情感。(VB,212)

奇怪的是,好的叙事总是包含一些谜——一些难以理解的东西/故事似乎触动了我们尚未睁开的双眼——当我们从故事的领域返回时,我们站在一个完全不同的世界。(VB,220)

---

① 诺瓦利斯以"球体"类比"完整的人",其中一半是情感(Gefühl),另一半是源初行动(Urhandlung)。普遍意识对表象世界的混淆,使得完整的人缺失了源初行动,因而必然会陷入思想的困境。普遍意识需要个体意识的补充才能完整。

喜剧和悲剧获得很高成就,并且富有诗意/这是它们通过利用一种微妙的、象征的关联才赢来的收获。

严肃中一定闪烁着愉悦的光芒/玩笑中一定闪烁着严肃的光芒。

精神表象如同自然表象,必须是自在的、独特的、一般的、联系的、创造的/它们不是如它现在所是那般,而应是如它可能和必然所是那般。(VB,257)

浪漫体是关照和表现生命的/它是诗人的模仿者/其中常会发生一些"假面舞会"式的事件,即戴面具的人之间相互伪装/揭开面具,他们是已知的事件和人物/浪漫体本身并不包含某种结果,它不是由句子所体现出的形象和事实/它是一个生动的过程,一种理念的实现/一个理念是无法用一个句子来表达的/理念是一系列无限的命题,是一个非理性的量,不可替代,不可比拟/所有非理性不都应该是相对的吗?/然而,浪漫体的发展法则是确定的,而且要根据这一法则进行浪漫体批评。(DB,69—70)

我们的语言是幸福的,因为它笨拙!/强者驱遣它,弱者也驱遣它/有时,强者的外表会变得更明显、更优美/有时,弱者的能力会变得更明显/从而使美的境界保持得更纯粹、更高贵、更简单。(ZB,304)

作家和所有艺术家同样片面,只是作家更加顽固/在职业作家中,自由主义者少之又少,尤其是当他们除了写作别无其他谋生手段时/靠写作谋生是一项风险极高的事业,即使对于真正的精神教养和自由而言也是如此。(DB,81)

诗人比知识学家更了解自然。(VB,191)

书的世界只是现实世界的缩影/两者同出一源/然而,前者出现在一个自由的、更机动的媒介中/这就是为什么书中的所有颜色都更鲜艳/墨迹更少,动作更生动,轮廓更鲜明,表达更夸张/[世界]在后者中只能被零星地表现,而在前者中却能得到完整地表现/因此,前者本应更有诗意,更机智,更有趣,更如诗如画,但也更不真实,更不哲学,更不道德/大多数人,包括学者,对现实世界只有文字式的、片段式的表象理解/那么,[他们眼中的]现实世界也就和书的世界一样,有同样的缺点,也有同样的优点/许多书也不过是这种单一、零碎的现实世界观的代表/[我们需要]更多关于书的世界(文学世界)与现实世界之间关联的表达。(DB,81)

大多数人并不知道自己究竟有多有趣,说了哪些有趣的话/借助于对他们演讲的记录和评判,他们可以认识到自身的真实表象/并在对自身的巨大惊奇中发现一个全新的世界。(DB,81)

每个人都应当懂得如何减省自己的语言和风格,并把握好两者之间比例的细微差别。(VB,200—201)

直觉表象建立在系统思考和观察的基础之上。(VB,200)

美好、自由的农业经济/在自身周围形成一个诗意的世界/同有生命力的人、物一道写诗。(VB,192)

共同的语言是自然语言——书的语言是艺术语言。(VB,163)

至高者是最容易理解的,最亲近的,最必不可少的/只有通过不了解自我,使我们与自我相分离,才会产生一种不可理解性/这种不可理解性本身就不可理解。(ZB,39)

诗人的疆域在世界/在他所处时代的焦点/他的计划和活动过程皆具有诗性/他可以利用一切事物/只需将其与精神结合起来,就能使其成为一个整体/他既要表现一般,也要表现特殊——所有的表现都是相反相成的/他可以自由而不受限制地接合事物/所有诗性都是自然/自然的所有特质都属于诗性,尽管它是个性化的,但却具有普遍的趣味/那些让人心智冰冷的表象,那些对死气沉沉的自然毫无生气的表象,又有何用呢——如果它们不能引起情感的共鸣/它们至少必须是象征性的,就像自然本身一样/要么自然是理念的载体,要么理念是自然的载体/这一法则必须在整体和个体中都有效。
诗人绝不能以自我主义者自居/他必须以自我为表象/他是自然表象的先知,正如哲学家是自然表象的先知一样/对诗人而言,客观就是一切,对哲学家而言,主观就是一切/诗人是宇宙的声音/哲学家是最简单的"一"/"原则""歌声""言语"/差异性将无限之物凝聚在一起,多元性将有限之物凝聚在一起/诗人永恒真实/他坚持自然的循环/哲学家在永恒的坚持中不断变化/永恒的坚持只能在变化中体现/永恒的变化只能在永恒、整体和当下中体现/之前和之后都只是它的图像/只有它本身才是真实/诗人的所有表象都必须是象征性的或动人的/这里的"动人"(Rührend)是指一般的影响/象征不是直接影响,而是诱发自身行动/这就是刺激(reizt)和激发(erregt),就是激荡(rührt)和感动

(bewegt)/前者是精神的行动,后者是自然的痛苦;前者从幻象到存在,后者从存在到幻象;前者从表象到直观,后者从直观到表象/以前,诗人可以是所有人的一切/圈子还是那么狭窄,人们在知识、经验、风度、性格上还是那么平等/这样一个无所需求的人,在这个需求简单却更强烈的世界里,让人们如此美妙地超越自身,感觉到更高的自由与尊严/这种刺激性还是这么新奇。(VB,314—315)

三 语文学或文学知识学
(Philologie oder die Wissenschaft der Literatur)

一般来说,语文学是研究文学的知识学/与书有关的一切都可称为语文学/注释、标题、格言、序言、评论、训诂、评注、引文都属于语文学/如果只涉及书,而不涉及书(中内容)的原初本质,那就是纯粹的语文学/格言是语文学文本——它从纯粹的层面来看是哲学的,从应用的层面来看是历史的/只有语文学家是严格意义上的学者/古文书学是语文学,历史学也是语文学。(DB,106)

文字能否适合于精神,反之亦然?(DB,59)

文字只是哲学交流的辅助工具/其存在本质在于激发某种幻想/说者思考并生产;听者思考并再现/语言是一种具有欺骗性的预想媒介/是某种特定刺激的不可靠载体。
真正的教师是引导者/如果学生确实渴望真理,那么只需一眨眼的工夫,他就能找到他所寻求的东西/因此,哲学的表述无非是主题、初始命题、原则。它只适合于成为引导自我行动的真理之友(selbsttätige Wahrheitsfreunde)/对主题的分析演绎只适合于懒惰者或未受过训练的人/学生必须学会穿越主题,并保持一定的思考方向。(DB,11)

文字就如同寺庙或纪念碑,它本身是死的,并且毫无意义/存在研究文字的知识史学家,也存在文字学古物学家/古文字学家实际上是文字的修复者,是文字的复活者。(VB,281)

写作艺术(声音艺术)提供了写作艺术的知识学/对写作艺术的批判是建成这门知识学的准备工作。
字母表是一门语音艺术,此外,它还是由人类语言工具系统这一个体工具所创造的。一般的纯粹书写系统和特殊的衍生书写系统/参见数字系统,注释。(DB,265—

266)

你必须如你所是的那样去写作。
演讲作品/对写作的音乐性处理。(DB,135)

形容词是诗意的名词/外部诗歌和内部诗歌/诗歌的整体——诗歌的细节/如《赫尔曼和多萝西》和《路易丝》/前者也许是浪漫主义的诗歌,后者则是叙述性的诗歌。(DB,37)

正如嗓音在音域、柔软度、力度、类型(多样性)、婉转性、快速性、精确性或尖锐性等方面有多种变化一样/笔调或风格同样可以从多种角度进行评判/文体学与严格意义上的宣读或演讲理论极为相似。
修辞学已是演讲和应用写作艺术的一部分/此外,它还包括应用精神或心理动力学以及应用人类学。
这种动力是人类学的一部分。(VB,200—201)

文体学:我们可以从文体中看出主题是否或在多大程度上使作者兴奋,并由此推断出作者的体质、情绪等。
饱满的风格、瘦削的风格/苍白的风格/彩色的风格/多变的、单调的风格/病态的、健康的——虚弱而精力充沛的风格。
风格的培养方法/歌德的风格是大千世界的单调和简约——必要且极其简单的礼仪/伟大的世界是有教养的感性/是作为理想的美学文体。(VB,95)

有人可能会觉得奇怪,但没有什么比这更真实的了:一本书的文体处理、外观、韵律吸引着我们去阅读,让我们为其着迷/《威廉·迈斯特》以一种流畅、悦耳、简洁而又多面的语言穿透力,有力地展示出这种表达的魅力/拥有这种语言魅力的人,即使在讲最微不足道的事情,也足以吸引我们,并使我们乐在其中/这种精神上的统一是一本书真正的灵魂/同样的事物因书写才变得个性而有效。(VB,261—262)

严谨的方法仅仅适用于研究,而不应当被印刷出来/人只应用自由的、不受约束的文体为公众写作/严格的论证、系统的阐述就蕴藏在其中/一个人不能不确定性地、焦虑地、糊涂地、圆滑地写,而要带着歉意的、默示的预设,坚决地、明确地、坚定地写/一个坚

定的人会慈悲、果断而持久的表达/知识学文体喜欢［借用］外来词,这正是它不具有公共性的原因。(VB,11—12)

一本书可以拥有多种不同的旨趣/作者、读者、目的、事件、个人的存在,都可以成为它所围绕的轴心。(ZB,189)

书是一种意义重大的现代历史体裁/它或许已经取代了传统。(VB,232)

语文学:复述也可以属于书的一个环节。(VB,123)

书本是一种无形的纸币/代表了学者们设定的方向/［正如］现代世界的纸币热潮是纸币崛起的基础,它会在一夜之间激增。(ZB,41—42)

完整的图书馆让讲课变得毫无用处/它是自然的笔划(如音乐),并且已是完成态。(VB,114)

不同的思想、世界、情绪在作品中交汇、碰撞,作品就会更加坚实、个性、迷人/如果一部作品有多种起因、意义、趣味、侧面,有多种被理解和喜爱的方式,那么它一定是有趣的——是个性的真正流露/就像至高者和普通人,在某种层面上是一样的,书也是如此/也许至高的书就如同一本字母书/总的来说,书、万物与人是一样的/人是类比宇宙的源泉。(DB,118)

如果精神能使人成圣,那么每一本真正的书都是《圣经》/但很少有书是为书本身而写的/如果精神就像贵金属,那么大多数书都是以法连劣币①/可以肯定的是,每本有用的书至少都必须是强合金/贵金属不能纯粹用于贸易和商业/许多真正的书就像爱尔兰金块/它们在多年以来都只能充当砝码。(ZB,35)

《圣经》以精彩的象征青春的乐园为开端,以永恒的王国和圣城为结尾/它主要的两

---

① 以法连劣币(Ephraimiten)是劣币或假币,其内部的贵金属(银)被替换为了贱金属(铜)。1756 年至 1763 年战争时期,纯度低下的以法连劣币主宰了萨克森公国和普鲁士王国的经济。在西里西亚(Silesia)、波希米亚、波兰和库尔兰(Courland),商人和士兵以正常硬币(战前贵金属含量)的价格将这些劣币用在交易之中,以此获得价值更高的外国硬币,这些硬币被用于支付进口的军队补给品。1762 年底,腓特烈大帝放弃了这一政策。战后,以法连劣币退出了流通。

个部分也是真正的历史/在每一个伟大的历史阶段,伟大历史必须象征性地重新焕发青春/《新约》的开端是第二次的、更高层次的堕落(罪:必须赎罪)和新纪元的开始/每个人的历史都是一部《圣经》/都将是一部《圣经》/基督是新亚当/再生的概念/《圣经》是写作的最高任务。(DB,308)

学术演讲是一本口述书;它必须具备书的所有组成部分/概要是整体的大计划或大纲/是演讲的缩写/修辞学属于情绪心理科学/演讲代替了书/与此同时,演讲人通过重复、提取、介绍或用科学实验、实例、突出重点等方式,事实上传达了阅读和应用的艺术。(VB,113—114)

期刊实际上已经是公共书籍/结伴写作是一种有趣的现象——它仍预示着一种伟大的写作教化/也许有一天,人们会集体写作、思考和行动/整个教区,甚至整个民族,都将开展这项工作。(DB,138—139)

《文学报》属于那些由于眷恋现世生活,只想尽可能延长生命的人/胡弗兰德的《论长寿之道》①已经在《文学报》的发展历程中付诸实践/一开始,它放荡不羁地追求新的想法。但它的文体风格一直很薄弱。长期使用康德式的概念给它带来了很多伤害。现在,它更加谨慎/开始根据天气的影响,按照胡弗兰所推崇的平庸原则,利用精神手段和舒适的环境,尽可能延长尘世生存的黄金梦。(ZB,42)

何为作者? 作者必须有成为作者的目的/依靠天性无法成为作者或艺术家,或至少只能被视为自我艺术家/作者和艺术家都有一个外在目的,根据这一目的,他形成了作者—艺术家的特质/将这种特质自然化就是艺术作品/艺术作品源于人为的自然化。(VB,111)

在许多著作中,作者让事实和经验依附于主体的推理,这集中表现了一种奇特的心理现象——对人类学家极具启发意义——充满美学倾向和间接刺激的痕迹。(ZB,42)

糟糕作家和平庸作家仍然可以赢得许多美丽的花环/迄今为止,我们听到的几乎都

---

① 德国名医胡弗兰德(C. W. Hufeland,1762—1836),其在1796年年底寄了《论长寿之道》(*Makrobiotik*)给康德,康德的《论心灵通过纯然的决心来控制其病感的力量》便是阅读此书后的感想。康德基本上赞成胡弗兰德的观点,而且提出个人体验作为补充(他认为思想的活动有助维持健康)。

是关于他们的坏话和庸话——然而,在未来,关于坏话、庸话和常用语的哲学将是最重要的。(DB,105)

大多数作家在写作的同时也是他们自己的读者,这就是为什么作品中会出现那么多读者的痕迹、那么多批判性的思考、那么多属于读者而非作者的东西。

破折号——大写的单词——突出显示的段落——所有这些都属于读者的领域/读者任意设置重音,实际上是在书中创造他想要的东西/(施莱格尔对《威廉·迈斯特》的处理。每个读者不都是语文学家吗?)/不存在普遍阅读/阅读是一种自由的活动/没有人可以规定我应该如何阅读和阅读什么。

(作者难道不应该同时是一位具有无限潜力的语文学家——或者根本就不是语文学家? /后者具有文学的纯真性。)(DB,117)

只有当我能以作家的精神行事,能在不削弱其个性的情况下翻译其作品,并能以多种方式改变他时,才能表明,我已经理解了他。(ZB,40)

真正的读者是作者的延伸/他在更高维度接受作者已经准备好的材料/如果读者按照自己的想法对这本书进行加工,那么第二个读者就会对其进行进一步的提纯,如此,经过加工的文本就会一次又一次地进入新的加工容器,最终成为精神的重要组成部分。

通过中立地重读自己的书,作者可以自我净化/但对于阅读别人的书而言,这种净化作用一般会消失,因为罕有能够完全进入外来观念的人/甚至对于作者本人而言也是如此/公正地批评一本书,并不是学识和能力更强的标志/对于新一次[阅读]的印象,人自然会产生更敏锐的情感。(ZB,44—45)

未来文学:那将是一个美好的时代/没有什么比优美的文章、文学艺术作品更值得阅读了/所有其他书都是手段/当它们不再是合适的手段时,就会被遗忘,它们不可能长久存在。(DB,257)

批评家是文学警察/医疗工作属于警察工作的一部分/因此,应该存在批评性杂志对作者进行艺术性的药物治疗和手术治疗,而不仅仅是追踪其病症并宣布其病情/以往大多数的治疗方法都是野蛮的。

真正的警察不仅要对现存罪恶进行防御和争论,还要寻求对病态制度的修缮。(ZB,42)

书评是对书的补充/有些书不需要书评,只需要公告;它们自身已经包含了书评/注释是另一种意义上的演示或扩展/它们包含实验和其他解释文本的内容,例如文献/文字有声,注释含图。(VB,114)

人有意或无意写下的每一本书,就其本身而言,既不是一本书,也不是思想和性格的书面表达/其评判标准像人本身一样多种多样/在这种情况下,能够胜任[批评家]的不是艺术家,而是真正的有判断人性能力的人/它不属于艺术领域,而是属于人类学领域/批评类著作往往像对人的评价那样片面和不合理,武断和不人道/由于对普遍人性的成熟认识是如此之少——人们不应对这些著作受到的批评感到惊讶/最容易被忽视的恰恰是最好的东西/对鉴赏家来说,只有在他的眼中,人类才真正存在/鉴赏家会在文本中发现无数的细微差别、和谐与成功之处/只有他知道如何评价它们/也许他会在看似非常平庸甚至糟糕的作品中欣赏到人性的罕见组合和构成,欣赏到一种拥有壮丽精神的自然艺术/因为他不具备或忽视了书面表达的才能/这种艺术只会以一种野蛮的形式展现在他面前。(DB,109)

对我而言,莎士比亚比希腊更晦暗/我能理解阿里斯托芬的趣味,但离莎士比亚的趣味还差得很远/我无法透彻地理解莎士比亚。(VB,293)

在莎士比亚笔下,诗与反诗(Antipoesie)交替出现,和谐与不和谐交替出现,卑鄙、低俗、丑陋与浪漫、高尚、美丽交替出现,真实与虚构交替出现。(希腊悲剧则恰恰相反。)

莎士比亚的诗句和诗韵颇似薄伽丘和塞万提斯的散文,同样透彻、优雅、亲切,并且十分细致和完整。(VB,299)

在莎士比亚戏剧中发现妄想和寓言都是可能的——它只需具有诗意——即语文学诗意。

在书中/寻找宇宙的任务。(VB,285)

"哈姆雷特"是对现代文明阶段的讽刺/在某种意义上表达了英国对丹麦的民族仇恨/挪威站在胜利的背后,勤奋而英勇/维滕贝格中学是一个最重要的环境——哈姆雷特应该是个英雄,是个学者,等等/这也适用于法国/一些崇高的思想熠熠生辉,提升了全剧的格调/奥菲利娅的疯狂和幽灵都是诗意的形象。(VB,258)

在莎士比亚的历史剧中,诗与非诗(Unpoesie)之间的斗争持续不断/普通人显得诙谐、奔放,而伟大人物则显得呆板、悲哀/卑微的生活始终与高尚的生活形成对比,这往往是悲剧性的,戏说性的,是为了对比而对比/对诗人而言,历史就是在这些戏剧中被描绘的历史/历史溶解在对话中/这与真正的历史恰恰相反,但历史本应如此——具有预言性和同时性/一切戏剧性的东西都像浪漫体/清晰、简单、古怪/真正的诗剧,没有任何目的。(VB,301)

施莱格尔在谈论莎士比亚作品的意向性和人为性时,忽略了这样一个事实,即艺术属于自然,是自然对自身的观察、模仿和塑造/发展完善具有自然天性的艺术与智力的艺术,这与仅仅是反思精神的艺术大相径庭/莎士比亚不是计算者,也不是学者;他是一个强大而多彩的灵魂,他创造的作品就像自然的产物一样,带有思想幽灵的烙印/即使是[读者中]最后一个敏锐的观察者也会在其中发现与宇宙无限结构的新的对应关系,与新思想的相遇,产生与人类更高的力量和意义的亲和力/它们是象征性的、模棱两可的、简单的、取之不尽用之不竭的/正如那些(自然的产物),没有什么比将它们说成是艺术作品更无意义的了/就像[艺术作品]这个词有限而机械的含义一样。(VB,262)

"对开本"①的写作风格是真正的文学/大量的文学作品/中世纪的瑰宝。(VB,262)

汉斯·萨克斯(Hans Sachs)起草了一种真正独特的寓言式、道德式的德国神话。(正确使用寓言。)/从汉斯·萨克斯的戏剧过渡到史诗,然后又从史诗和这些戏剧过渡到希腊戏剧、莎士比亚戏剧、法国戏剧、歌剧等。
(想象=发明。)
音乐性、可塑性——情感、理性的诗歌。(VB,299—300)

任何事物最终都可能成为哲学/例如塞万提斯的《堂吉诃德》。(VB,283)

莱辛的散文缺少形象语言的补充。
莱辛看得太清楚,从而失去了模糊的整体,失去了同时在多重光照和遮蔽中观察客体的魔幻直观(magische Anschauung)。(DB,27)

---

① 在近千年的中世纪历史中,彩饰手抄的对开本书籍是传播文明的主要媒介,是中世纪无数人珍视的瑰宝。作为欧洲中世纪文化和艺术的载体,虽然它们的内容主要以圣经、福音书、祈祷书和文典为主,但同时也保留了许多的历史与文学。

寓言故事如同一幅幅图画,绘图者必须在这些图画下方写出寓意/在莱辛那里,寓言下方的格言更受欢迎。(DB,73)

克洛普斯托克(Klopstock)的作品似乎大多是一位才华横溢却毫无诗意的语文学家对无名诗人的自由翻译和改编。(DB,28)

格言诗①是教化性质的古法语文学的中心文体。(DB,108)

里涅(Ligne)、伏尔泰和布费耶(Bouffiers)这样的人认为自我是绝对的精神和信仰,并认为他们也在无意中表现出了自我与精神的同构性/他们用精神吃饭、做梦,甚至用精神酿酒/他们是精神的创造者,也是精神的毁灭者。(DB,111)

伏尔泰是有史以来最伟大的诗人之一/《坎迪德》就是他的《奥德赛》/遗憾的是,他的世界只是巴黎的闺房/他如果能少一点个人和民族的虚荣心,会有更大的成就。(DB,28)

不与真正的伟人[生活在]同一时代是多么令人向往啊!/目前大多数有文化的德国人并不这样认为/他们遵循系统规定的修养,足以否定任何伟大/如果不是哥白尼体系如此稳固,他们就会很轻易地把太阳和天体变成"鬼火",把地球变回宇宙/因此,歌德,这位现在地球上诗歌精神的真正管理者,当他不能满足普通消遣者的期望,使他们陷入对自己的尴尬时,就会受尽卑微的对待和鄙视/《赫尔曼与多萝西娅》所受到的普遍欢迎,直接预示了他们的这种灵魂偏好。(ZB,36)

在希腊诗歌史上,史诗、抒情诗和戏剧的时代相继出现,在世界诗歌史上,古代、现代和统一的时代也是如此/有趣是负诗的主题/(这种统一的核心似乎是歌德建立起来的。)/谁能猜到它所出现的方式,谁就有可能写出一部完美的诗歌史。(DB,27—28)

歌德是一位相当实用的诗人/他的作品就像英国的商品:极其简单、漂亮、舒适和耐

---

① Das Epigramm 指"只有一个主题并以机智或巧妙的思维转折结束的短诗或韵文",15 世纪中叶起源于古法语 épigramme,源自拉丁语 epigramma "铭文",来自希腊语 epigramma "(尤指诗歌形式的)墓碑、公共纪念碑等上的铭文;书面评估",源自 epigraphein "书写、题字"。《世纪词典》称,"这个术语后来扩展到任何表达精确、细腻或巧妙思想的小诗歌"。

用/他在德国文学中的成就正如韦奇伍德在英国艺术界的成就/他和英国人一样,既有天生的经济品位,又有后天的高尚品位/从化学意义上讲,这两者非常契合,有着密切的亲和力/在他的物理研究中,我们可以清楚地看到,他倾向于宁可彻底完成一件微不足道的小事,并使其达到最高的光洁度和舒适度,也不愿做一件起初就知道不会彻底完成,并且永远不会达到精湛技艺的事/在文学领域,他也选择了浪漫主义或其他封闭而规矩的主题/他对光、植物和昆虫变化的观察证实了这一点/同时也最有说服力地证明,完美的演讲也属于艺术家的范畴/从某种意义上说,人们也可以宣称歌德是他那个时代的第一位物理学家——他的确开创了物理学史上的一个新纪元。

在此,我们不谈论知识的广度,就像我们也不能决定自然科学家的等级一样/重要的是,一个人看待"自然"是否像艺术家看待"古典文化"一样——因为自然难道不是活生生的"古典文化"吗?/"自然"和"对自然的洞察力"是与"古典文化"和"对古典文化的认识"同时产生的;因为如果一个人认为"古典文化"是确实存在的,那就大错特错了。只有到了现代,古典才开始出现/它成为艺术家的眼睛和灵魂/古代遗迹只是"古典文化"形成的特殊刺激物/"古典文化"不是用双手创造的,[而是]精神通过眼睛所呈现出来的——雕刻的石头只是躯体/它只是通过躯体获得意义,并成为躯体的表象/正如物理学家歌德与其他物理学家的关系,诗人(歌德)与其他诗人的关系/在范围、多样性和深刻性方面,他都能被超越;但在教化艺术方面,谁又能与他相提并论呢?/在歌德那里,一切都是行动——而在其他人那里,一切都只是倾向/他是真正的创造者,而其他人只是必要或可能的创造者/我们都是必要和可能的创造者——但真正的创造者却少之又少/学院派的哲学家或许会将此称为积极的经验主义/我们将满足于欣赏歌德的艺术才华。

再看看歌德的智慧,在他身上,人们可以从一个新的角度认识抽象的天赋/他以罕见的精确度进行抽象,但绝不会不同时构建抽象物所对应的客体/这不过是应用哲学——因此,令我们不无惊讶的是,我们最终也会发现他是一位应用的、实践的哲学家,就像每一位真正的艺术家[所应当是的]那样/纯粹的哲学家也是实用的,尽管应用哲学家不必关心纯粹的哲学——因为这本身就是一门艺术(歌德的《威廉·迈斯特》)/实际艺术的源泉仅仅存在于我们脑中/它根据一种特殊的概念进行建构/想象力、智慧和判断力只是被它所支配/因此,《威廉·迈斯特》完全是艺术的产物——智力的作品/从这个角度看,人们在艺术殿堂中看到了许多非常平庸的作品,而大多数令人钦佩的受人尊敬的著作却被排除在外。

意大利人和西班牙人的艺术才能远远超过我们/就连法国人也不缺乏艺术天赋/英国人的艺术天赋则少得多/在这一点上,他们和我们很相似,我们同样拥有极少的艺术天赋——尽管在所有民族中,他们拥有最丰富、最出色的头脑在作品中运用的能力/当然,这种丰富的艺术天赋使我们中为数不多的艺术家如此独特——如此杰出/我们可以确信,最伟大的艺术作品将在我们中间产生/因为没有任何一个民族可以在绝对的普遍性方面与我们抗衡/如果我对最新的古代文学追随者们的理解正确的话,他们要求我们模仿古典作家的目的不外乎是教育我们成为艺术家——唤醒我们的艺术天赋/没有哪一个现代民族能像古人那样对艺术有如此深刻的理解/在他们那里,一切都是"艺术作品"——但如果认为他们是或只能是"我们的艺术作品",也许并不过分/"古典文学"就像"古典文化"一样,它实际上并不属于我们,它并不存在——但它只能由我们来创造/只有通过对古人的勤奋和智慧的研究,我们才能产生"古典文学"——而古人本身并不具备"古典文学"/古人必须承担相反的任务——因为单纯的艺术家是片面、有限的人/在严谨性上,歌德可能不如古人——但他在内容上超越了古人——然而,这并不是他自己的功劳/他的《威廉·迈斯特》已经足够接近他们了——因为他的小说是何等的精彩,无需赘言——而在这个时代又绽放出了何等的精彩!

歌德将会被超越,也必须被超越/但只能像古人那样,在内容和力量以及多样性和深刻性上超越他,而不是作为一个真正的艺术家来超越他/或者只能在艺术领域上超越他一点点/因为他的真理性和严谨性比现在所能认识到的更具有典范性。(DB,131—135)

地理学家认为,物理的重心在非斯和摩洛哥/作为人类学家的歌德在《威廉·迈斯特》中认为,思想的重心在德意志民族之下。(ZB,36—37)

歌德哲学确实是史诗般的。(ZB,45)

歌德的童话是一部娓娓道来的歌剧作品。(DB,26)

席勒的研究是从一个固定点开始的/在他从这个固定点所确立起的尺度之外,他再也找不到其他关系了。(ZB,306)

席勒的画太尖锐而不真实,像阿尔布雷希特·丢勒,而不像提香/这些画由于太理想化而不是至高的自然。(ZB,306)

施莱格尔的作品是抒情哲理/他的《福斯特》和《莱辛》类似于品达颂诗,是精致的负诗(Minus Poesien)/他的抒情诗与品达颂诗相似/抒情散文作家会写出合乎逻辑的格言诗/如果他醉心于生活,则这些作品会是二言诗,那就必须作为二言诗来欣赏和评判/艺术作品可以半醉:在整个沉醉过程中,艺术作品消失了/人变成了动物/动物的特性是狂热/动物是饱足的生命/植物是匮乏的生命/人则是自由的生命。(ZB,45)

对话(Gesprächen)中的伟大浪漫/将伟大与渺小的事物诗意地结合在一起。(VB,301)

Novalis' Romantic Poetics in Fragments

Abstract: Most of Novalis's fragmentary handwritten notes were preserved by his close friends Schlegel and Tick, and they were tossed around for years before being published. In it, Novalis retraces the origins of philosophy and literature, considering the kiss of friendship and love as the source primordial action of mankind and interpreting literature and art in this new beginning. This is a renaming of previous literary activity by Romantic poetics, where poetics becomes the link that restores the human mind to the ways of nature. This paper translates and collates the literature of Novalis on the dialectical relationship between poets and philosophers in the classical period, the relationship between the artist and the poet-philosopher in the New Era, as well as the inner texture of Romantic poetics, which is of some reference value for the study of literary ethics.

Keywords: Novalis; Romanticism; Literary knowledge; Book; Poetry

博士论坛

BOSHI LUNTAN

文学性、超语言学与交往伦理问题:
巴赫金的学术对话与思考

关 屹[①]

摘 要:巴赫金于20世纪初参与了同俄国形式主义、索绪尔语言学派以及弗洛伊德学派的对话,在对话的过程中巴赫金也形成了自己对于文学问题的思考。结合巴赫金的批评著作,我们能够发现巴赫金在文学性问题、语言学问题以及交往伦理问题的思考上,受到了这些学术思潮的影响。而通过对比巴赫金和与谈学派的思想异同,我们能够发现巴赫金对于文学社会性的关注,以及对于文艺作品伦理道德的强调。

关键词:巴赫金;形式主义;索绪尔学派;弗洛伊德学派;文艺伦理

就像巴赫金的理论著作中始终贯穿着"对话"的主张,现实中巴赫金的学术思想建构的过程,也是形成于与其他学术思潮的对话过程中。早期巴赫金的哲学思想借助于文学的领域得以具体阐发,而在这个过程中,是20世纪初俄国形式主义、语言哲学流派、弗洛伊德学派等学术思潮激发巴赫金奠定了自己的文学理论基本问题面貌,并用在其之后的理论建构中不断加以探讨和完善。

一 形式主义与文学性问题

青年时期的巴赫金,已经初具自身的哲学思考体系,而此时正值俄国形式主义在苏联,甚至在世界文学界享有盛誉,巴赫金的学术对话也就从形式主义批评而始。正是在这个时期通过与形式主义的对话,巴赫金建立了自身对于文学性问题的看法,将文学的社会性问题凸显在研究的视域,弥补了一些被形式主义所忽略的形式价值内涵问题。

[①] 作者简介:关屹,河北大学文学院在读博士生,主要从事文艺理论研究。

巴赫金最终形成了内部性问题与外部性问题相结合的文学观,发现了文学特殊的意识形态功能。

形式主义的正面功绩是不可以被忽略的,巴赫金在批评形式主义的过程中,也指出其中存在着重要的文学研究意义,形式主义对文学性问题以及文学的语言问题所进行的深入思考,以及对于文学独立性的强调,有助于文学研究本身科学体系的建立。俄国形式主义者认为传统诗学强调对于社会现实的模仿与再现,但是对于文学的独立自足性缺乏深刻的认识,于是他们强调文学研究应当重视文学性问题:"文学科学的对象不是文学而是'文学性'也就是说使一部作品成为文学作品的东西。"①这种对文学研究自足性的突出是巴赫金所肯定的,他评价说"形式主义者正是作为鉴别家出现的,他们在俄国文学科学中确定几乎是第一个扮演了这个角色。他们能够赋予确定文学科学特点的主体以很大的尖锐性和原则性"②。之后形式主义者为了凸显独立的"文学性",从传统的文学内容和形式中选择将形式作为研究的关键因素,这种形式的因素主要是指语言要素的组织和构建,因此对于形式主义的文学性而言,语言材料的问题是十分重要的。巴赫金恰恰在语言材料的观点上与形式主义持有不同的意见,在他的观点里俄国形式者过于注重作品的语言,"他们隔断语言与意义的联系,把文学性看成是纯技巧的表现,似乎和内容可以不发生关系"③。俄国形式主义代表什克洛夫斯基认为,艺术手法是文学研究的主要内容,一部作品是"所用的一切文体手段的总和"④。在对作品的技巧介入和形式演变过程中,人们形成了超越日常感觉的艺术感觉,而面对不同文学作品之所以人们的感觉不同,其奥秘也就在形式的差异中引发了读者对文学的感性差异。因此,不同手法所产生的形式"陌生化"功能就得到了形式主义者们的关注,通过对作品中形式因素的更新,人们会在阅读过程中体会到不同于固定观念中的审美范式、进而打破原有的审美心理定势,最终唤醒了已经麻木的观察力,这就是形式"陌生化"所产生的独特效果。形式主义者们对于文学性的探索是振聋发聩的,把文学看作一个有序而自足的系统是他们的思想精髓。但是怀着辩证思想的巴赫金把这个最精髓之处取为自己生发对话的核心点,在他的文学观点中,一切语词的系统都应该是与社会意识形态紧密结合的,因为只有这样才能够让人本身的存在意义不会脱离于文本,不会失去社会的道德价值尺度。

实际上形式主义并未将社会意识与文本内容脱离而论,但是他们在强调形式的过

---

① [俄]罗曼·雅各布逊:《现代俄国诗歌》,转引自茨·托多罗夫:《俄苏形式主义文论选》,中国社会科学出版社1989年版,第24页。
② [俄]巴赫金:《巴赫金全集》第二卷,李辉凡等译,河北教育出版社2009年版,第152页。
③ 钱佼汝:《"文学性"和"陌生化"——俄国形式主义早期的两大理论支柱》,《外国文学评论》1989年第1期。
④ [美]V. 厄利希:《俄国形式主义历史与学说》,商务印书馆2017年版,第90页。

程中，对于形式之内社会意识发展的问题确实论述不足，巴赫金抓住了形式主义者将文学视为自足的系统这一立场中的问题，批评了形式主义的学说内部的具有诸多矛盾之处。在论述巴赫金观点之前我们需要注意的是，巴赫金所对话的形式主义从时间上需要被归纳到1920年至1921年，也就是在形式主义者分化转型之前的这段时期。巴赫金是将形式主义视为一个完整的体系进行批判的，而实际上当时形式主义更倾向于以概念和思想主张的方式进行学术活动，不能称作是具有严格的方法论体系的流派，因此我们不得不注意巴赫金在批评对象选取过程中，具有建立一个属于自己文学体系的动机①。"文学性"问题是形式主义的核心问题，巴赫金的批评也主要在此处着手，他认为如果只用技巧、语言的视角来面对作品，那么作品所具有的"审美的现实"就会被忽视，形式主义固然关注到了语言的与文学性之间的紧密联系，但是却采用了一种表面化的方式去对待语言："这种研究工作只有在语言艺术创作的外围运动才显得充满自信，它竭力回避一切使艺术归入人类文化统一整体这个大范围的问题……诗学死死抱住语言学，生怕离开语言学一步。"②语言实际上与整个的意识形态是密不可分的，作品由语言构筑则势必会形成一个独特的意识形态环境，巴赫金认为形式主义者们人为地将语言理解为形而上的存在，而没有正视语言只是"意识形态的承载物"这一本质属性，进而，以"陌生化"为代表的形式手法问题也就不可避免地有着理论的自相矛盾：形式主义主张用陌生化手法对惯常的事物作出崭新的语言表述，以达成延长审美时间、增设理解难度、脱离阅读自动化的效果——然而这目的本身就必须依赖于主体的主观意识，这一理论潜意识中已经承认了接受者主观心理的重要性。巴赫金以什克洛夫斯基对托尔斯泰《霍尔斯托麦尔》的解读为例，指出了"陌生化"的目的不在于"使石头变成石头"，而是"为了别的事物，为了道德价值"，"托尔斯泰决不欣赏奇异化的东西，相反，他把事物奇异化只是为了离开这一事物，摒弃它，从而更强烈地提出真正应该有的东西——某种道德价值"③。

想要理解作为整体的作品，语言和形式的材料因素固然十分重要，但如果过分强调关注材料，就会将审美对象本身所具有的意识形态含义给忽略，巴赫金企图超越形式主义的地方在于：他指出了材料本身具有的意识形态承载功能，从而揭示作品中内容与形式的不可分割性，并且通过巴赫金对审美概念的辨析，阐述了作品与社会之间的交往关系。在"语言符号存在的地方就必然有意识形态的存在"这一认识下，巴赫金于文本材料

---

① 参见土金龙：《巴赫金：形式主义者，或反形式主义者》，《中国中外文艺理论研究·2011年会议论文集》，第249—258页。
② [俄]巴赫金：《巴赫金文论选》，佟景韩编，中国社会科学出版社1996年版，第256页。
③ 参见[俄]巴赫金：《巴赫金全集》第二卷，李辉凡等译，河北教育出版社2009年版，第182—183页。

构成的基础上,引入了社会的伦理和道德因素进入其中,并以人的价值中心为支点对这些因素进行配置。巴赫金形成了自身对于"文学性"问题的判断:"审美对象本身,乃是由艺术形式化了的内容(或称:具有内容的艺术形式)所组成的。"[1]我们分别阐释巴赫金对内容和形式的具体认识,巴赫金所理解的内容是指事件所包含的认识与道德因素、以及针对事件的议论和相关评价,这些因素可以基于作者和读者的社会经验直接进行体验。他所理解的形式则分为结构形式和布局形式两个范畴,结构形式是指审美个人的身心价值的依存形式,也是个人生活的周围自然界的依存形式,而相比之下面对布局形式只承担着技巧型的功能与结构性的任务,例如典型、性格、英雄化属于结构形式,而排比、隐喻、过渡等属于布局形式。巴赫金认为:形式首先作为一种布局的方式来对事件进行合理的编排,随后通过结构的方式来"直觉地把认识因素和道德因素融为一体"[2]。简言之——审美对象的最终构成,不仅要由语言材料的布局组织形成完整的叙事,也要有基于内容的结构形式来表现活生生的人物存在。

在巴赫金与俄国形式主义的对话中我们看到,巴赫金认为"文学性"的概念中不仅包括语言形式的材料因素,也因符号的意识形态承载而与人类文化的整体息息相关,文学是文化系统的有机组成部分,有学者为此将巴赫金的诗学归纳为"社会学诗学",这种概念恰恰也反映了巴赫金所认为的"文学性",不仅是想要守住自身在人文研究中的独特位置,也想要让文学与社会意识有着紧密的联系,并彼此之间不断进行着对话与交流的相互作用过程。

二 "超语言学"构想的提出

在与形式主义进行对话后,语言材料的问题变得至关重要,如何去理解语言将决定如何去进行文本分析,几乎是在巴赫金与形式主义对话的同时期,他就已经着手开始了语言学批评的进程,并以友人 B. H. 沃洛希诺夫的名义出版了《马克思主义与语言哲学》一书。此书中巴赫金通过与索绪尔为代表的抽象客观语言学进行对话,发展了自身的话语理论,并提出了"超语言学"(或称"元语言学")构想。

索绪尔的语言学说为巴赫金提供了发展自身思考的支点,与形式主义对"文学性"问题的强调相似的是:明确语言学的定义问题与研究主体的问题亦是索绪尔的重要目标。索绪尔认为,语言首先是具有自身特色的符号体系,这一体系具有一种稳定的社会性和稳定性,此外,个体性、随意性和物理性的个人言语与它紧密相连,语言于言语中存

---

[1] [俄] 巴赫金:《巴赫金集》,张杰编,上海远东出版社1998年版,第107页。
[2] 同上,第87页。

在、是言语系统的抽象概括。基于这种体系化的定义,索绪尔主张从共时的方法研究语言内各要素的内在关联问题,将句段关系、联想关系的语言问题与人对事物的感受相结合进行分析,同时明确语言符号的构成是由能指与所指共同结合的,这些主要问题都具有显著的系统性与抽象性。面对索绪尔对语言学的定义,巴赫金承认了这一系统的合理性,但是也进而对语言系统是否应该是一种一成不变的规则提出了质疑。与此同时巴赫金也与另一语言学派——沃斯勒学派进行对话①,沃斯勒学派认为语言理解的关键问题在于"个人的情感表现",他们认为"个人情感的表现"是可以被把握和进行阐述的内在事物,而语言的目的则是将个人的心理体验客观化地描述给他人,从这个角度而言沃斯勒学派的心理主张,部分地弥补了索绪尔语言学中主体问题的缺失。但沃斯勒学派对于主体的心理采用的是一种假定式的理解,他们假定了个人内心经验的先验存在,而忽略了个人内心的经验首先就与其身处的社会地位、语言社群和经济基础息息相关,沃斯勒学派的个人是一种唯我主义的个人,因此巴赫金同样批判了他们的语言学观点,并给出了自己关于语言"没有自我-经验,只有我们-经验"的认识。不过总体而言,沃斯勒学派的一些观点是被巴赫金所认可的,尤其体现在巴赫金对个体语言中的创造性功能相关论述中,但是巴赫金基于对人的社会性存在这一认识,所强调的是语言学应当从语言的社会性问题出发去理解语言。

我们从"言语"的问题来对比巴赫金与索绪尔对其认识的不同。在索绪尔对"言语"的定义中,言语是具有个人性质的,与语言互相依存,但是语言的问题更为主要,言语只不过是庞杂的部分;而巴赫金更进一步,将言语研究作为"话语"的一部分,指出话语才是语言的实际存在方式,是社会制约性的行为,表现着对话的关系,而这个"对话关系"才是真正的语言研究对象。索绪尔和巴赫金对言语概念的理解具有一定的共同性:首先,他们都注意到了个人言语的重要性,索绪尔指出"促使语言演变的是(个人)言语""如果有必要,这两门学科都可以保留语言学这个名称";其次,他们都强调语言的规范性作用,索绪尔说:"要言语为人所理解,并产生它的一切效果,必须有语言"②,巴赫金也赞同言语活动首先要遵循语言规则体系;最后,说者的意志都是言语的关键,索绪尔承认个人意志的影响作用,巴赫金也用"指物意义内容所持的主观的情感评价态度"③来解释意志对词语的作用方式。这些相同点中体现出了巴赫金对索绪尔语言观的承袭,但是我们更重要的是巴赫金的超越部分:从研究的对象上来看,索绪尔认为唯一的研究对象是语言,而巴赫金则明确用言语交际中的单位——"话语"作为研究对象,将语言交际功能提

---

① 参见[俄]巴赫金:《巴赫金全集》第二卷,李辉凡等译,河北教育出版社2009年版,第403页。
② [瑞]索绪尔:《普通语言学教程》,高名凯译,商务印书馆2017年版,第28页、第29页。
③ [俄]巴赫金:《文本、对话与人文》,白春仁等译,河北教育出版社1998年版,第169页。

到绝对重要的位置。从两者对言语社会性的理解差别来看,索绪尔突出了言语的个人性和任意性,而巴赫金通过"言语体裁"概念的引入,强调了言语的社会赋予性,"言语体裁"是一种社会语境对其中人们语言形式的规范典型,是说者在面对特定语境时需要遵循的表述形式。至于听者能动性的问题,在索绪尔认识中听者是被动的,凡从说话者联想中枢到听者耳朵的一切都属主动部分,凡从听者的耳朵到他的联想中枢的一切都属被动部分,但是巴赫金充分肯定了听者的能动性,"当听者在接受和理解言语的意义时,他同时就要对这一言语采取积极的应对立场:同意或是不同意(全部还是部分同意)它,补充、应用它,准备实现它等等"①。

可以看到,对于巴赫金而言,作为整体或者系统的语言是保留着说者和听者个人能动性的语言,个人在表述时基于语境选择恰当的言语体裁,说出的话语就在保留了社会交际性基础的同时、拥有了属于表述个体的独创性。巴赫金实际上对理性主义的认识论进行了否定:索绪尔对于个人言语问题的轻视,体现了追求"一致性"的理性主义精神,在这种精神之下为了建构其一个共时论的语言学科,属于个人的、历史的非理性的力量就成了一种阻碍,因此索绪尔的处理方式是将这些非理性力量统一纳为"句段关系"中的一部分。与此相反,巴赫金认识中的语言体系是另一种构成模式——语言体系是世界上众多言语体裁聚合而成的体系,每一个语词只有进入社会的行为中才能作为有意义的存在事物,进入了社会的语词必然是有着他者参与的词,说话人对于词语的选用本身就是与他者对话的过程。巴赫金转变了将语词视为客体之物的认识论模式,而是在语词的意义中看见了意义原属于的那个主体,这个历史的和社会的存在主体所传达的思想都会与词语符号结合,思想的人与词语就会一同存活。每一次运用词语都是让词中的人复活,都是与这个人的对话,正因如此,语言的体系会不断地随着社会历史的时间进程而增添新的含义。理性主义认识论的语言观忽视了人的主体能动性和创造性,仿佛语言活动只是位置和句段的不断调整,而巴赫金揭示了语言中主体的存在。每个说话人,都参与语言体系,每当话语一说出,说话人便走入一个聚合性的空间之中:这个空间不是句段的线性堆叠,而是杂多的言语体裁的星丛。巴赫金在强调话语中的主体性问题时,也没有忽略他人的主体性与我"共在"话语中的现实,这一现实指出了语言使用主体绝不会由优先的地位——因为他人存在,进行控制与消解,也正是因为我与他人独一无二的主体性共同体现于话语中,从确保了对话的事件永远不会终结。巴赫金对索绪尔的语言批判里,引入了自身的伦理所思:语言的体系不是限制人自由思想的规范,而是汇聚着不同意识形态内容的空间;词语不是没有生命的工具,而是栖息着人们

---

① [俄]巴赫金:《文本、对话与人文》,白春仁等译,河北教育出版社1998年版,第150页。

的意识的符号；面对事物说话者不是用言语去框定它的边界，而是为事物引入了这个我与他人共在其中的话语"地带"，这一话语地带既是对事物的呈现，也是对事物价值的增添与丰富。

巴赫金评价文学对现实最终是"间隔"的反映，是"反映之反映"，这一点在他与索绪尔为代表的语言学派的对话中得到了解释：当我们在言说现实的时候，语言的聚合场域里那些曾有的他人评价因"我"的参与而重新再现，于是"我"的话语里携带了他人的评价，"我"对于现实的言说反映着这个存在的现实，也反映着他人对这一现实的看法——更重要的是"我"自身独一无二的现实认识丰富了语言的系统，事物结合着"我"和他人，在语言中长存于绵延不绝的语境之中。

三 "无意识"批判中的交往伦理问题

20世纪初精神分析学说的潮流在弗洛伊德和弟子荣格等人的影响下风卷了多个学科领域，也进入了巴赫金的对话视野。在《弗洛伊德批判纲要》中，巴赫金指出这一学说之所以能够俘获人心，原因在于它对人生物化的存在的主张，反驳了部分理性主义造成的人的异化现象，但是与此同时精神分析本身将人非理性地抽象为生物，过于极端地否定了社会对人的积极作用，造成了对人之存在的孤立性认识，巴赫金对此是持否定态度的。通过对精神分析学说的批判，巴赫金从"对谈疗法"的问题出发展开分析了他人与自我无意识之间的相互作用，并且最终形成了自身对于主体间交往行为的伦理认识。

精神分析的基础理论主要有三个方面：无意识与心理结构学说、泛性欲论和梦的学说，其中无意识（潜意识）学说是核心内容，巴赫金也主要是针对这一问题展开了与精神分析学派的对话。弗洛伊德在给听众的讲稿里首先强调："心理过程主要是潜意识的，至于意识的心理过程则仅仅是整个心灵的分离的部分和动作"[①]，在弗洛伊德的解读里，无意识主要由被主体压抑的观念、未受压抑但是主体不能意识的观念、潜伏的无意识（可能转变为意识）共同构成。主体存在的错乱行为和言语紊乱等问题的根源都在于无意识的侵扰，焦虑、失眠等精神问题的出现也往往与无意识有关，精神分析师的任务就是通过患者的口述，去解读这隐藏的无意识内容。也就是说，无意识只有译成意识的语言才能够把握到它，巴赫金指出了这一点："弗洛伊德的整个心理学结构，其基础是建立在人的语言话语之上的。"[②]问题也恰恰出在弗洛伊德的语言观上："弗洛伊德在最近的一部著作中把无意识确定为是非语言的：它借助于和相应的语言表象的结合，变成了前意

[①] ［奥］西格蒙德·弗洛伊德：《精神分析引论》，高觉敷译，商务印书馆出版社1984年版，第8页。
[②] ［俄］巴赫金：《巴赫金全集》第二卷，晓河等译，河北教育出版社2009年版，第460页。

识(从这里往往可以进入意识)"①。精神分析的过程,是依靠病人本身对于自己经历和联想的描述,而分析师根据这些描述,依据一些意象模式对它们进行解读,从而得出无意识的内容,所以巴赫金认为,既然病人的自我观察和医生的解读都是有意识的,那么无意识在这里"仅仅是这一意识的诸多动机中的一个动机",在病人与医生的对话中产生的是关于"动机"的争辩,精神分析所依据的是口头反应书写的"剧本",最终"无意识不是和病人的个人意识相对立,但首先是和医生、医生的要求和观点相对立"②。因此,如果将无意识视为是非语言的,这就会导致精神分析的进行是一种游移的意象的拼贴:病人永远处在医生的话语意向组合形成的控制之中,根据其解读来理解自身的无意识根源,并且病人所得到的答案只能是医生"独白"的解读,并不一定能够解决无意识的根源性问题,这就染上了一种"宿命论"的色彩——如果按照这种"独白"的解释,一个人一生中所有的问题,都在于幼年时他的人际关系中埋下了祸根,并且无法解决。

  自我的无意识既然可以通过与医师的对话而被解读,那么这也就意味着在无意识的领域中他者对意识的引出具有重要的作用,巴赫金结合了自己的意识形态符号学说,将精神分析对于无意识的认识进一步发挥,用崭新的视角去理解无意识的领域。对于巴赫金来说,社会性和历史性的视角来衡量人的存在是必不可少的,而弗洛伊德主义和形式主义一样都追求封闭的、自给自足的认识观念,"弗洛伊德的理论依然是传统主观心理学的旧把戏……弗洛伊德主义的激情是在社会性和历史性的彼岸"③。但是巴赫金也没有因此而否定无意识的理论价值,而是主张用一种新的唯物主义的方法对其进行解释:无意识应当是物质中物理的,生理的,社会的和经济的必然性在精神(心理)深处的一种形象化的投影。我们需要结合巴赫金的意识形态符号观念来理解他的"物质化无意识"的认识,巴赫金认为符号承载着意识形态,一个人的生平历程无时无刻不与语言、仪式和文字等符号打交道——也就是不断地与意识形态内容进行接触,在这个层面上我们不难理解"意识是物质的意识"这一现实。但是巴赫金之所以说"无意识"也是物质化的,是因为他将符号的历时性和社会交往性进行了强调:符号的意义是根据社会交往语境不断发展的,一个人的成长虽能把握符号的能指,但是所指随时间的游移会造成人对于意义的遗忘,在所指游移的过程之中,社会规范和道德因素会对意义进行阻碍,保留的只是符合规范的一部分符号意义。无意识就是被遗忘所指——但其实质仍然是可把握的物质符号,他人通过对我们口述内容的解读,一定程度上可以补充所指内容,让无意识的符号意义更加完整,从而重新形成完整的意识,所以巴赫金认为"从基本构

---

① [俄]巴赫金:《巴赫金全集》第二卷,晓河等译,河北教育出版社2009年版,第428页。
② 同上,第463—464页。
③ 同上,第30—31页。

成因素看来(也就是说,我们避开思想、感情、想象等所含的内容),无意识可以称为是同样成分复杂的另一种意识"①。

既然神秘的无意识领域能够得以理解和把握,巴赫金在这种新的认识基础上进而发展了弗洛伊德的"自我—本我—超我"存在构成学说,形成了自身对于生活中"非官方—官方"意志构成关系的认识,并且他将弗洛伊德的"压抑机制"观点运用在文化分析之中,最后形成了狂欢化思想的雏形。根据弗洛伊德的认识,自我是现实的我、是把握着意识的自我;本我是无意识与意识相结合的我,其中的无意识可能长期是隐而不显的状态;超我则是社会规范理想下的我,这个我反映着社会的道德准则。本我受着外部社会"超我"理想的压制,我们与生俱来的唯乐原则被道德的规范进行不断地否定,被压制的无意识只能以梦或者艺术创造的形式被表达和发泄。这种冲突通过巴赫金的符号观得到了更深刻的理解:意识和无意识的符号本质使得它们实质上是语言的冲突,或者说是个人内在丰富的语言和外在社会规范的语言之间的冲突,这种冲突在现实中实际上就是意识形态之间的斗争。巴赫金认为,生活中外在社会规范由官方的意志所代表,这种意志想要让内在的言语只保留最稳定的、最符合道德规范的部分,而其余的部分积聚在意识形态的深处,这就形成了官方意志对于非官方意志的压抑。相比与弗洛伊德对"检察官"压抑机制的譬喻式解读,巴赫金的这种符号压抑的机制显然更加现实和生动。并且,巴赫金作出了一个判断:生活中因为意志压抑机制的存在,积聚着矛盾,这些矛盾一旦达到限度就会冲击官方意识形态的体系,所以在非官方意志之中存在着未实现的可能、发展性的潜能,这种意志推动着未来的到来。可以看见巴赫金在《弗洛伊德批判纲要》中的这些观点,已经具有了狂欢化理论中"民间文化-官方文化"论点的雏形,但是我们也需要注意,早期巴赫金对于"非官方意志"的绝对推崇,到了狂欢化理论中的"广场"图景时多了几分伦理意图的审慎。在《拉伯雷研究》中,乌托邦式的广场呈现的更多是运动、变化和新事物到来的喜悦,而不是对立、矛盾和压抑机制下的混乱,在巴赫金的狂欢节描述里,"各种意识相互影响、渗透、制衡,既对立又补充,构成了内部的紧张和动力"②。真正的未来的到来不能只诉求于"非官方"的意志,单一意志的强调也会让"非官方"在反动后成为新的"官方",只有两种文化的平等共存——体系化的组织力量和变动发展的新生力量的相互交织时,才能够形成动力、促使双方的对话。

我们通过回顾巴赫金与不同学派的对话过程,可以切实地理解到"平等对话"带来的思想收获。对于主流的学术思潮,巴赫金不仅能够以自己的认识进行批评,也能够将对方学派观点的精华吸纳,结合自己的观点对其进行升华。这种学术对话的方式从学

---

① [俄]巴赫金:《巴赫金全集》第二卷,晓河等译,河北教育出版社2009年版,第45页。
② 刘康:《对话的喧声——巴赫金的文化转型理论》,中国人民大学出版社1995年版,第88页。

派思想的内部出发去剖析问题,随后回到自身的立场重新观察、力图超越,巴赫金身体力行了自己的"审美外位"的理论主张。而在对话后形成的巴赫金思想成果中,我们发现巴赫金始终主张理论要追寻人的主体性、以及要始终保持尊重他者存在的伦理取向。

Literary, Hyperlinguistic, and Ethical Issues in Communication: Bakhtin's Academic Dialogue and Reflection

Guan Yi

(School of Literature, Hebei University, Baoding, Hebei 071000, China)

Abstract: Bakhtin participated in dialogues with Russian formalism, the Saussurean linguistic school, and the Freudian school in the early 20th century, during which he also developed his own thoughts on literary issues. Combining Bakhtin's critical works, we can see that Bakhtin was influenced by these academic trends in his thinking on literary, linguistic, and ethical issues of communication. By comparing the similarities and differences between Bakhtin's ideas and those Schools, we can discover Bakhtin's attention to the social aspect of literature and his emphasis on the ethics and morality of literary works.

Keywords: Bakhtin; formalism; Saussure School; Freudian school; literary ethics

敖鲁古雅鄂温克族文学的现代转型
——基于口头与书面双重维度下的文学考察

冉元艺[①]

摘　要：敖鲁古雅鄂温克族文学发生于口头传统与书面写作的双重维度中，具有鲜明的地方性特征，统一于现代多元文化的语境下。各国家、族群间的文学交流日益繁盛，多样的话语形态不断融入生活创作的每一个角落，曾作为少数人群的敖鲁古雅人也逐渐走出山林，迎来更为广阔的舞台，其独特的审美价值丰富着当下文学的繁荣。文学作为其自我阐释的重要方式，向外展现着文学性生成的魅力，向内深化着民族的认同意识。其不仅承担着本民族文化传承的重任，其无文字民族文化特性，折射出人口较少民族文学书写的艰难。从中可以看见少数民族文学于多元一体格局中的一般规律，作为理论模型的一种，引导更多民族文学的发展创作。

关键词：口头文学；书面文学；敖鲁古雅鄂温克族；现代转型

一　文化记忆与遗忘的危机

在全球化的发展与现代化的社会背景下，人口较少民族文学的发展需要通过族群的文化记忆反映出来，实现文化的大融合发展。记忆是根植于人们心中对族群认同的深层自觉，不同文化通过记忆形成一种"凝聚性的结构"，在社会空间与历时时间层面上对族群进行着认知共同体的重构。乌热尔图《我在林中狩猎的日子》中提到，幼时随父亲踏上从根河出发的火车，听到父亲与他人用鄂温克语自然地交谈，"我觉得周围的声响消失了，只有那鄂温克母语平缓的音调带着一股甜味，在我耳边飘荡"[②]。语言所承载的记忆构成一个象征性的意义体系，扬·阿斯曼指出这种由记忆的重复所构成的归属感

[①] 作者简介：冉元义，中南民族大学文学与新闻传播学院在读博士生，主要从事民族文学和文化伦理研究。
[②] 乌热尔图：《萨满，我们的萨满》，青海人民出版社2014年版，第280页。

以及身份认同意识正是神话与历史传说得以流传的基础①。在无文字的口头文化时代，价值的规范体系并不依赖文字的记载与宣告，而是在"我们"的认知条件中，以共同的约定构成一个集体的凝聚意识。鄂温克人虽然没有历史文献对其族群迁徙的过程进行系统化的文字记述，但在他们的起源神话、族源传说中，无不以"拉玛湖"作为族群历史的开端，在遥远圣湖的维系里支撑起狩猎民族共同的文化传统。涂尔干《宗教生活的基本形式》一书中曾谈道："一个群体的神话就是这个群体共同的信仰体系，它永久保存的传统记忆将社会用以表现人类和世界的方式表达出来；它是一个道德体系，一种宇宙论，一部历史。"②仪式的存在是为维护这些共同信仰体系，确保信仰在记忆中的留存，在仪式的重复中人们得以相信那些伟大而神圣的时刻再次来到了自己身边。"现时化"的阐释中共同的文化符号得到集体的认同，无文字时代的仪式性关联也由此进入一种文本性的关联之中。

任何一个民族、一种文化、一重身份的存在，在后天的建构中逐步实现，族群的凝聚性力量表现在阐释与回忆的过程中。乌热尔图在《生命的转换》中就认为，"小说创作是一种祭奠，是人类对自身行为，包括那些曾经存在，还有即将过去的一切的祭奠；它的功用之一，就是帮助人们克服健忘的天性，增加一些历史的情感记忆。"③敖鲁古雅的狩猎文化在时代的洪流里已经逐渐脱离维持其生命鲜活性的根基，其文化特性终将消散且不可复制。乌热尔图等人的书写并不是要照搬曾经的文化传统，而是在落日的余晖中为文化边缘族群发出属于自我的声音。哈布瓦赫在提出集体记忆概念的同时也指出，记忆具有对过去重建的性质，人们不能局限在一个既定的概念中去再现生活中过去的事件，而是在社会的润色修饰、删减完善中去赋予记忆更多的含义④。记忆是充斥着社会性因素的，无论是集体记忆还是个人记忆，它们总是作为一个群体思想总体的一部分而存在的。乌热尔图在对敖鲁古雅文化进行书写的同时格外强调历史的记忆，对于无文字人口较少族群而言，遗忘就意味着切断群体的脉络，意味着丧失过去的生产方式、文化传统，从而失去自身特色与发展动力，湮没在其他民族文化的尘埃下。

人类记忆在自然状态下的根本形式是遗忘而非回忆，人们无法在若干年后的某一个时刻去复原曾经的事件，但可以在对回忆的阐释中建构新的文化身份与群体认识。无文字群体的历史记忆具有明显"流动缺口"的特性，历史意识只在起源时期与晚近时

---

① [德] 扬·阿斯曼：《文化记忆：早期高级文化中的文字、回忆和政治身份》，金寿福、黄晓晨译，北京大学出版社2015年版，第6页。
② [法] 涂尔干：《宗教生活的基本形式》第一卷，渠东、汲喆译，上海人民出版社1999年版，第495页。
③ 乌热尔图：《沉默的播种者》，内蒙古文化出版社1994年版，第135页。
④ [法] 哈布瓦赫：《论集体记忆》，毕然、郭金华译，上海人民出版社2002年版，第91页。

期两个层面上发挥作用,形成从神话传说直接跳跃到现代社会的谱系关系①。扬·阿斯曼将缺口两端的两种记忆称为"交往记忆"与"文化记忆":交往记忆所指代的是刚刚逝去的记忆,如代际记忆一般随着承载者的消失而淡化;文化记忆则是对过去某些焦点的关注,通过被凝结在可供回忆附着的象征物上展现出来,如敖鲁古雅图腾的岩画、萨满的服饰等。这些文化回忆中往往具有某种神圣的因素,个体可以通过一些仪式或是重大的场合来确证留存在身上的集体记忆,萨满则在此充当文化记忆的专职承载者,在无文字的时代中作为族群记忆的先行者,营构出"超越生活之大"的典礼性交往空间,从而强化民族的认同意识。两种记忆之间流动的空缺带来遗忘的可能,同时也给予族群文化与身份意识重构的中间地带,使得鄂温克族的书面文学能够在当下以文本的形式固化族群的历史,同时保留狩猎文明活态的面貌。

记忆是一种文化的选择与身份的认知,更是对族群发展的构想。在文化整合与交融的过程里,以鄂温克为代表的人口较少民族文化面临被其他文化掩盖的风险,没有文字的历史现实也存在被"他者"代言的可能,导致被边缘化的尴尬境地。遗忘的危机与自我阐释权的争夺中,鄂温克族的书面文学不再局限于对口头记忆的重复讲述,而是在流动的空缺地带重建族群的历史意识与身份形象。

二 民族文学性的彰显

少数民族文学处于特定的文化语境中,与本民族的文化传统以及口头文化有着密不可分的关系。随着汉语交流的普及,这部分文学作品往往具有双重视野下的对话特性,体现出与主流文学相异的叙述性特征。民族文学中的文学性生成是一个复杂而曲折的过程,受到意识形态的影响以及族群身份的划分,敖鲁古雅鄂温克族的文学在20世纪后半叶才开启文学性的追寻,其中文本的对话性特征是其建构民族文学性的重要方式之一。少数民族文学作品与一般的文学作品一样,都可置于文学多层次立体结构中发掘其中的文学性特征。语辞作为文本结构的基础,在生成文学性的过程中有着不可替代的作用。对于无文字的民族来说,语言不仅是社会主体间性的存在,更是文学生成的主要依托,是文学性得以直接产生的中介。当人们进入倚重文字书写与记录的社会,逐渐发现口语文化拥有强大的韧性,文字作为次生的口语文化系统不可能离开口语而存在,口头文学所包蕴的内涵已经成为进入其文化体系的精神密码,以"幽灵"的方式飘

---

① [德]扬·阿斯曼:《文化记忆:早期高级文化中的文字、回忆和政治身份》,金寿福、黄晓晨译,北京大学出版社2015年版,第63页。

荡在书面文学的创作之中,烙下一个个深刻且鲜明的印迹。新批评学派就在立体结构的思想中发现了声音与美感的生成关系,英伽登认为抒情诗应该"出声地朗读"从而分析其语音层次以及文学现象①。因而在语辞层面上,文本的对话性体现为文字与口语的互动。鄂温克书面文学在汉字书写的过程中大量保留了其口语文化中的语词与发音,如芭拉杰伊《驯鹿角上的彩带》中提到鄂温克神话里的太阳神"希温旦",乌热尔图《琥珀色的篝火》中的猎人名字沿用了鄂温克族口传故事《忠诚的猎犬》中猎人的名字"尼库",形成书面与口语文本的跨时空对话,在不同语言所代表的文化语境中达到文化的交流与互动。

同时由语句所组成的意群层为读者营造出一个不同于农业文明以及现代化社会的狩猎生活世界,伴随而来的猎人、萨满形象以及山林、图腾意象构成了整个文学文本的隐喻层。在这两层结构中存在一个双向转化的过程,对于非本民族的读者来说,这些语句、隐喻带领他们逐步远离原本的认知世界,在陌生而虚构的大兴安岭中捕捉关于使鹿部落的只言片语;而对于本身属于这个族群的人来说,原有的森林意象、口头文本曾是他们生活中最为熟悉的生存场景,只有通过书面创作解码与再编码才能形成与生活本身不一样的感受,从而为文学性的生成提供阈限空间。口头文学走向书面文学的过程,也是读者在跨越不同的文化视域走向作家所营构出来的文本世界的过程。当文字以独立话语给人以距离的观感与体验时,鄂温克族的书面写作又以对口头传统交流空间的回归不断消弭文本的边界,使人回到听觉社会非均质的时空中去,形成独特的文学性张力。其书面创作中的形象以及意象,在一定程度上都有对口头传统里神话原型的化用,许多当地的居民都表示以乌热尔图等人为代表的文学写作是建立在他们所熟悉的口传故事的基础之上,并且他们对这种运用与再创作表示一定的认可。弗莱认为原型中心反映了人类的普遍经验与梦想,对于神话原型不同程度的移用正是文学性生成的根源。借助独有的图腾意象以及神话隐喻,敖鲁古雅鄂温克族的书面文学得以构筑起一个具有象征性的客体世界。通过语辞的虚构,将狩猎的生活世界还归叙事性的作品中。

鄂温克族书面文学中神圣性的呈现不仅是对口传文化时代神圣信仰的复归,更有自我对话的意义存在。这种"自我"的意识是隐匿在"神性"光芒之下的,书面创作以形而上的神圣构建与贴近狩猎生活的双重审美特质进行着自我主观的倾诉,在不同族群文化对话与交往的过程中,他们以独特的文本魅力构筑起属于自身的文学世界。

如果说以迟子建《额尔古纳河右岸》为代表的敖鲁古雅民族书写作品是从汉文化介入鄂温克族文化,从而产生诗情画意的异族风景,具有一定的描写性质;那么以乌热尔

---

① 刘俐俐:《文学"如何":理论与方法》,北京大学出版社 2009 年版,第 31 页。

图为代表的本民族作家则更加突出文本的叙述性,将文学的创作放置于真实的生活体验中,从而突出族群的主观倾诉性。卢卡契在其论文《叙述与描写——为讨论自然主义和形式主义而作》中提出,描写是对事件的观察,而叙述则是对事件的体验①。描写的对象是眼前静止呆板的定格瞬间,具有虚假的现场性;叙述是将戏剧性的因素引入作品的形式,在保留过往事件真实体验的基础之上,获得描写的"诗意性"成分。鄂温克族文学的创作在口头传统的基础上,经历了一个由描写到叙述,最终走向主观倾诉与族群认同的历程。口头传统中所衍生的文本在编码与解码的过程中,成为当下书面创作汲取养分的肥沃土壤。走过神话与英雄的时代,来到人的时代,人们不再用"以假为真"的眼光看待曾经的神话传说,而是在"以假为假"的认知中延续过去的信仰。书面文学的创作在现代意识中历经"祛魅"与"返魅",逐渐脱离了口头文学那种"人神合一"的浑融性。

无论是迟子建等作家外部视野的观察,还是本民族内部视野的阐释,在文化融合、民族发展的潮流下,他们都曾尝试以"他者"的视角呼应狩猎鄂温克人向外探求的步伐。乌热尔图《瞧啊,那片绿叶》《一个猎人的恳求》等篇章中都有不同族群间的矛盾与融合,形成一种复杂的叙事声音。对"他者"形象的借用使得自身民族的风土人情成为"被看"的客体,具有对文化猎奇者的反讽意味②。随着认知的深入,鄂温克族的书面写作不再满足于对民族风光浮光掠影的展示,而是以文化持有者的身份进行文学自主的叙述。乌热尔图在谈及自身有关敖鲁古雅的文学写作时曾提到,他始终将自身置于这个群体情感的深处③,他所要做的就是以质朴的形式、单纯的语言去追求使鹿部落生活的真实感。

敖鲁古雅鄂温克族作为人口较少民族,面临着语言失传、文化断代等一系列问题,在其文学主观倾诉性的基础之上,文化身份的构建成为其书面文学创作中一个重要的线索。这种文化身份的建构并非简单地对口头传统时代的复述与再现,而是在历史与现实的节点上,以再编码的手段解构过去的文化传统,用文学性的书写重构民族文化的身份意识。虽然近年来有学者对敖鲁古雅的口头文学进行采集整理,但大都仍以汉字记录为主。被记载在汉语之中的鄂温克族传统故事经过不同文化的转译,在一定程度上也成为自我原初文化的"他者"。其书面写作同样面临在文化之间游走、被边缘化的现实,因而文本对于族群"真实"的叙述显得尤为重要。在叙述方式的选择上,一方面鄂温克族的书面文学充分借鉴了古老的口头传统,有意识地运用民间文化资源;另一方面当

---

① 王天保:《从〈叙述与描写〉看卢卡奇对自然主义的批判》,郑州大学学报(哲学社会科学版)2011年第5期,第84页。
② 张直心:《边地寻梦:一种边缘文学经验与文化记忆的勘探》,人民文学出版社2006年版,第180页。
③ 宝贵敏、巴义尔:《昨日的猎手——与鄂温克族作家乌热尔图的对话》,《中国民族》2007年第12期,第43页。

代的作家也在不断吸收借鉴西方文学的理论与手法。乌热尔图的《瞧啊,那片绿叶》就以过去与当下时空交错的笔法展现狩猎民族的生存体验,在梦境与现实之间以一片绿叶作为意象,搭建民族沟通的桥梁,在独白与回忆中诉说内心对于平等无间的渴望,具有意识流的表现方法。这种尝试像是为古旧的猎枪套上了西装的外套,是文化碰撞出的火花,但最终仍要归属于生活真实的体验中。当下敖鲁古雅鄂温克族的书面写作已经形成一股民族文学发展的力量,虽然其中的一部分作品还较为稚嫩粗糙[1],仅从纯文学的角度对其进行审美分析也许并不足以引起人们的注意。但这些作品的文学性特征不能简单地被理论的框架所束缚,更应该看到其在民族生活世界的本真体现,听到他们主观倾诉的内涵以及自我阐释的声音。作为边疆人口较少的族群,敖鲁古雅鄂温克族作为中华民族共同体的一部分,其文学发展丰富着民族文化多元一体的格局。

三 民族认同的深化

敖鲁古雅鄂温克族的文学历经集体无意识的口头传统时代,进入作家个体写作的书面文学时期,在其民族文学性生成的同时,也伴随着民族性追求的凸显。狩猎文化的记忆是使鹿鄂温克族群认同的纽带,时代转型为个体、群体记忆带来断裂的可能与遗忘的危机,也带来书面写作对民族自我意识不断地强调,呈现出文学民族志书写的创作倾向。其文学发展所要思考的不仅是如何对自身的文化记忆进行延续与保存,更重要的是在多元一体的民族格局中找寻族群文化的发展之路,既要融入多民族文化发展的潮流中,又不失自身本真的特质。人类文明发展的历史河流中,无文字民族的历史总是由其他民族的书写模式所塑造的,在他们的书写下,这些人口较少民族呈现出亚历史、微历史的面貌,成为主流文化之外的另类记忆。毕达哥拉斯的记忆概念将世界想象为一个遗忘的世界,而现实的真实面目隐藏在其表面下,只有通过记忆与回忆才能避开遗忘之水[2]。20世纪随着后殖民主义理论的不断发展,人们愈加认识到通过记忆对族群归属再创造的重要性,乌热尔图在《声音的替代》《不可剥夺的自我阐释权》以及《弱势群体的写作》三篇文章中,以美国黑人的写作为切入点,用个人移情的方式在别处的解释中寻求自我内部的确证,反复表达着自我"述说的渴望"。

以敖鲁古雅鄂温克族为代表的古老传统在书面文学的指引下,通过语言、符号背后的隐喻,引起情感的共通。乌热尔图在一次采访中曾谈道:"凡是古老的民族,在传承和

---

[1] 中国作家协会编:《新时期中国少数民族文学作品选集·鄂温克族卷》,作家出版社2015年版,第4页。
[2] [美]克利福德、马库斯:《写文化:民族志的诗学与政治学》,高丙中、吴晓黎、李霞等译,商务印书馆2006年版,第243页。

记忆其精神文化的时候,所依靠的都是独特的、形象化的声音,在那口口相传的声音中确实包含了他们所有的情感、他们的基本价值观、他们判断失误的态度和方法……当不同文化背景的人,与这一族群进行精神上的主动沟通时,便进入跨文化交流的状态。"[1]不同文化的交流散落着不同族群认知世界的方式,对于族群身份感的追寻不仅是对文化的回归,更是对一个伦理的、朝向未来图景的重新发现[2]。克利福德所谓身份的重建并不是要在封闭的空间内以血缘为界线将人们完全隔离开,而是在一种谱系式的脉络中构成一个相似的家族,这个谱系既有来自本民族文化的承继,也有其他民族文化的参照,整体倾向于多元主义的交互共建。鄂温克书面文学的写作中,不仅有乌热尔图为代表的本民族作家,他们以一种"元话语"的方式将读者设置为文本中的对象,在自身语言的独特性里将人们引向族群的共同体中,使读者能够有意识地参与文本意义的生产,获得差异性的共鸣。迟子建等作家对少数民族文化的书写也构成了一种文化的交流下促进民族的融合,构建多元一体的民族文化格局现象。

在后现代主义文化语境下,敖鲁古雅当下所面对是一个愈加开放的平滑空间,时间的延伸与空间的打开中,他们能够以文化个性的互照互释构成自我流淌的生命,于新的时代创造新的传统,重新确立自身的话语地位[3]。在继承古老狩猎文明口头传统的基础上,敖鲁古雅鄂温克族的书面创作并未止步于此。乌热尔图等人清楚地知悉无文字民族若不借助汉字的记录与书写,很难立足于世界文化的舞台上,他们不仅对母族的文化知识进行着积极的重构,更以清醒的时代意识与学习其他民族优秀的文化成果,在地方性知识的"远观"与"深描"间进行着身份认同的重建。不可否认在民族融合的过程中曾经发生过主流话语对少数民族文化的误读,甚至任意地捏造,形成一种"思想的现成套装"[4],限制了人们对其文化介入的深度,带来"想象性"的虚假期待心理。但在多元化的民族文化格局中,不同族群的声音存在着交流的空间,也只有在交流互通的过程中,才能增进彼此的认知与了解,尽可能地避免他者的误读与猎奇的目光。

我国是一个幅员辽阔、拥有悠久历史且有着众多民族的国家,不同民族拥有各自的文化特色,在和而不同的氛围中不断前行。敖鲁古雅鄂温克族文学的发展体现出在中华民族多元一体民族格局中的双重性特征,这种双重性首先来自语言与文字转变过程中的影响与建构。鄂温克族文学经历了从口头传统到书面记录,以及书面记录到文学

---

[1] 阿霞:《鄂温克传统文化的守护者——乌热尔图访谈》,《草原》2013年第6期,第92页。
[2] [美]克利福德、马库斯:《写文化:民族志的诗学与政治学》,高丙中、吴晓黎、李霞等译,商务印书馆2006年版,第242页。
[3] 曹顺庆、李思屈:《全球化与边缘话语的重建》,《东方丛刊》1999年第1辑,第210页。
[4] 李长中:《"汉写民"现象论——以迟子建的〈额尔古纳河右岸〉为例》,《中国图书评论》2010年第7期,第120页。

再创作两个关键性转换,两次转换都离不开汉字的介入与表述。虽然这种介入在一定程度上将口头文学的活态交流性质变得固化,也无法完全保留鄂温克语言的特色,但在另一层面上为鄂温克族开拓了一个广阔的交流平台,能够让更多的读者去了解古老狩猎民族的文化传统,在不同民族文化的张力空间内获得共同发展的机会。

乌热尔图在其创作中将写作的范畴定位在狩猎民族的生活世界里,他以强烈的民族责任心关注着最后的使鹿部落,用真实的经历与深厚的情感述说着属于自身族群的生存面貌。对本民族文化精准的把握恰恰是走向民族与国家多元一体格局的一条必经之路,当乌热尔图将敖鲁古雅置于边缘文化的讨论中时,也将之镶嵌在国家与民族的整体格局中①。对于一般的文学创作来说,文字将口语词汇进行重组并置于视觉场域中,促成一种封闭式的空间。乌热尔图等人的书面写作通过对古老听觉文化的保留,形成"听"与"被听"的关系,隐匿掉宏大的场面与对狩猎场景精细的刻画,留下一个氤氲迷雾中不甚清晰的丛林世界。这个世界有古老的狩猎传统与经久传唱的歌谣,也有着人心异化、精神分裂之后"猎枪的颤抖",在矛盾的心理与徘徊的脚步中他们将想象的空间还归族群中的个体,也回归读者的期待,其中不仅有诉说的渴望,更有交流的意愿。鄂温克族对自身文化身份的认同实在共同体的想象中为族群情感的延伸找到一个依托的语境。敖鲁古雅成员稀少、没有文字,他们只能以口耳相传的方式承继过去的文明,在当下以"想象"的姿态构筑历史维度的真实性,为族群的延续与发展提供一丝支撑。他们的语言就像是回望先祖足迹的眼睛,是想象之门开启的微亮光照。在族群身份的回归当中,过去的时光被唤回,他们能够汇入多民族文化的河流里,最终汇入世界文化的海洋。

The Modern Transformation of Oruguya Ewenki Literature:
A Literary Exploration Based on the Dual Dimensions of
Oral and Written Language

Ran Yuanyi

(School of Literature, Journalism & Communication, South-central University For Nationalities, Wuhan 430074, China)

Abstract: Oruguya Ewenki literature occurs in the dual dimensions of oral tradition and written writing, with distinct local characteristics, unified in the context of modern

---

① 刘俐俐:《"美人之美":多民族文化的战略选择》,《浙江工商大学学报》2009 第 5 期,第 44 页。

multiculturalism. Literature, as an important way for the Oruguya Ewenki to interpret themselves, showcases the charm of literary creation to the outside and deepens their sense of national identity to the inside; literature bears the heavy responsibility of inheriting our national culture, and every turning point that occurs in it has the common characteristics of wordless ethnic culture, reflecting the difficulties of writing ethnic literature with a small population. From this, we can see both the general patterns of ethnic minority literature in the context of diversity and unity, as well as the achievements and effects of cultural exchanges between different ethnic groups.

Keywords: Oruguya Ewenki; oral literature; written literature; modern transformation; communication

约 稿 启 事

一、约稿对象：高校、科研机构研究人员和在读博士生。

二、栏目

1. 常设栏目：

伦理批判与审美救赎

专题研究（阿多诺、卢卡奇等文艺伦理思想研究）

艺术哲学与技术伦理反思

马克思主义文艺理论中国化

文艺批评与审美正义

学者笔谈

专家访谈

书评

2. 机动栏目：

马克思主义文艺伦理研究前沿问题

文学批评与文化研究中的伦理问题

关键词

3. 作者亦可自选论题，凡有真知灼见者，均竭诚欢迎。

三、来稿须知

1. 本集刊采用的是首发稿，各位作者请勿一稿多投，篇幅 8000—10000 字左右；集刊审稿期为二个月，二个月后如未接录用通知即视为自动退稿。

2. 来稿请寄电子文本至邮箱：jinshuli@yeah.net。

3. 稿件需提供中、英文内容摘要（300 字左右）、关键词（3—5 个），及作者简介（姓名、单位、职称、主要研究方向）。

4. 集刊正式出版后，将赠送作者样书两册；并支付相应的稿费。

5. 注释格式：稿件采用页面底端脚注，每页重新编号。

6. 注释格式示例：

(1) 专著图书：［德］马克思、恩格斯：《马克思恩格斯选集》第一卷，人民出版社1995年版，第772页。

(2) 期刊：［德］霍克海默：《社会哲学的现状与社会研究所的任务》，王凤才译，《马克思主义与现实》2011年第5期，第127页。

(3) 报纸：李进书、王树江：《当代西方马克思主义幸福观与"共同体"建构》，《中国社会科学报》2017年11月30日第4版。

(4) 英文专著图书：Theodor W. Adorno, Aesthetic Theory, trans. Robert Hullot-Kentor, Minneapolis: University of Minnesota Press, 1997, p.32.

(5) 英文期刊：Jürgen Habermas, Once again: On the relationship between morality and ethical life, by European Journal of Philosophy, Volume 29, Issue 3, 2021, p.80.

(6) 译著图书：［德］席勒：《审美教育书简》，冯至、范大灿译，上海人民出版社2003年版，第37页。

(7) 论文集图书：李进书：《激进左翼良善生活思想及其文艺伦理观探微》，王杰主编：《马克思主义美学研究》，东方出版中心2023年版，第38页。

(8) 学位论文：贾素慧：《宋文宪公护法录研究》，博士学位论文，上海大学，2016年，第35页。

(9) 档案：福建省三明市人民委员会：《关于市五金厂要求征用土地的批复》，三明市档案馆，档案编号：0349 — 001— 0009 —0025。

《马克思主义文艺伦理研究》编辑部